Deutsch als Fremdsprache

Silke Hilpert | Anne Robert
Anja Schümann | Franz Specht

Barbara Gottstein-Schramm
Susanne Kalender | Isabel Krämer-Kienle

Schritte plus 6

Kursbuch
+ Arbeitsbuch

Niveau B1/2

Hueber Verlag

Beratung:
Seniz Sütçü, Berlin

Fotogeschichte:
Organisation: Iciar Caso, Weßling
Fotograf: Alexander Keller, München
Regie: Franz Specht, Weßling
Darsteller: Rishi Sharma, Claudia Engl und andere

Phonetik:
Werner Bönzli, Reichertshausen

Für die hilfreichen Hinweise danken wir:
Raffaella Pepe, Katja Meyer-Höra

Interaktive Aufgaben für den Computer:
Anna Breitsameter

7.	6.	5.			Die letzten Ziffern
2021	20	19	18	17	bezeichnen Zahl und Jahr des Druckes.

Alle Drucke dieser Auflage können, da unverändert,
nebeneinander benutzt werden.
1. Auflage
© 2010 Hueber Verlag GmbH & Co. KG, 85737 Ismaning, Deutschland
Zeichnungen: Jörg Saupe, Düsseldorf
Layout: Marlene Kern, München
Druck und Bindung: Passavia Druckservice GmbH & Co. KG, Passau
Printed in Germany
ISBN 978-3-19-001916-8
ISBN 978-3-19-011916-5 (mit CD)

Art. 530_17956_001_10

AUFBAU

Symbole / Piktogramme

Kursbuch		Arbeitsbuch	
Hörtext auf CD	CD1 05	Hörtext auf CD	CD3 12
Grammatik	einen Kollegen einem Kollegen	Vertiefungsübung	Ergänzen Sie.
Hinweis	irgend -wie -wann -welche	Erweiterungsübung	Ergänzen Sie.
Aktivität im Kurs	⇄	Verweis auf *Schritte plus Portfolio* unter www.hueber.de/schritte-plus	▶ Portfolio
Redemittel	*Das Gefühl/Problem kenne ich gut.* *Mir geht es (manchmal) genauso.*		
Verweis auf *Schritte Übungsgrammatik* (ISBN 978-3-19-301911-0)	▶ ÜG, 10.01		

Inhalt Kursbuch

Vorwort

Liebe Leserinnen, liebe Leser,

Schritte plus ist ein Lehrwerk für die Grundstufe. Es führt Lernende ohne Vorkenntnisse in jeweils zwei Bänden zu den Sprachniveaus A1, A2 und B1.

Schritte plus orientiert sich genau

● an den Vorgaben des Gemeinsamen Europäischen Referenzrahmens und

Das Plus
● an den Vorgaben des Rahmencurriculums des Bundesministeriums des Inneren.

Gleichzeitig bereitet *Schritte plus* gezielt auf die Prüfungen Start Deutsch 1 (Stufe A1), Start Deutsch 2 (Stufe A2), den Deutsch-Test für Zuwanderer (Stufe A2–B1) und das Zertifikat Deutsch (Stufe B1) vor.

Das Kursbuch
Jede der sieben Lektionen eines Bandes besteht aus einer Einstiegsdoppelseite, fünf Lernschritten A–E, einer Übersichtsseite sowie einem Zwischenspiel.

Einstieg: Jede Lektion beginnt mit einer Folge einer unterhaltsamen Foto-Hörgeschichte. Die Episoden bilden den thematischen und sprachlichen Rahmen der Lektion.

Lernschritt A–C: Diese Lernschritte bilden jeweils in sich abgeschlossene Einheiten und folgen einer klaren, einheitlichen Struktur:
In der Kopfzeile jeder Seite sehen Sie, um welchen Lernstoff es geht. Die Einstiegsaufgabe führt den neuen Stoff ein, indem sie an die gerade gehörte Foto-Hörgeschichte anknüpft. Grammatik-Einblendungen machen die neu zu lernenden Sprachstrukturen bewusst. Die folgenden Aufgaben dienen dem Einüben der neuen Strukturen – zunächst meist in gelenkter, dann in freierer Form. Den Abschluss des Lernschritts bildet eine freie, oft spielerische Anwendungsübung oder ein interkultureller Sprechanlass.

Lernschritt D und E: Hier werden die vier Fertigkeiten – Hören, Lesen, Sprechen und Schreiben – nochmals in authentischen Alltagssituationen trainiert und systematisch erweitert.

Übersicht: Die wichtigen Strukturen, Wendungen und Strategien einer Lektion sind hier systematisch aufgeführt.

Das Plus
Zwischenspiel: Landeskundlich interessante und spannende Lese- und Hörtexte mit spielerischen Aktivitäten runden die Lektion ab.

Das Arbeitsbuch
Im integrierten Arbeitsbuch finden Sie:
● Übungen zu den Lernschritten A–E des Kursbuchs in verschiedenen Schwierigkeitsgraden, um innerhalb eines Kurses binnendifferenziert mit schnelleren und langsameren Lernenden zu arbeiten
● Übungen zur Phonetik
● Anregungen zum autonomen Lernen in Form eines Lerntagebuchs
● Aufgaben zur Vorbereitung auf die Prüfungen
● zahlreiche Möglichkeiten, bereits gelernten Stoff zu wiederholen und zu üben

Das Plus
● Lernwortschatz zu jeder Lektion
● systematisches Schreibtraining
● Übungen, die zum selbstentdeckenden Erkennen grammatischer Strukturen anleiten

Das Plus
Fokus-Seiten
greifen die Lernziele des Bundesministeriums des Inneren auf und bieten zahlreiche zusätzliche Materialien zu den Themen Familie, Beruf und Alltag, um den speziellen Bedürfnissen einer Lerngruppe gerecht zu werden. Sie können fakultativ bearbeitet werden. In *Schritte plus 6* gibt es zu jeder Lektion eine Fokusseite. Zu einigen Fokusseiten sind weiterführende Projekte vorgesehen, die im Lehrerhandbuch (ISBN 978-3-19-051916-3) ausführlich erläutert werden.

Schritte plus ist wahlweise mit integrierter Arbeitsbuch-CD erhältlich. Sie bietet
● die Hörtexte und Phonetikübungen des Arbeitsbuchs
● interaktive Übungen für den Computer zu allen Lektionen

Das bietet *Schritte plus* darüber hinaus:
● Selbstevaluation: Mithilfe eines Fragebogens können die Lernenden ihren Kenntnisstand selbst überprüfen und beurteilen.

Im Internetservice unter *www.hueber.de/schritte-plus* finden Sie zahlreiche Übungen, Kopiervorlagen, Texte sowie eine Aufstellung über die vielfältigen zusätzlichen Materialien – wie eine Übungsgrammatik, Lektürehefte, Poster, Intensivtrainer und vieles mehr.
Für Eltern-/Jugendkurse oder berufsorientierte Kurse gibt es dort ergänzende und erweiternde Arbeitsblätter und Unterrichtssequenzen.

Viel Spaß beim Lehren und Lernen mit *Schritte plus*
wünschen Ihnen
Autoren und Verlag

1   **Stellen Sie sich vor. Wie heißen Sie?**

2   **Kennen Sie die drei Leute auf den Fotos?**
- Wenn nein, lesen Sie, was die Leute über sich erzählen.
- Wenn ja, lesen Sie auch die Texte und berichten Sie, was Sie noch über die drei wissen.

Hallo! Ich heiße **Nasseer** und arbeite hier bei „Pizza&Curry". Das ist ein Homeservice für indisches und italienisches Essen. Meine Kollegin Maja organisiert die Bestellungen, Giovanni kocht und ich bringe das Essen zu den Leuten nach Hause. Dabei erlebt man eine Menge. Na, Sie sehen und hören es ja bald, in den Foto-Hörgeschichten. Gleich auf der nächsten Seite geht's los.

Ich bin **Maja**. Giovanni, Nasseer und ich, wir sind ein sehr gutes Team. Ich finde, wer zusammen arbeitet, sollte sich auch gut verstehen. Arbeiten, nur um Geld zu verdienen, das wäre mir zu wenig. Nasseer ist sehr nett. Er ist lustig, intelligent und sieht gut aus. Für mich ist er mehr als nur ein Kollege. Ja, er ist fast wie ein Bruder. Ob er das wohl genauso sieht?

Ich heiße **Giovanni** und will Ihnen mal was sagen: Nasseer und Maja haben nicht gelogen, aber ich glaube, dass hier trotzdem noch ein paar sehr wichtige Informationen fehlen. Macht aber nichts, denn in den folgenden sieben Foto-Hörgeschichten erfahren Sie mehr über die beiden … und über eine Menge anderer Leute. Viel Spaß dabei!

3   **Erzählen Sie nun Ihrer Partnerin / Ihrem Partner über sich selbst. Stellen Sie dann Ihre Gesprächspartnerinnen und -partner dem Kurs vor.**

Ausbildung • Beruf • Arbeitsplatz • Familie • Wohnung • Hobbys • Träume • …

8 Unter Freunden

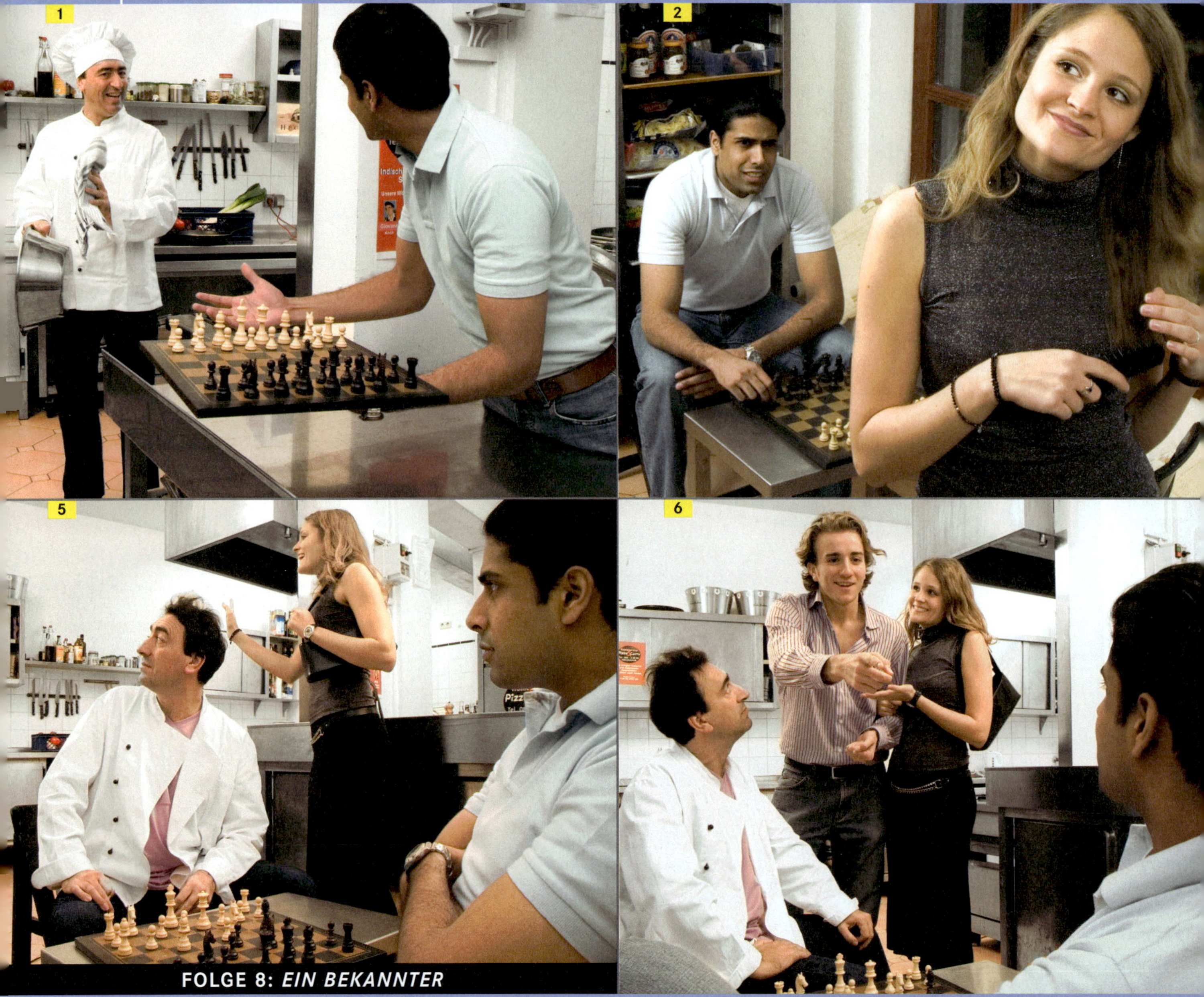

FOLGE 8: *EIN BEKANNTER*

1 **Sehen Sie die Fotos an und beantworten Sie die Fragen.**

a Foto 1: Kennen Sie das Spiel? Wie heißt es?
b Fotos 1–5: Wo spielt die Szene? Und wann? Was meinen Sie?
c Fotos 6 und 7: Kommt Ihnen die neue Person bekannt vor? Wer ist das?
d Betrachten Sie Nasseer auf den Fotos: Was ist mit ihm los? Was meinen Sie?

2 **„Revanche!" Wo passt dieser Ausruf? Ergänzen Sie und ordnen Sie zu.**

1 Juhuu, gewonnen!! ....

2 Verloren, o.k. Jetzt aber ....!

A

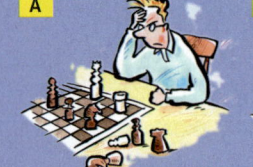

B

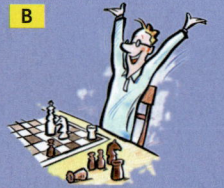

Text	1	2
Bild		

CD 1 2-9 **3** **Sehen Sie die Fotos an und hören Sie.**

4 **Was passt?**

N=Nasseer ● M=Maja ● G=Giovanni

....N.... ist es nach der Arbeit langweilig.	.... ist erleichtert, als Eberhard kommt.
.... räumt noch die Küche auf.	.... stellt Eberhard die Kollegen vor.
.... möchte noch ausgehen.	.... ärgert sich, weil Eberhard meint, dass er das Spiel verliert.
.... möchte wissen, mit wem sie ausgeht.	
.... gefällt der neue Bekannte Eberhard recht gut.	.... ärgert nun Nasseer, weil Eberhard recht hatte.
.... möchte Maja auch gern gefallen.	.... hat das Spiel verloren und will eine Revanche.
.... macht sich lustig über Nasseer.	

5 **Vergleichen Sie nun mit Ihren Vermutungen aus 1d und beantworten Sie die Fragen.**

a Was für eine Beziehung haben Nasseer und Maja?

b Warum ärgert sich Nasseer über Eberhard? Können Sie sein Verhalten verstehen?

CD 1 10-13

A1 **Spiele**

a Hören Sie und ordnen Sie zu.

1 Man muss auch verlieren können. **3** Hey, du bist dran!
2 Du sollst jetzt Schach spielen! **4** Das ist gegen die Regel!

Bild	A	B	C	D
Satz				

b Erzählen Sie.

- Was für Spiele spielen Sie gern?
- Wann haben Sie zuletzt ein Spiel gespielt?
- Mit wem?

A2 **Eine Spielanleitung. Ordnen Sie die Bilder den Abschnitten zu.**

Absatz	1	2	3
Bild			

Lustiges **Wörterraten**

ab 4 Spielern

1 Bilden Sie zwei Mannschaften. Jede Mannschaft schreibt zunächst fünf Wörter auf verschiedene Kärtchen, dreht sie um und gibt sie der anderen Mannschaft.

2 Ein Spieler dieser Mannschaft nimmt ein Kärtchen und erklärt seinem eigenen Team das Wort. Er darf dabei das Wort selbst nicht benutzen oder übersetzen, er muss es mit anderen Worten umschreiben oder es mit Mimik und Gestik darstellen.

3 Falls seine Mitspieler das Wort nicht in 30 Sekunden erraten haben, ist der zweite Spieler dran. Er zieht das nächste Kärtchen und erklärt „sein" Wort. Für jedes richtig geratene Wort erhält die Mannschaft einen Punkt.

Falls seine Mitspieler das Wort nicht erraten haben, …
=
Wenn seine Mitspieler …

A3 **Bilden Sie nun zwei Mannschaften und spielen Sie das Spiel aus A2.**

Haushalt   Pension   . . .

B1 **Du oder Sie? Hören Sie noch einmal: Warum siezt Nasseer Eberhard, obwohl dieser ihn duzt?**

B2 **Das Du anbieten**

a Wo sind die Leute? Hören Sie und kreuzen Sie an.

	im Büro	auf dem Spielplatz	im Kindergarten	in der Cafeteria
1	☐	☐	☐	☐
2	☐	☐	☐	☐

b Wie bieten die Leute das Du an? Wie nehmen sie das Du an? Hören Sie noch einmal und ergänzen Sie.

das Du anbieten	Gespräch	**das Du annehmen**	Gespräch
Ich fände es nett, wenn wir Du sagen. Ich bin …	☐	Ja, gern! Ich heiße …	☐
Übrigens, von mir aus können wir uns gern duzen.		Das ist nett, …	☐
Ich heiße …	☐	Schön! Hallo … Ich bin …	☐
Wir sagen hier alle Du zueinander. Wenn es Ihnen recht ist, dann können wir uns gern duzen.	☐	Alles klar! Ich heiße …	☐
Ach, wollen wir uns nicht lieber duzen?	☐		

B3 **Duzen oder siezen?**

a Ordnen Sie die Gespräche in B2 den Abschnitten zu.

Gespräch	1	2
Abschnitt		

Favoriten   Verlauf   Suchen   Album   Seitenleiste

Duzen oder siezen?

Gibt es da verbindliche Regeln? Das ist eine schwierige Frage. Wir haben versucht, für Sie eine kurze Antwort zu finden.

1 Im Arbeitsleben wird im Allgemeinen gesiezt. Das gilt vor allem im Umgang mit Kunden sowie auf Ämtern und Behörden. Allerdings gibt es zunehmend Branchen, in denen das Du üblich ist, wie z.B. in der Computerbranche, in der Werbung, in der Gastronomie oder auf dem Bau. Dem kann man sich schlecht widersetzen. Wird in einem Betrieb normalerweise gesiezt, dann bietet die Person das Du an, die eine höhere Position hat oder schon länger im Betrieb ist.

2 Im Privatleben wird im Vergleich zu früher mehr geduzt, also nicht nur in der Familie und unter Freunden. Das Du schafft Gemeinschaft, egal, ob man über die Kinder, die Nachbarn, denselben Arbeitsweg oder den Hund spricht. Es gilt dabei nach wie vor die altbekannte Regel, nach der die Älteren den Jüngeren das Du anbieten.

3 Generell kann man sicherlich sagen: Wer zu schnell duzt, gilt als unhöflich; wer zu lange siezt, wirkt steif.

b Wer kann das Du anbieten? Wie lauten die beiden Regeln? Lesen Sie noch einmal und ergänzen Sie.

Im Arbeitsleben: Die Person, die ....

Im Privatleben: Die Person, ...

B4 **Wie ist das bei Ihnen? Beantworten Sie die Fragen.**

a Werden Sie eher geduzt oder eher gesiezt? In welchen Situationen? Sprechen Sie.

> in der Arbeit • von Nachbarn • im Geschäft • in meiner Lieblingskneipe • im Verein …

b Gibt es in Ihrer Sprache unterschiedliche Anredeformen? Welche? Wie werden sie verwendet? Berichten Sie.

> Also, in meiner Muttersprache gibt es zwei Formen für „Sie". Die eine …

CD 1 17

C1   Wie sagen Nasseer und Maja? Ergänzen Sie. Hören Sie dann und vergleichen Sie.

a Ist das der Bekannte, *über den* du neulich gesprochen hast?
   (*Du hast neulich* über ihn *gesprochen.*)

b Nein, nicht Max. Ich meine den Bekannten, ... du mir erzählt hast.
   (*Du hast mir* von ihm *erzählt.*)

c Das sind die Kollegen, ... ich dir erzählt habe.
   (*Ich habe dir* von ihnen *erzählt.*)

sprechen **über** + **ihn/sie**: ..., **über den/die** ... gesprochen hast?
erzählen **von** + **ihm/ihr**: ..., **von dem/der** ... erzählt hast.
erzählen **von** + **ihnen**: ..., **von denen** ... erzählt habe.

C2   Wer ist …? Geben Sie die Antworten. Ergänzen Sie und sprechen Sie.

 **1** Mit ihm bin ich ein halbes Jahr durch Indonesien gereist.

 **2** Von ihm bekomme ich oft so schöne Gedichte.

 **3** Ich muss immer über sie lachen.

 **4** An sie denke ich oft.

Wer ist …?

bekannt ➜ der/die Bekannt**e**
   ein Bekannt**er**
   eine Bekannt**e**
auch so: Jugendlicher, Erwachsener, Deutscher, …

1 Tom? Das ist so ein verrückter Bekannter, ...
2 Leo? Das ist mein treuester und romantischster Freund, ...
3 Michaela? Das ist eine gute Bekannte, ...
4 Maria? Das ist eine meiner besten Freundinnen, ...

CD 1 18

C3   Hören Sie das Lied „Freundinnen …"

über alles sprechen
über alles lachen

a Was machen die Freundinnen zusammen? Notieren Sie und sammeln Sie im Kurs.

b Fragen Sie und antworten Sie.
Freund ● Freundin ● Kollege ● Kollegin ● Bekannter ● Bekannte

einen Kolleg**en**
einem Kolleg**en**
auch so: einen Nachbar**n**, Mensch**en**, …

▲ Hast du einen Kollegen, mit dem du über alles sprechen kannst?
● Oh ja, Stefan. Mit ihm kann ich über alle Probleme sprechen.

C4   Was machen Sie mit wem?

Notieren Sie die Namen von Freunden, Nachbarn, Bekannten und Kollegen auf einen Zettel.
Schreiben Sie auf einen anderen Zettel, was Sie mit diesen Leuten unternehmen. Tauschen Sie
dann die Zettel mit den Namen mit Ihrer Partnerin / Ihrem Partner und fragen und antworten Sie.

Jurek   Kollege, Sport machen

Jana, wer ist Jurek?   Jurek ist ein Kollege, mit dem ich viel Sport mache.
Hast du denn auch einen Kollegen, mit dem du …

D1 Neu in der Stadt

a Schauen Sie den Text an. Kennen Sie solche Seiten?

b Lesen Sie das Profil von Miriam. Würden Sie Miriam gern kennenlernen? Warum? Warum nicht?

> Ja. Ich würde Miriam schreiben. Das Profil klingt interessant.
> Ich glaube, Miriam ist nett und lustig. Sie ist sportlich wie ich. ...

Mainzelmenschen.de

Suche nach: ◉ Gruppen | Stichwörter [_____] [Suchen] | Tipps für Ihre Suche

7. August ... hatte ein super Wochenende am See

Allgemeines:
Name: Miri203
Geburtstag: 20. März

Heimatstadt: Kiel
Wohnort: Mainz
E-Mail: miri203@yabadoo.de

Warum bin ich hier?	Ich suche Freundschaften, Reisepartner, ... und Kickerfans!
Wie wohne ich?	2 kleine Zimmer unterm Dach, aber ich liebe meinen riesigen Balkon!
Womit verdiene ich mein Geld?	Gymnastiklehrerin im Sporthotel „Fit in Mainz"
Wen will ich mal gern treffen?	Mich in 10 Jahren ☺
Ich bin Fan von:	Nudelsuppe, Sonnenuntergängen am Meer, Max Frisch
Was ich nicht ausstehen kann:	Langeweile, zu viel Ruhe, Eifersucht
Welche Musik mag ich?	Alles, wozu man sich bewegen kann, wichtig ist ein guter Rhythmus
Meine Fahrzeuge:	Rennrad oder Roller – bei Wind und Wetter
Wo war mein letzter Urlaub?	mit dem Rucksack durch Deutschland
Wenn ich im Lotto gewinne, dann ...	eröffne ich eine Kicker-Kneipe oder verreise mit der Transsibirischen Eisenbahn.
Was ich schon immer mal sagen wollte:	Das Leben ist kein Wunschkonzert.

mehr >>

D2 Freizeitpartner online

a Hören Sie ein Interview mit Miriam. Kreuzen Sie an: Richtig oder falsch?   richtig falsch

1 Miriam hat sofort Freunde im Sportverein gefunden. ☐ ☐
2 Miriam hat zum ersten Mal ihr Profil in ein Netzwerk gestellt. ☐ ☐
3 Sie fand es unproblematisch, ihre persönlichen Informationen ins Netz zu stellen. ☐ ☐
4 Miriam hat über das Internet sehr schnell viele Leute kennengelernt. ☐ ☐
5 Über das Internet hat Miriam Leute getroffen, die die Stadt schon gut kannten. ☐ ☐
6 Sie trifft sich am liebsten mit Männern, die ein lustiges Profil haben. ☐ ☐
7 Miriam meint, man kann unbesorgt Menschen aus dem Internet treffen. ☐ ☐
8 Miriam kontaktiert so viele Menschen wie möglich über das Netzwerk. ☐ ☐
9 Über das Netzwerk hat Miriam gute Freunde gefunden. ☐ ☐

b Welche Erfahrungen hat Miriam gemacht? Sprechen Sie.

D3 Freunde und Freizeitpartner im Internet gesucht!

Sind Sie auch im Internet in einem Freundschafts-Netzwerk? Welche Erfahrungen haben Sie gemacht? Finden Sie solche Netzwerke gut? Sprechen Sie in der Gruppe und sammeln Sie positive und negative Aspekte.

> Ich würde nie im Internet Freunde suchen. Ich glaube, viele Leute sind nicht ehrlich.

> Ich habe auch ein Profil auf so einer Seite und ich habe schon total viele nette Leute kennengelernt.

> **Schon fertig?**
> Schreiben Sie ein eigenes Profil wie in D1.

E1 Wieder Single!

a Was ist dem Mann passiert? Wie fühlt er sich?
b Welche Tipps würden Sie ihm geben?

E2 Tipps für „danach"

a Lesen Sie den Text. Gibt es Tipps, die Sie auch in E1 gegeben haben? Unterstreichen Sie sie.

Wie geht's weiter?

Ihre Partnerin oder Ihr Partner hat die Beziehung mit Ihnen einfach beendet?

Sie sind wütend, enttäuscht und traurig zugleich und wissen nicht, was Sie nun tun sollen?

Wir möchten Ihnen gern ein paar Tipps geben, wie das Leben nach der Trennung weitergeht.

In der ersten Woche:
5 Ganz wichtig: Bewegen Sie sich viel. Machen Sie Spaziergänge oder gehen Sie joggen. Gehen Sie anschließend in die Sauna oder 10 nehmen Sie zu Hause ein entspannendes Bad. Verwöhnen Sie sich! Kochen Sie sich etwas Gutes und laden Sie gute Freunde ein. Allein sein ist anfangs noch etwas 15 schwierig. Sie möchten Ihren Kummer mitteilen, und wirklich gute Freunde halten das auch aus. Lenken Sie sich ab, amüsieren Sie sich, verabreden Sie sich mit 20 Freunden fürs Kino oder ins Theater. Oder gehen Sie einfach etwas trinken, aber seien Sie vorsichtig bei der Auswahl der Kneipe: Wählen Sie eine Kneipe aus, in der Sie 25 nicht Ihre Ex-Partnerin oder Ihren Ex-Partner treffen.

In der zweiten Woche:
Sie sehen nun all die Dinge, die Sie an Ihre Beziehung erinnern. 30 Nun heißt es: kühlen Kopf bewahren. Packen Sie alle diese Sachen in einen Karton und stellen Sie ihn auf den Speicher. Geben Sie Geschenke, die Sie bekommen ha-35 ben, auf keinen Fall zurück! Denn Sie werden nach einiger Zeit herausfinden, dass das alles überhaupt nicht zu Ihnen gepasst hat. Und: Vielleicht können Sie das 40 Zeug noch bei eBay verkaufen.

Packen Sie auch alle Fotos und Briefe weg. Bitte nicht wegwerfen! Schauen Sie sie erst viel später wieder an, zerreißen Sie sie dann oder 45 benutzen Sie sie als Dart-Scheibe. Je leichter Ihnen das fällt, desto besser haben Sie Ihre Beziehung überwunden.
Schreiben Sie nun einen Brief. Sa-50 gen Sie Ihrer Ex-Partnerin oder Ihrem Ex-Partner, was Sie ihr oder ihm schon immer einmal sagen wollten. Und zwar ganz ausführlich und sehr, sehr deutlich! Stecken 55 Sie den Brief in den Briefumschlag. Aber schicken Sie ihn bitte nicht ab. Je mehr Sie sich von der Seele schreiben können, desto mehr verschwindet die Wut und Enttäu-60 schung. Und Sie werden feststellen können, dass es vielleicht doch ganz gut ist, dass es so gekommen ist, wie es ist!

Je leichter Ihnen das fällt, **desto** besser haben Sie Ihre Beziehung überwunden.
Es fällt Ihnen immer leichter. ➜ Sie haben die Beziehung immer besser überwunden.

b Lesen Sie noch einmal, unterstreichen Sie alle Tipps und vergeben Sie Noten:

  1 = sehr gut, 2 = gut, 3 = geht so, 4 = unmöglich

Tipp	Note
sich viel bewegen	
in die Sauna gehen	

E3 Vergleichen Sie im Kurs.

> Was, du findest die Idee gut, was Gutes zu kochen? In der Situation wäre ich gar nicht hungrig.

> Doch, da muss man nämlich gute Sachen essen. Sonst nimmt man zu viel ab.

Grammatik

1 Konjunktion: *falls*

	Konjunktion	Ende
Der zweite Spieler ist dran,	**falls** seine Mitspieler das Wort nicht (= wenn)	**erraten haben**.

········▸ ÜG, 10.11

2 Relativsatz mit Präposition

Ist das **der Kollege**,	**über den** **von dem**	
Ist das **die Bekannte**,	**über die** **von der**	du gesprochen hast? (sprechen über + Akkusativ) du erzählt hast? (erzählen von + Dativ)
Sind das **die Kollegen**,	**über die** **von denen**	

········▸ ÜG, 10.14

3 Adjektiv als Nomen: *bekannt → der Bekannte*

	Nominativ	Akkusativ	Dativ
maskulin	der Bekannte ein Bekannter	den Bekannten einen Bekannten	dem Bekannten einem Bekannten
feminin	die Bekannte eine Bekannte	die Bekannte eine Bekannte	der Bekannten einer Bekannten
Plural	die Bekannten – Bekannte	die Bekannten – Bekannte	den Bekannten – Bekannten

auch so: jugendlich: der/die Jugendliche; erwachsen: der/die Erwachsene;
deutsch: der/die Deutsche

········▸ ÜG, 4.06

4 n-Deklination

	Nominativ	Akkusativ	Dativ
maskulin	der/ein Kollege	den /einen Kollegen	dem /einem Kollegen
Plural	die/ – Kollegen	die / – Kollegen	den / – Kollegen

auch so: der Mensch, der Nachbar, der Praktikant, der Herr, der Junge, der Pole, der Grieche …

········▸ ÜG, 1.04

5 Zweiteilige Konjunktion: *je … desto*

Je leichter Ihnen das fällt, **desto** besser haben Sie Ihre Beziehung überwunden.

Es fällt Ihnen immer leichter. → Sie haben Ihre Beziehung immer besser überwunden.

········▸ ÜG, 10.13

Wichtige Wendungen

im Spiel

Mannschaften bilden • ein Kärtchen ziehen • etwas erraten • dran sein • einen Punkt erhalten •
Du bist dran. • Das ist gegen die Regel! • Man muss auch verlieren können. • Juhu, gewonnen! •
Verloren, okay. Jetzt aber Revanche!

das Du anbieten

Ich fände es schön/nett, wenn wir „du" sagen. Ich bin … • Übrigens, von mir aus können
wir uns gern duzen. Ich heiße … • Wir sagen hier alle Du zueinander. Wenn es Ihnen recht ist,
dann können wir uns gern duzen. • Ach, wollen wir uns nicht lieber duzen?

das Du annehmen

Ja, gern! Ich heiße … • Das ist nett, … • Schön! Hallo … Ich bin … • Alles klar! Ich heiße …

Der Sternenhimmel ist etwas Wunderbares. Sieht man in einer klaren Nacht hinauf, hat man sofort diesen Eindruck von Weite, Tiefe und Stille. Von Beginn an haben unsere Vorfahren den Himmel, die Sonne, die Sterne, den Mond und die Planeten beobachtet. Dass es ohne Sonne kein Leben gibt und dass das Steigen und Sinken des Meeresspiegels etwas mit dem Mond zu tun hat, das konnte jeder sehen. Lag es da nicht nahe, an geheime Kräfte aller Himmelskörper zu glauben? Wenn man diese Kräfte und ihre Bewegung kennt, so glaubte man, kann man die Welt verstehen und vielleicht sogar die Zukunft voraussagen. Dies war die Geburtsstunde der Astrologie.

Auch heute noch, im Zeitalter der Naturwissenschaften, glauben viele Menschen an die Macht der Sterne. Sie sind überzeugt, dass der Stand der Himmelskörper zur Stunde ihrer Geburt wichtig oder sogar entscheidend für ihre persönliche Zukunft ist. Andere lächeln über diesen Glauben und wollen von Horoskopen nichts wissen. Ob man die Astrologie nun für einen Schwindel hält oder nicht, eins ist auf jeden Fall wahr: Die Sterne lügen nicht.

Glauben Sie an Astrologie?

Karina (32), Steinbock:

Mich fasziniert das schon, obwohl ich nicht wirklich Ahnung davon habe. Warum sollen die Sterne keinen Einfluss auf mein Leben haben?
Ich habe mir mal ein Geburtshoroskop machen lassen und war erstaunt, wie genau es meine Persönlichkeit beschreibt.

Marc (35), Löwe:

Was heißt hier „glauben"? Astrologie ist eine jahrtausendealte Wissenschaft! Ich beschäftige mich seit fast zehn Jahren damit und kann selbst Horoskope erstellen. Dabei habe ich so oft erfahren: Die Sterne wissen viel mehr über uns als wir selbst.

Marie-Luise (28), Widder:

Ich kann darüber nur lachen. Jeder einzelne Mensch in unserer Umgebung hat viel, viel mehr Einfluss auf unser Leben als irgendwelche Planeten in Millionen Kilometer Entfernung. Nein, das ist alles Hokuspokus, unwissenschaftlicher Unsinn!

1 Lesen Sie den Einleitungstext. Glauben Sie auch an die Sterne? Haben Sie Erfahrungen mit Astrologie und Horoskopen? Erzählen Sie.

2 Sehen Sie sich nun die drei Porträts an. Wer glaubt an Astrologie? Was meinen Sie? Lesen Sie dann die Texte.

Erdzeichen: ruhig, tief, ändern sich nur langsam

Stier
21. April bis 20. Mai
sucht Sicherheit, ist sparsam, meist entspannt und liebt gutes Essen

Jungfrau
24. August bis 23. September
ist ruhig, fleißig, hilfsbereit und möchte geliebt werden

Steinbock
22. Dezember bis 20. Januar
ist zuverlässig, sucht den Erfolg und arbeitet hart und fleißig dafür

Luftzeichen: viele Interessen, oft kopfbetont

Zwillinge
21. Mai bis 21. Juni
ist neugierig, kommunikativ und gern unter Menschen

Waage
24. September bis 23. Oktober
sucht das Gleichgewicht und die Gemeinschaft mit anderen

Wassermann
21. Januar bis 19. Februar
ist tolerant, freundlich und hat viel Verständnis für andere

Wasserzeichen: gefühlsbetont, empfindlich

Krebs
22. Juni bis 22. Juli
sucht Sicherheit, liebt sein Zuhause, ist fantasievoll

Skorpion
24. Oktober bis 22. November
hat intensive Gefühle und ist oft sehr nachdenklich

Fische
20. Februar bis 20. März
hat starke Gefühle, ist gern allein und doch voller Liebe

Feuerzeichen: spontan, schnell, vertrauen in ihre Energie

Widder
21. März bis 20. April
sucht die Herausforderung und ist immer in Bewegung

Löwe
23. Juli bis 23. August
steht gern im Mittelpunkt und braucht viel Aufmerksamkeit

Schütze
23. November bis 21. Dezember
sucht das Neue und das Abenteuer, langweilt sich schnell

3 Unter welchem Sternzeichen sind Sie geboren? Lesen Sie die Kurzbeschreibung. Erkennen Sie sich wieder? Sprechen Sie mit Ihrer Partnerin / Ihrem Partner.

4 Welche Sternzeichen passen wohl besonders gut zusammen? Begründen Sie Ihre Meinung.

FOLGE 9: *COMPUTER SIND DOOF*

1   **Was ist ein Druckertreiber? Kreuzen Sie an.**

☐ eine Software, die dafür sorgt, dass Computer und Drucker zusammen funktionieren
☐ ein spezielles Kabel, mit dem man den Computer und den Drucker verbindet

2   **Ordnen Sie zu.**

eine CD   installieren
im Internet   einlegen
die Software   surfen
                     downloaden/herunterladen

3   **Sehen Sie die Fotos 1–4 an. Was passiert im Homeservice?**
      Was meinen Sie?

Vielleicht streiten sich Maja und Nasseer darüber, wer an den Computer darf.

Ich vermute, dass …

CD1 20–27 **4** **Sehen Sie die Fotos an und hören Sie.**

CD1 20–27 **5** **Schlechte Stimmung im Homeservice. Hören Sie noch einmal und beantworten Sie die Fragen.**

     a Foto 1:   Was funktioniert nicht?
     b Foto 2:   Worüber ärgert sich Nasseer?
     c Fotos 3 und 4: Was möchte Maja machen? Klappt es?
     d Fotos 5 und 6: Was macht Nasseer?
     e Foto 6:   Worüber ärgert sich Maja?
     f Fotos 7 und 8: Wird das technische Problem gelöst?
                          Wie reagieren die beiden Kunden, Herr Baum und Frau Keller?
                          Was machen Maja und Nasseer am Ende?

6 **Technische Probleme. Kennen Sie das? Sie wollten etwas machen – doch dann funktionierte plötzlich das Gerät nicht mehr. Sprechen Sie.**

     Ja, klar, als ich letzte Woche … wollte, da hat plötzlich …

A1 Wer sagt das? Ordnen Sie zu.

Hier ist Chaos, und er tut so, **als ob** wir nichts zu tun **hätten**.

 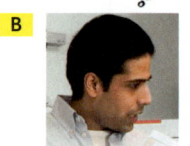 

Bild	A	B	C
Text			

1 Typisch Herr Baum. Er tut so, als ob er gleich verhungern würde.
2 Hier ist Chaos, und er tut so, als ob wir nichts zu tun hätten.
3 Rechnungen mit der Hand schreiben, als ob wir im Mittelalter wären.

A2 Ergänzen Sie.

a

Hm, ja …
du Arme …
ja, ja, da hast du
recht.

Jörg tut so, als ob *er zuhören würde.* (zuhören)

b

Tut mir leid, das
geht nicht, ich habe
gerade wahnsinnig
viel zu tun!

Hanna tut so, … (gerade arbeiten)

c

Ja, ja, Susi, ich
habe ihn repariert.
Du weißt ja, ich bin
Computerspezialist!

Max tut so, … (Computer reparieren können)

d

Wir wohnen in einem
5-Sterne-Hotel direkt
am Meer, mit einem
tollen Pool …

Sonja … (viel Geld haben)

A3 Der Angeber!

CD 1 | 28

a Lesen Sie Michaels „Steckbrief" und hören Sie dann das Gespräch. Ergänzen Sie.

Aber im Gespräch tut er so, als ob …

Was ist Ihr Beruf?	*technischer Angestellter*	*Topmanager*
Ihr Familienstand?	*verheiratet, 2 Kinder*	
Was machen Sie in Ihrer Freizeit?	*Fernsehen, Computer spielen*	
Wo wohnen Sie?	*in einem Wohnblock*	
	im Zentrum von Hamburg	
Haben Sie ein Auto?	*nein, im Moment nicht*	
Wohin führte Ihre letzte Reise?	*an die Nordsee*	

b Sprechen Sie.

Er tut so,
Er sagt das so,
Es scheint so,   als ob …, aber in Wirklichkeit …
Es hört sich so an,
Es sieht so aus,

Michael tut so, als ob er
Topmanager wäre.
Aber in Wirklichkeit ist er
technischer Angestellter.

A4 Erfinden Sie selbst „Als-ob-Leute" wie Michael.

Arbeiten Sie zu zweit: Schreiben Sie einen „Steckbrief" auf ein Plakat und spielen Sie dem Kurs ein kurzes Gespräch vor. Der Kurs beschreibt „Ihre" Person (wie in A3b).

Während ich unterwegs bin, kann ich mich nicht um Majas Computer kümmern.

B   9

B1 **Was könnte man auch sagen? Kreuzen Sie an.**

a ⟩ Während ich unterwegs bin, kann ich mich nicht um Majas Computer kümmern. ⟩

☐ Ich bin unterwegs. In dieser Zeit kann ich mich nicht um Majas Computer kümmern.
☐ Ich bin unterwegs. Danach kann ich mich nicht um Majas Computer kümmern.

b ⟩ Kümmerst du dich um meinen Computer, bevor du wieder wegfährst? ⟩

☐ Kümmerst du dich erst um meinen Computer und fährst dann wieder weg?
☐ Fährst du erst weg und kümmerst dich danach um meinen Computer?

c ⟩ Nachdem ich das Essen ausgefahren habe, kümmere ich mich um den Computer. ⟩

☐ Ich kümmere mich erst um Majas Computer. Danach fahre ich das Essen aus.
☐ Ich fahre erst das Essen aus. Danach kümmere ich mich um Majas Computer.

Während ich unterwegs bin, kann ich mich nicht um deinen Computer kümmern.
Bevor ich wieder wegfahre, kümmere ich mich um den Computer.
Nachdem ich das Essen ausgefahren habe, kümmere ich mich um den Computer.

B2 **Mitteilungen am Arbeitsplatz. Ergänzen Sie** *bevor – während – nachdem.*

A
Achtung!
Liebe Kolleginnen und Kollegen,
unser Faxgerät funktioniert nicht richtig.
Drücken Sie bitte keine Taste, *während.*
ein Fax gesendet wird. Ich habe dem
Techniker schon Bescheid gegeben.
Danke!

B
Liebe Frau Meier,
die nächsten beiden Wochen bin ich ja
in Urlaub. Könnten Sie bitte abends den
Kopierer ausschalten und den Mülleimer
rausstellen, ... ich weg bin?
Herzlichen Dank im Voraus!
H. Lerch

C
Liebe Kollegen, bitte waschen und trocknen Sie
Ihr Geschirr selbst ab und achten Sie auch darauf,
dass die Kaffeemaschine immer aus ist,
.... Sie das Haus verlassen.
Ihre Kolleginnen, die sich ab sofort nicht mehr
dafür verantwortlich fühlen wollen :-)

D
Lieber Herr Lutz,
.... Sie gestern das Haus verlassen
hatten, rief Herr Nitsche an. Er bittet um Rückruf.
Sie können ihn jederzeit erreichen. Es eilt nicht.

E
Liebe Frau Unangst,
würden Sie bitte diesen Vertrag erst von Frau Orth
unterschreiben lassen, ... Sie ihn an Frau
Kerner abschicken? Danke! jw

B3 **Planspiel: Mitglied im Vorbereitungskomitee**

Arbeiten Sie in Gruppen. Wählen Sie einen der beiden Vorschläge aus. Sammeln Sie weitere
Aufgaben. Planen und verteilen Sie die Aufgaben.

1
Ausflug mit Picknick und Übernachtung
Internetrecherche: Wohin?
Transportmittel wählen und Fahrkarten besorgen
Kosten ausrechnen und Geld einsammeln
Info-Mail schreiben und versenden
Weitere Aufgaben: ...

2
Kinderfest für Ihre Kinder
Wo? Wann? Wie lange?
Was für Spiele? (Internetrecherche)
Programm für Eltern?
Essen einkaufen?
Kosten? Geld einsammeln.

| Während du einkaufen gehst, kann ich ja ... | Lass mich das doch machen, ich ... | Kannst du dich um ... kümmern? |

C1 Bedienungsanleitungen

CD 1 29–32   **a**   Hören Sie und ordnen Sie zu.

Gespräch	1	2	3	4
Bild				

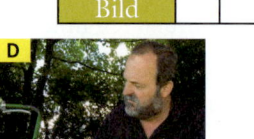

CD 1 29–32   **b**   Ordnen Sie die Gespräche den folgenden Situationen zu.
Hören Sie dann noch einmal und vergleichen Sie.

Gespräch

1 Jemand liest die Gebrauchsanweisung. Alles funktioniert wie beschrieben. ☐
2 Jemand liest die Gebrauchsanweisung, versteht sie nicht und beschließt, das Problem allein zu lösen. ☐
3 Jemand macht genau, was da steht. Trotzdem kommt immer wieder eine Fehlermeldung. ☐
4 Jemand macht alles wie beschrieben. Es ist aber schwierig und dauert ziemlich lange. ☐

C2 Im Waschsalon

a   Ergänzen Sie die Verben.

wählen • schließen • leuchtet • einfüllen • einfüllen • drücken • einwerfen • läuft

Geld ....   Programm ....   Wäsche ....   Lämpchen ....

Waschmittel ....   Tür ....   Startknopf ....   Waschvorgang ....

b   Rollenspiel

> **A** Sie sind im Waschsalon und möchten Ihre Wäsche waschen. Sie wissen nicht, wie das funktioniert. Bitten Sie um Hilfe.

> **B** Erklären Sie Ihrer Partnerin / Ihrem Partner, was er/sie tun muss.

um Hilfe bitten
Entschuldigung, ich bin zum ersten Mal hier.
Könnten Sie mir vielleicht sagen,
wie das hier funktioniert?

etwas erklären
Kein Problem, gern.
Sehen Sie, zuerst müssen Sie hier ...
Dann leuchtet ...
Danach ... / Und dann ...
Zuletzt müssen Sie ...

C3 Wie funktioniert das?

Erklären Sie Ihrer Partnerin/Ihrem Partner, wie man eins der folgenden Geräte bedient.
Handy: Wie schreibt man eine SMS?
MP3-Player: Wie wählt man ein neues Lied aus?
CD-Player: Wie findet man ein bestimmtes Stück?

> Wenn du hier drückst, geht das Handy an. Es erscheint ein Menü ...

> **Schon fertig?**
> Schreiben Sie eine Bedienungsanleitung für ein Gerät Ihrer Wahl.

D1 Internet-Forum
Überfliegen Sie die Texte. Welcher Link führt zu welchem Text? Ordnen Sie zu.

☐ **Kaufrausch4731**   ☐ **Internetsüchtig3612**

A

Hallo Eltern,
ich bin völlig ratlos. Meine 16-jährige Tochter sitzt seit einigen Monaten jede freie Minute am Rechner und ist ständig im Internet und chattet. Anfangs hat sie nur ihren Freunden geschrieben – aber inzwischen chattet und twittert sie rund um die Uhr mit jedem. Sie glaubt, dass sie viele neue Freunde gefunden hat. Aber für ihre „wahren" Freundinnen aus der Schule hat sie keine Zeit mehr und ihre Schulnoten werden immer schlechter. Meine Frau und ich haben schon mit ihr geschimpft und es mit einem PC-Verbot versucht, doch sie ist dann ins Internetcafé gegangen und hat da weiter gechattet. Und jetzt will sie sich auch noch von ihrem Taschengeld ein Handy mit Internet-Flatrate kaufen. Weiß einer von euch eine Lösung? Wir wissen einfach nicht, wie wir mit der Situation umgehen sollen.
Anton

B

Ich bin so genervt – mein Mann hat nur noch Zeit für sein neues Hobby. Seit Kurzem verkauft und kauft er alle unsere Elektrogeräte über das Internet. Am Anfang wollte er nur seine alte Kamera verkaufen – fand aber bald eine günstige neue im Internet. Dasselbe machte er dann mit Handy, Computer, Waschmaschine usw. Unsere guten alten Geräte verkauft er und kauft neue billige Geräte. Neulich waren dann sogar die Playstation der Kinder und der Staubsauger weg – nie weiß man, was als Nächstes kommt. Ich fühle mich völlig übergangen. Was kann man da nur machen?
Lisa

D2 Wählen Sie einen der beiden Texte aus. Lesen Sie noch einmal und beschreiben Sie die Situation der Person in einem Satz.

D3 Im Forum: Ihr Kommentar – 1. Runde. Antworten Sie auf „Ihren" Text.

▸ *Verständnis/Mitleid zeigen:*
Das Gefühl / Problem kenne ich gut.
Mir geht es (manchmal) genauso.
Auch bei mir / bei uns …
Ich kann dich/Sie gut verstehen.

Liebe/r …
Dein Problem …

▸ *einen Rat geben:*
Ich rate dir / Ihnen, …
Ehrlich gesagt, würde ich …
Versuch / Versuchen Sie doch …
Deshalb solltest du / sollten Sie …
Das kann doch nicht gut sein! Ich würde …

▸ *erstaunt/kritisch reagieren:*
Ehrlich gesagt hat man den Eindruck, dass / als ob …
Keine Ahnung, wieso dich / Sie das so aufregt.
Das finde ich unmöglich.

D4 Im Forum: Ihr Kommentar – 2. Runde. Sie bekommen den Kommentar Ihrer rechten Nachbarin / Ihres rechten Nachbarn.

Lesen Sie noch einmal den Text im Forum und den Kommentar Ihrer Nachbarin / Ihres Nachbarn. Schreiben Sie dann eine Antwort auf das, was Ihre Nachbarin / Ihr Nachbar geschrieben hat.

Liebe/r …
grundsätzlich würde
ich Dir ja zustimmen, aber …

▸ *etwas kommentieren*
Ich sehe das auch so wie Du / wie …
Grundsätzlich würde ich Dir ja zustimmen, aber …
Ich denke, so kann man das nicht sehen.

D5 Lebendiges Forum
Bilden Sie zwei Gruppen, eine für jeden Forum-Text. Stellen Sie gemeinsam alle Kommentare und Antworten zusammen. Lesen Sie sie durch. Welchen Beitrag finden Sie besonders interessant?

E1 **Welche Wörter fallen Ihnen zum Thema „Computer" ein? Ergänzen Sie.**

Taste — Tastatur
Monitor
Computer
Laufwerk
Datei — senden / speichern
ausdrucken

E2 **Familie mit Anschluss**

a Lesen Sie die ersten zwei Abschnitte. Wer erzählt die Geschichte?

Familie mit Anschluss

Drei-Minuten-Geschichten
aus dem Haushalt der
Familie Obermeier

TAVerlag

Geschichte 10 ## Reif für den Wertstoffhof

„Ich schmeiß' nur eben schnell die Kiste an", sagt der Mann und drückt mit seinem Finger auf meinen Power-Knopf. Viel zu fest natürlich; fast bleibt der Knopf im Gehäuse stecken. Wie immer eben. Dann klickt er sich durch ein paar Dateien. „Wo ist meine Datei von gestern? Wer hat sie gelöscht?!", brüllt er plötzlich. „Beruhige dich. Niemand." Das ist die Stimme der Frau. „Dann
5 liegt es an dieser Kiste! Es wird langsam Zeit, dass wir uns einen neuen Computer anschaffen."

Also, das mit der „Kiste" ist ja eigentlich eine Frechheit – aber daran habe ich mich schon fast gewöhnt in den drei Jahren, die ich bisher in diesem Haus verbracht habe. Jedoch dieses dauernde Theater mit den Dateien: Daran kann ich mich nun wirklich absolut nicht gewöhnen.

Jeden Nachmittag das Gleiche: Die Frau schläft, der Mann ist weg und das kleine Mädchen kommt
10 leise ins Zimmer, schaltet mich ein und drückt dann mit seinen schmutzigen kleinen Fingern auf meinen Tasten herum. Das Einzige, was dieses kleine Monster lesen kann, ist „o.k.". „Hurra – okay", ruft sie und klickt. Auch wenn mein Bildschirm zur Sicherheit noch mal fragt: **Wollen Sie die Datei wirklich löschen?** – nichts da: ein Hurra, ein Klick mit der Maus und die Datei ist weg. – Was soll ich machen? Ich kann nichts dagegen tun – die Datei wird gelöscht, für immer und ewig.

15 Und die Frau? Die Frau will immer E-Mails versenden. Also schreibt sie ganze Romane an ihre Freundinnen, fügt jede Menge Fotos von dem kleinen Monster ein und klickt dann auf **Senden**. Klar, dass das Fehler verursacht, bei diesen Datenmengen in einer einzigen E-Mail! Ich muss ihr sagen: **Fehler – Die Datei konnte nicht gesendet werden**. Und was tut sie dann? Sie klopft sanft auf mein Gehäuse und sagt: „Du wirst langsam alt, mein Lieber." Alt! Wie das klingt! Als ob's an
20 meinem Alter liegen würde! Ist doch klar, dass ich da nervös werde und mein Bildschirm flimmert und flackert, oder?

Aber am schlimmsten, am allerschlimmsten ist der ganz alte Mann. Der hat von Computertechnik wirklich keine Ahnung! Dauernd lädt er vom Internet irgendwelche Programme runter, verwechselt die Tasten oder installiert Programme von irgendwelchen CD-ROMs. Irgendwann entsteht dann auf
25 meiner Festplatte so ein Chaos, dass ich überhaupt nicht mehr rechnen und nur noch mit letzter Kraft Alarm geben und **Fataler Fehler** auf meinen Bildschirm schreiben kann. Dadurch erschrickt der alte Mann aber so, dass er nur noch ganz schnell den Stecker aus der Steckdose zieht. Und das ist dann für mich ein Schock! Aber hallo!

All das geschieht Tag für Tag, immer wieder. Das kann man doch wirklich nicht aushalten, oder?
30 Meine Tage sind gezählt, das ist ganz sicher, und schon bald werde ich mich auf meinen letzten Weg machen müssen: zum Wertstoffhof. Kunststoff-Recycling heißt meine Endstation – und irgendwann halten Sie dann mein Gehäuse in der Hand – als Einkaufstüte oder als Kleiderbügel …

-wie
irgend -wann
-welche

b Lesen Sie nun den ganzen Text. Was machen die vier Personen? Unterstreichen Sie im Text in jeweils einer Farbe. Ergänzen Sie dann die Tabelle.

der Mann	das Mädchen	die Frau	der alte Mann
drückt viel zu fest auf den Knopf			

Schon fertig?

Suchen Sie im Text Wörter zum Wortfeld „Computer" und ergänzen Sie in E1.

Grammatik

1 Konjunktion: *als ob*

	Konjunktion	Ende: Konjunktiv II
Er tut so,	**als ob** wir nichts zu tun	**hätten**.
Rechnungen mit der Hand schreiben,	**als ob** wir im Mittelalter	**wären**.

┄┄▶ ÜG, 5.18

2 Konjunktion: *während*

	Konjunktion	Ende
Ich kann mich nicht um den Computer kümmern,	**während** ich unterwegs	**bin**.

┄┄▶ ÜG, 10.08

3 Konjunktion: *nachdem*

	Konjunktion	Ende
Ich kümmere mich um den Computer,	**nachdem** ich das Essen	**ausgefahren habe**.

┄┄▶ ÜG, 10.08

4 Konjunktion: *bevor*

	Konjunktion	Ende
Ich kümmere mich um den Computer,	**bevor** ich wieder	**wegfahre**.

┄┄▶ ÜG, 10.08

5 Unbestimmtes Pronomen: *irgend-*

Dauernd lädt er vom Internet **irgendwelche** Programme runter.

auch so: irgendwann, irgendwo, irgendwie, irgendwer ...

┄┄▶ ÜG, 3.03

Wichtige Wendungen

um Hilfe bitten

Entschuldigung, ich bin zum ersten Mal hier. •
Könnten Sie mir vielleicht sagen, wie das hier
funktioniert?

etwas erklären

Kein Problem, gern. • Sehen Sie, zuerst müssen
Sie hier ... • Dann leuchtet ... • Danach ... •
Und dann ... • Zuletzt müssen Sie ...

Verständnis/Mitleid zeigen

Mir geht es (manchmal) genauso. •
Das Gefühl/das Problem kenne ich gut. •
Auch bei mir/bei uns ... •
Ich kann dich/Sie gut verstehen.

einen Rat geben

Ehrlich gesagt, würde ich ... •
Deshalb solltest du/sollten Sie ... • Versuch doch ... •
Das kann doch nicht gut sein! Ich würde ... •
Ich rate dir/Ihnen ...

erstaunt / kritisch reagieren

Ehrlich gesagt, hat man den Eindruck,
dass/als ob ... • Keine Ahnung, wieso dich /
Sie das so aufregt. • Das finde ich unmöglich.

etwas kommentieren

Ich sehe das auch so wie du/wie .... •
So kann man das doch nicht sehen. •
Grundsätzlich würde ich dir ja zustimmen,
    aber ... •
Ich denke, so kann man das nicht sehen.

etwas planen

Während du ..., kann ich ... •
Lass mich/ihn/sie das machen, ich/er/sie ...

1 Sehen Sie das Foto an. Was ist passiert? Was glauben Sie?

2 Lesen Sie den Text. Wo steht etwas über Probleme mit dem Gerät? Markieren Sie.

CD 1 33

3 Hören Sie das Lied und lesen Sie dabei mit. Die Stimmung ändert sich von Strophe zu Strophe. Ordnen Sie zu.

1. Strophe ....*d*........   2. Strophe ....   3. Strophe ....   4. Strophe ....

Der Mann ist   **a** wütend   **b** verzweifelt   **c** leicht genervt   **d** stolz

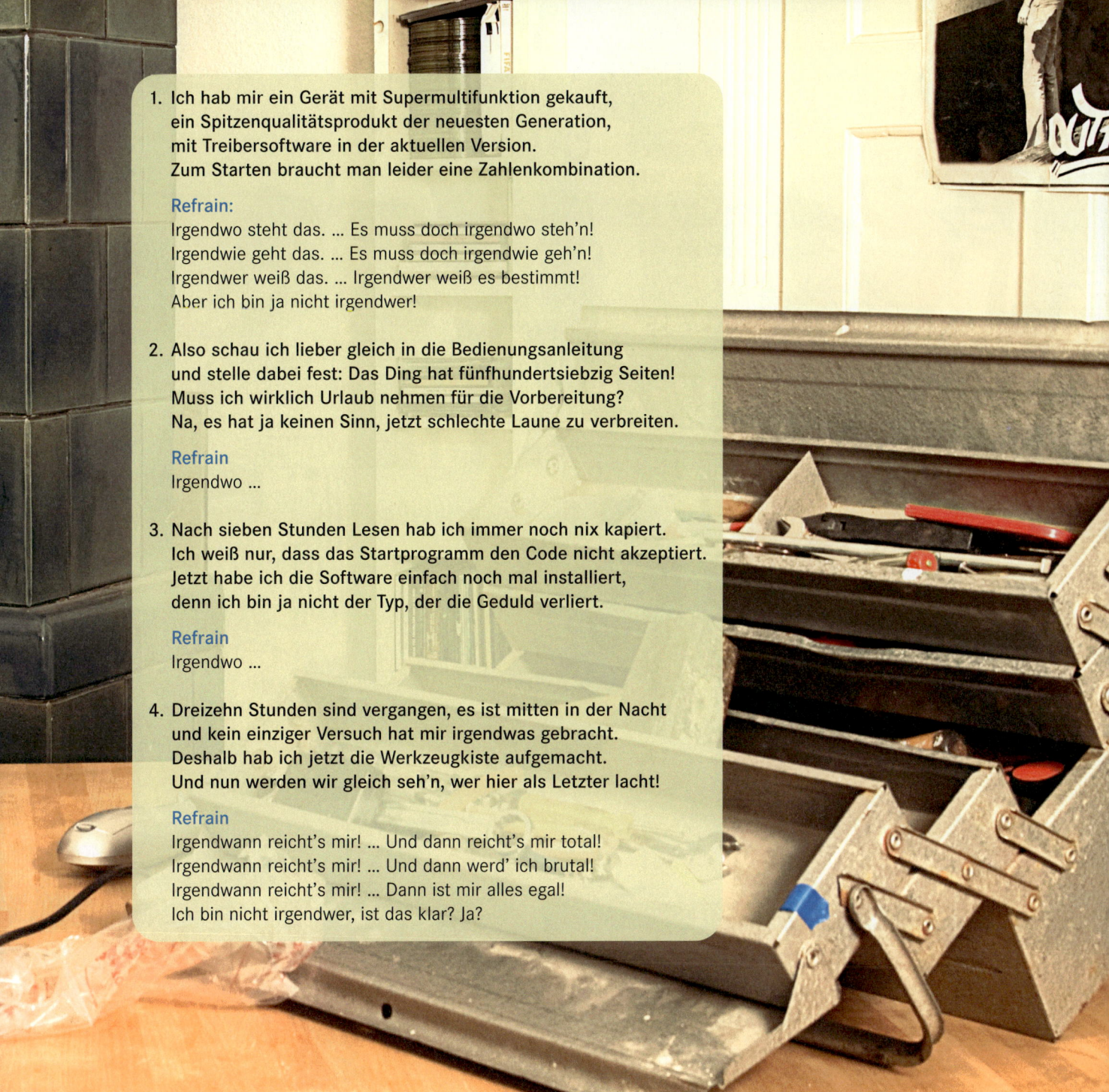

1. Ich hab mir ein Gerät mit Supermultifunktion gekauft,
   ein Spitzenqualitätsprodukt der neuesten Generation,
   mit Treibersoftware in der aktuellen Version.
   Zum Starten braucht man leider eine Zahlenkombination.

   Refrain:
   Irgendwo steht das. ... Es muss doch irgendwo steh'n!
   Irgendwie geht das. ... Es muss doch irgendwie geh'n!
   Irgendwer weiß das. ... Irgendwer weiß es bestimmt!
   Aber ich bin ja nicht irgendwer!

2. Also schau ich lieber gleich in die Bedienungsanleitung
   und stelle dabei fest: Das Ding hat fünfhundertsiebzig Seiten!
   Muss ich wirklich Urlaub nehmen für die Vorbereitung?
   Na, es hat ja keinen Sinn, jetzt schlechte Laune zu verbreiten.

   Refrain
   Irgendwo ...

3. Nach sieben Stunden Lesen hab ich immer noch nix kapiert.
   Ich weiß nur, dass das Startprogramm den Code nicht akzeptiert.
   Jetzt habe ich die Software einfach noch mal installiert,
   denn ich bin ja nicht der Typ, der die Geduld verliert.

   Refrain
   Irgendwo ...

4. Dreizehn Stunden sind vergangen, es ist mitten in der Nacht
   und kein einziger Versuch hat mir irgendwas gebracht.
   Deshalb hab ich jetzt die Werkzeugkiste aufgemacht.
   Und nun werden wir gleich seh'n, wer hier als Letzter lacht!

   Refrain
   Irgendwann reicht's mir! ... Und dann reicht's mir total!
   Irgendwann reicht's mir! ... Und dann werd' ich brutal!
   Irgendwann reicht's mir! ... Dann ist mir alles egal!
   Ich bin nicht irgendwer, ist das klar? Ja?

4 Hören Sie das Lied noch einmal und singen Sie den Refrain mit.

5 Hatten Sie auch schon mal ein Problem mit einem komplizierten Gerät?
Wie haben Sie es gelöst?

FOLGE 10: *MURPHYS GESETZ*

1 Sehen Sie das kleine Bild an. Was ist das? Wissen Sie vielleicht, wie das funktioniert? Sprechen Sie.

| Ich weiß nicht, was das ist. | Es sieht so aus, als ob … |
| Wenn man …, dann … | Keine Ahnung! Vielleicht … |

2 Was bedeutet: „etwas geht schief"? Kreuzen Sie an.

☐ Eine Person geht nicht gerade.   ☐ Etwas klappt nicht.

3 Sehen Sie die Fotos 1–5 an. Was passiert? Was meinen Sie?

CD 1 34–44   **4** Sehen Sie die Fotos an und hören Sie.

5   Was ist Maja passiert? Wie reagiert sie? Ergänzen Sie die Stichworte.

Essen
....
Blechfrosch mit Aufziehschlüssel
....
Anruf im Spielwarengeschäft
....
Anruf des Kunden

6   Kennen Sie diese Redewendungen für die kleinen Pannen und Missgeschicke im Alltag? Gibt es so ähnliche auch in Ihrer Sprache? Sprechen Sie.

Ein Unglück kommt selten allein. ● Aller guten Dinge sind drei. ● Heute ist Freitag, der 13. ● So ein Pech aber auch. ● Das ist nicht mein Tag!

7   Welche Pannen oder Missgeschicke sind Ihnen schon passiert? Sprechen Sie.

A1 „Murphys Gesetze": Lesen Sie den Infotext und die „Gesetze". Ordnen Sie zu.

 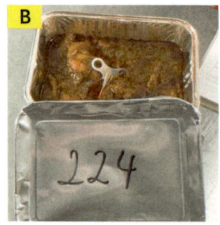 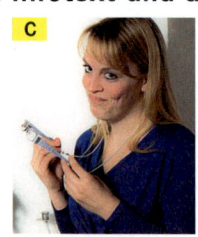

Murphys Gesetze: (engl. Murphy's Laws) umschreiben die kleinen Pannen und Missgeschicke in unserem Alltag. „Entdeckt" hat sie der amerikanische Ingenieur Edward E. Murphy.

1 **Alles, was schiefgehen kann, geht irgendwann schief.**
2 **Die andere Schlange kommt stets schneller voran.**
3 **Das, was du suchst, findest du immer dort, wo du zuletzt nachschaust.**

Foto	A	B	C
Gesetz			

Alles, was schiefgehen kann, …
auch so: … **nichts / etwas / das**, was …

… **dort, wo** du … nachschaust.
auch so: **da / überall / die Stadt / der Ort**, wo …

A2 **Pannen und Missgeschicke**

CD 1 45–48 **a** Hören Sie die Gespräche und ordnen Sie zu.

   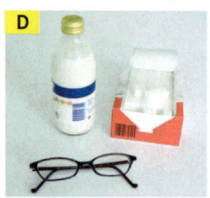

Gespräch	1	2	3	4
Foto				

CD 1 45–48 **b** Ergänzen Sie wie im Beispiel. Hören Sie noch einmal und vergleichen Sie.

überall • alles • dort • nichts • etwas • etwas • da + wo • was

1 Ich find' meinen Schlüssel nicht … Lach nicht! Sag mir lieber, wo ich suchen soll! – Na, am besten
da............., *wo*...... du ihn immer hinlegst.

2 Ich hab' noch Milch mitgenommen. Sag mal, gibt's sonst noch .... , ... wir brauchen?
An der anderen Kasse wären wir jetzt dran. Dass wir uns ausgerechnet .... anstellen,
.... es am langsamsten geht.

3 Ist das .... , ... dir dazu einfällt? – Tut mir leid, Birgit, aber heut' ist echt nicht
mein Tag. Es gibt .... , ... ich richtig mache.

4 Also da ist .... , ... ich nicht verstehe! … Zuerst find' ich den Zucker nicht, … dann
die Sahne … und jetzt ist auch noch meine Brille weg! – Tja-ha, es ist .... , ... ich
hinkomme, das gleiche Problem: Wir werden alle nicht jünger.

A3 Lesen Sie „Murphys Gesetze" (auch die in A1). Haben Sie schon etwas erlebt, was
genau zu einem dieser Gesetze passt?
**Alles, was du in Ordnung zu bringen versuchst, wird länger dauern und dich mehr kosten,
als du dachtest.**
Maschinen, die versagt haben, funktionieren einwandfrei, sobald der Kundendienst da ist.

Also, das Gesetz mit den Maschinen habe ich auch schon erlebt. Vorige Woche war meine Waschmaschine kaputt …

Mir geht das auch immer so im Supermarkt. Dort, wo ich mich anstelle, da …

Also, mir gefällt am besten das Gesetz: … Das passiert mir ständig.

B1 Die Welt des Blechspielzeugs

a Ordnen Sie zu.

A  B 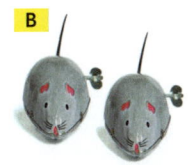 C  D

☐ der hüpfende Frosch
☐ die klingelnde Feuerwehr
☐ das fahrende Flugzeug
☐ die tanzenden Mäuse

b Lesen Sie das Beispiel. Fragen Sie dann nach den Gegenständen aus <u>a</u> und antworten Sie.

> ein hüpfender Frosch ● eine klingelnde Feuerwehr ● ein fahrendes Flugzeug ● tanzende Mäuse

> Was ist ein hüpfender Frosch?

> Das ist ein Frosch, der hüpft.

> ein Frosch, der hüpft – ein hüpfen**der** Frosch
> Mäuse, die tanzen – tanzen**de** Mäuse

B2 Verrückte Erfindungen

A  B  C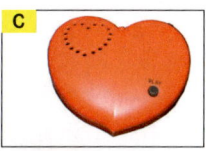

a Was können diese speziellen Produkte, was ähnliche Produkte nicht können? Was meinen Sie? Sprechen Sie.

b Lesen Sie und ordnen Sie zu. Ergänzen Sie dann in der richtigen Form.

Bild	A	B	C
Text			

1

Lassen Sie Ihr Herz sprechen!

Sie wollten schon immer Ihrer/Ihrem Liebsten etwas Nettes sagen? Das können Sie jetzt mit dem neuen Herz, in dem sich ein Aufnahmegerät und ein kleiner Lautsprecher befinden. Die *schenkende* (schenken) Person bespricht das Herz mit den Worten, die sie schon immer mal sagen wollte, steckt es in die .... (passen) Verpackung und schon geht es per Post ab zu den Lieben. Aufnehmen, versenden, abspielen – ganz einfach! Seien Sie sicher: Das .... (sprechen) Herz lässt viele Herzen höher schlagen.

2

Total klug – dieser Blumentopf!

Dieser .... (laufen) Blumentopf weiß genau, was er will! Er bewegt sich immer automatisch dorthin, wo die Sonne scheint. So bekommen Ihre Pflanzen immer genug Licht.

3

VERWANDELN SIE IHRE TÄGLICHE DUSCHE IN EIN FARBIGES ERLEBNIS!

Durch das .... (leuchten) Wasser wird das Duschen zum Vergnügen. Die sieben ständig .... (wechseln) Farben machen schon am Morgen gute Laune!

c Lesen Sie noch einmal und kreuzen Sie an: Richtig oder falsch?

		richtig	falsch
1	In dem Herzen befindet sich ein CD-Player.	☐	☐
2	Mit dem Blumentopf haben die Pflanzen immer Licht.	☐	☐
3	Die Dusche hat nur eine Farbe.	☐	☐

> **Schon fertig?**
> Was würden Sie auf das Herz sprechen? Überlegen Sie sich einen netten Satz für eine Person Ihrer Wahl.

B3 Markt der ungewöhnlichen Produkte

1  **2**  **3**

a Wie würden Sie diese Produkte nennen? Sprechen Sie.

> kochend ● sprechend ● singend ● fliegend ● wachsend ● schrumpfend ● …

Kochender Kühlschrank:
kennt alle Rezepte der Welt; bestellt selbstständig alles, was er braucht, im Online-Supermarkt;
das Essen gelingt immer

b Wählen Sie eins der Produkte aus oder erfinden Sie ein neues Produkt. Machen Sie Notizen.

c Arbeiten Sie in Gruppen. Stellen Sie Ihre Produkte vor.

Ich hab' aber keinen Schlüssel gefunden, weder am Frosch noch in der Verpackung.

CD 1 49

C1   **Ordnen Sie zu. Hören Sie und vergleichen Sie.**

a   Ich hab' aber keinen Schlüssel gefunden, weder am Frosch

b   Nein, sowohl die Lieferzeit

c   Was mache ich nur? Ich kann weder heute Vormittag

d   Heute ist nicht mein Tag. Ich hab' sowohl die Deckel vertauscht

noch heute Nachmittag persönlich vorbeikommen.

als auch den Schlüssel ins Lammcurry fallen lassen.

noch in der Verpackung. Das ist wirklich sehr ärgerlich.

als auch der Geschmack sind völlig in Ordnung.

… **weder** am Frosch … **noch** in der Verpackung   … **sowohl** die Lieferzeit … **als auch** der Geschmack

C2   **Kundenwünsche**

CD 1 50–53

a   Hören Sie und ordnen Sie zu.

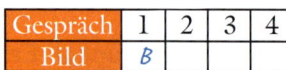

Gespräch	1	2	3	4
Bild	*B*			

CD 1 50–53

b   Ergänzen Sie: *weder … noch … , sowohl … als auch …*
Hören Sie dann noch einmal und vergleichen Sie.

1   Ja also, Sie haben mir dieses Kleid zugeschickt und … ich muss schon sagen, ich bin wirklich sehr verärgert! … Beim Auspacken musste ich dann aber feststellen, dass das Kleid .... die richtige Farbe .... die richtige Größe hat. … Das ist nun schon die zweite falsche Lieferung!

2   Die Rechnung haben Sie ja noch, oder? – Nein, das ist ja das Dumme: Wir haben .... die Verpackung .... die Rechnung weggeworfen.

3   Sie haben heute in der Zeitung eine Sonderaktion „Rund ums Campen" ausgeschrieben … .... das Iglu-Zelt .... dieser Camping-Kocher würden mich interessieren. Ich kann .... das eine .... das andere finden.

4   Hören Sie mal, ich komme gerade aus dem Urlaub zurück. … Es war abgemacht, dass Sie .... das Bad renovieren .... die Wände neu tapezieren.

C3   **Wer sagt was? Ordnen Sie oben auf Seite 33 zu.**

> Dazu möchte ich aber noch anmerken, dass … ● Ich musste nun leider feststellen, dass … ●
> Ich kann verstehen, dass Sie enttäuscht/verärgert sind. ● Das geht doch nicht. ● Selbstverständlich … ●
> Ich bin wirklich sehr verärgert/enttäuscht. ● Da sehe ich leider nur eine Möglichkeit, nämlich … ●
> Es war abgemacht/ausgemacht, dass … ● Das wundert/überrascht mich. ● Das Hauptproblem war, … ●
> Das kann man doch nicht machen. ● Also, ich muss sagen, das hat mich schon etwas enttäuscht. ●
> Ach, wirklich? Das ist wirklich sehr ärgerlich. ● Ich werde mich sofort persönlich darum kümmern.

Kundin / Kunde	Verkäuferin / Verkäufer Handwerkerin / Handwerker

C4 **Rollenspiel: Sich beschweren**

a Wählen Sie eine Situation aus, überlegen Sie sich „Beschwerdegründe".

1
Sie möchten eine Kaffeemaschine umtauschen, weil sie nicht so funktioniert wie in der Werbung beschrieben. Sie haben allerdings weder den Beleg noch die Verpackung. Sie wissen aber noch, welche Verkäuferin Ihnen die Kaffeemaschine verkauft hat. Sie wissen auch, dass Sie die Kaffeemaschine ohne Rechnung und Verpackung nicht umtauschen können.

2
Sie haben in der Wohnung Bad und Küche renovieren lassen. Die Handwerker hatten Ihnen zuvor ein Angebot gemacht. Bad und Küche sind nun renoviert, aber vieles ist anders verlaufen, als im Angebot beschrieben: z. B. Anzahl der Stunden, Materialpreise usw.

3
Sie haben an einem Chinesischkurs teilgenommen. In der Werbung wurde versprochen, dass Sie in vier Wochen mithilfe ganz neuer und ungewöhnlicher Methoden fließend Chinesisch sprechen lernen sollten, z. B. Lehrbuch unters Kopfkissen legen, Vokabeln im Liegen lernen usw. Es hat aber nicht geklappt.

4
Sie haben für Ihr Schlafzimmer einen neuen Schrank bestellt. Sie bekommen die Einzelteile geliefert und müssen beim Auspacken gleich einige Mängel feststellen, z. B. fehlende Schrauben und beschädigte Regalböden usw. Nach dem Zusammenbau gemäß der Anleitung funktioniert auch vieles nicht.

b Spielen Sie.

A **Kundin / Kunde**

Gruß. – Sie stellen Ihr Problem ganz kurz vor und beschweren sich. Sie sind verärgert / überrascht.

Sie führen Ihr Problem weiter aus und betonen, was Ihnen versprochen wurde / erklären genau, was nicht funktioniert hat.

Sie weisen diese Vorschläge zurück und schlagen etwas anderes vor.

Sie zeigen sich einverstanden mit dem Vorschlag und bedanken sich *oder* Sie lehnen den Vorschlag ab und sind richtig verärgert. – Gruß

B **Verkäuferin / Verkäufer**
Handwerkerin / Handwerker usw.

Gruß. – Sie zeigen Ihr Erstaunen oder Ihr Verständnis für das Problem.

Sie zeigen immer wieder Verständnis. Sie schlagen der Kundin / dem Kunden etwas vor.

Sie gehen auf den Vorschlag der Kundin / des Kunden ein *oder* Sie bedauern, dass Sie in diesem Fall nichts tun können.

Sie bedanken sich ebenfalls *oder* Sie sagen noch einmal, dass Sie in diesem Fall leider nichts tun können. – Gruß

D1 Frauen in der Werbung: Wie wirken diese Frauen auf Sie? Sprechen Sie.

A

B

C

D

jung • frech • schön • fröhlich • ehrlich • witzig • glücklich • lebendig • attraktiv • elegant •
sportlich • stark • mutig • sanft • künstlich • intelligent • erfolgreich • gesund • selbstbewusst •
verführerisch • jugendlich • schwach • schick

D2 Radiosendung: Die Frau in der Werbung

a Wie wird die Frau in der Werbung dargestellt? Wie hat sich die Darstellung in den letzten Jahrzehnten verändert? Was meinen Sie? Ordnen Sie zu.

1 Die Frau wird immer noch als Hausfrau dargestellt, aber sie wirkt jugendlicher und sportlicher.

2 Die Frau erscheint seltener als Hausfrau. Sie ist nun berufstätig.

In den 50er- Jahren
In den 70er-Jahren
Seit den 80er-Jahren
Seit den 90er-Jahren
In allen Jahrzehnten

3 Die dargestellten Frauen sind meist Karrierefrauen. Mann und Frau scheinen gleichberechtigt zu sein.

5 Die Werbung zeigt die Frau nur als Hausfrau.

4 Man findet in der Werbung oft verführerische Frauen.

CD 1 54
b Hören Sie das Radiointerview und vergleichen Sie mit Ihren Vermutungen in a.

CD 1 54
c Für welche Produkte wurde und wird häufig mit Frauen geworben? Hören Sie noch einmal und kreuzen Sie an.

☐ Haushaltsgeräte   ☐ Autos   ☐ Alkoholische Getränke   ☐ Möbel   ☐ Kaffee
☐ Kleidung   ☐ Waschmittel ☐ Zeitschriften   ☐ Medikamente ☐ Kosmetik

D3 Partnerinterview: Wie wirkt Werbung auf Sie?

Lesen Sie die Fragen. Machen Sie sich Notizen zu den eigenen Antworten.
Sprechen Sie dann mit Ihrer Partnerin / Ihrem Partner.

1. Wo fällt Ihnen Werbung am häufigsten auf (in Zeitschriften, im Fernsehen, im Radio, im Kino, auf Werbeplakaten, …)?
2. Schauen Sie sich gern Werbung an? Warum?
3. Ärgern Sie sich manchmal über die Darstellung der Frau / des Mannes in der Werbung? Warum?
4. Probieren Sie neue Produkte aus, die Sie in der Werbung gesehen haben?
5. Kaufen Sie bestimmte Produkte nicht, weil Sie sich über die Werbung geärgert haben?

Wo fällt dir Werbung am häufigsten auf?

An der Bushaltestelle, morgens, wenn ich zur Arbeit fahre. Da hängen immer riesige Werbeplakate.

Grammatik

1 Relativpronomen und Relativsatz mit *wo* und *was*.

Ist das	**alles, was**	dir dazu einfällt?
Es gibt	**nichts, was**	ich richtig mache.
Also, das ist	**etwas, was**	ich nicht verstehe.
Ist es	**das, was**	du suchst?

Dass wir uns ausgerechnet	**dort** anstellen, **wo**	es am langsamsten geht.
Such doch am besten	**da, wo**	du sie immer hinlegst.
Es ist	**überall, wo**	ich hinkomme, das gleiche Problem.

┈┈┈▶ ÜG, 10.14

2 Partizip Präsens als Adjektiv

	Partizip Präsens	
hüpfen	hüpfen**d**	der hüpfen**de** / ein hüpfen**der** Frosch (Das ist ein Frosch, der hüpft.)
klingeln	klingeln**d**	die klingeln**de** / eine klingeln**de** Feuerwehr (Das ist eine Feuerwehr, die klingelt.)
fahren	fahren**d**	das fahren**de** / ein fahren**des** Flugzeug (Das ist ein Flugzeug, das fährt.)
tanzen	tanzen**d**	die tanzen**den** / tanzen**de** Mäuse (Das sind Mäuse, die tanzen.)

┈┈┈▶ ÜG, 4.05

3 Zweiteilige Konjunktion: *weder ... noch*

Ich habe	**weder** am Frosch	**noch** in der Verpackung einen Schlüssel gefunden.
	(Der Schlüssel war *nicht* am Frosch)	(Der Schlüssel war *auch nicht* in der Verpackung.)

┈┈┈▶ ÜG, 10.13

4 Zweiteilige Konjunktion: *sowohl ... als auch*

Ich war **sowohl** mit der Lieferzeit	**als auch** mit dem Geschmack	zufrieden.
(Er war mit der Lieferzeit zufrieden.)	(Er war *auch* mit dem Geschmack zufrieden.)	

┈┈┈▶ ÜG, 10.13

Wichtige Wendungen

enttäuscht / überrascht sein

Ich bin wirklich sehr verärgert / enttäuscht. •
Das wundert / überrascht mich. •
Also, ich muss sagen, das hat mich schon etwas enttäuscht.

etwas genauer beschreiben

Ich musste nun leider feststellen, dass ... •
Dazu möchte ich aber noch anmerken, dass ... •
Es war abgemacht/ausgemacht, dass ... •
Das Hauptproblem war, ... •

sich beschweren

Das geht doch nicht. •
Das kann man doch nicht machen.

mit Verständnis auf den Kunden reagieren

Ich kann verstehen, dass Sie verärgert / enttäuscht sind. • Selbstverständlich ... •
Ach wirklich? Das ist wirklich sehr ärgerlich. •
Da sehe ich leider nur eine Möglichkeit, nämlich ... •
Ich werde mich sofort persönlich darum kümmern.

Das Beste aus meinem Leben

Tag für Tag die gleichen Kämpfe mit Luis: Ob er dieses Mal das Zähneputzen auslassen darf. Ob es nicht reicht, dass er sich gestern die Zähne besonders sorgfältig geputzt hat. ... Was ⁵ist nur am Zähneputzen so schlimm ...? Paola hat dann neulich eine sprechende Zahnbürste gekauft, sehr schön, mit neongelber Bürste und einer kleinen sommersprossigen Figur am Griff. Wenn Luis sich damit die Zähne zu put-¹⁰zen begann, sagte die Zahnbürste mit roboter-hafter Stimme: „Weitermachen!" Sie redete, bis drei Minuten vorbei waren.

Das funktionierte gut. Seltsamerweise halten sich Kinder an Befehle von Maschinen eher als ¹⁵an die ihrer Eltern. Aber nun ist die Zahnbürste weg. Das kam so.

Eines Nachts wachte ich auf, weil ich eine leise Stimme hörte. Ich dachte, Luis wäre wach geworden, stand auf, sah nach ihm, aber er schlief. ... „Hat Paola den Fernseher verges-²⁰sen?", dachte ich und machte mich auf den Weg zum Wohnzimmer. Dabei kam ich am Bad vor-bei. Aus dem Bad hörte ich ein leises, metalli-sches „Weitermachen!" Ich dachte: die Zahn-bürste! Ist ein Dieb im Bad, hat sie aus Verse-²⁵hen berührt und ...? Entschlossen öffnete ich die Tür und machte Licht. Die Zahnbürste war vom Waschbecken gefallen, lag auf dem Fuß-boden und sagte: „Weitermachen!"

Ich schüttelte sie, aber sie sprach weiter. Ich ³⁰versuchte sie auszuknipsen, aber es gab keinen Schalter. Ich bedeckte sie mit drei Handtüchern, schloss die Tür und ging wieder ins Bett. Das „Weitermachen!" hörte nicht auf. Das Metall-stimmchen war durch kein Handtuch aufzuhal-³⁵ten. „Weitermachen!", hörte ich. „Weiterma-chen!"

Ich ging wieder ins Bad. Versuchte, die Bat-terie aus dem Gerät zu nehmen. Sie befand sich hinter einer Klappe, die mit einer winzigen ⁴⁰Schraube verschlossen war. Ich suchte einen Schraubenzieher, aber alle Schraubenzieher, die ich fand, waren zu groß für diese winzige Schraube. Ich wurde nervös ... und holte ein Messer, um die Schraube zu lösen. ⁴⁵
Aber ich rutschte mit dem Messer ab und schnitt mich. Blutete. Leise fluchend holte ich ein

---

1   **Lesen Sie den Text und beantworten Sie die Fragen.**

    a   Wer ist Paola? Wer ist Luis? Wer ist der Ich-Erzähler?
    b   Warum hat Paola die Zahnbürste gekauft?
    c   Was ist mit der Zahnbürste im Badezimmer passiert?
    d   Wie hat der Erzähler zuerst reagiert?
    e   Warum hat er dann ein Messer geholt?
    f   Was hat er dann mit der Zahnbürste gemacht? Warum?
    g   Was ist daraufhin passiert?

Pflaster. „Weitermachen!", hörte ich. „Weitermachen!" ... Ich war jetzt hysterisch. Was, zum Teufel, sollte ich tun? Ich konnte mir nicht den Rest der Nacht mit der Zahnbürste um die Ohren schlagen.

Ich ging ins Wohnzimmer, öffnete das Fenster und warf die Zahnbürste hinaus. Wir wohnen im zweiten Stock. Die Zahnbürste fiel in eine tiefe Kanalbaugrube vor unserem Haus.

„Weitermachen!", hörte ich leise aus der Tiefe. „Weitermachen!" Es war drei Uhr nachts.

Ein Betrunkener wankte den Bürgersteig entlang. Am Rand der Baugrube blieb er stehen und lauschte. „Es ist nichts!", rief ich. „Nur eine Zahnbürste!" Er blickte zu mir hinauf. „Da lllliegt wer drinnn", lallte er, „muss runtagefallllln sssseinnnn ..." „Weitermachen!", hörte ich leise. „Weitermachen!" „Es ist nur eine defekte Zahnbürste!", rief ich. „Gehen Sie weiter!" Ich dachte, wie es wäre, wenn er jetzt um Hilfe schreien und die ganze Straße wecken würde. Wenn man in der Baugrube nach einem Verschütteten zu suchen begänne. Und nur eine Zahnbürste fände, eine kleine sprechende Zahnbürste mit neongelber Bürste ...

„Sssahnbürssste?", lallte der Mann. Er schwieg und starrte in die Grube. Dann wandte er sich mir zu: „Ich höre Ssssahnbürssten schprechn, Ssssahnbürsten schprechn ausss der Tiefe sssu mir." Er schüttelte den Kopf und wischte sich mit der Hand übers Gesicht. „Scheisss-Ssssauferei", hörte ich noch.

Axel Hacke

Axel Hacke, 1956 in Braunschweig geboren, ist einer der bekanntesten deutschen Journalisten und Kolumnisten. Seine Kolumnen erscheinen seit 1997 wöchentlich im Magazin der *Süddeutschen Zeitung* – eine der führenden Tageszeitungen Deutschlands.

„Manche Leute haben einen Hund. Ich habe einen kleinen Elefanten, der mich jeden Tag auf dem Weg zum Büro begleitet."

2   Der Tag danach

Wählen Sie mit Ihrer Partnerin / Ihrem Partner eine Situation aus und spielen Sie die Gespräche. Sie können die Fakten aus der Geschichte verwenden. Sie können sich aber auch eine ganz andere Geschichte ausdenken.

| Luis sucht seine Zahnbürste und fragt seinen Vater, wo sie ist. | Paola sieht das Pflaster und will wissen, was passiert ist. | Der wieder nüchterne „Betrunkene" steht vor der Tür und will wissen, was passiert ist. |

FOLGE 11: *RÜCKSICHT NEHMEN*

__1__ Sehen Sie die Fotos 1–3 an. Was ist das Problem? Was meinen Sie?

__2__ Welche Erklärung passt? Kreuzen Sie an.

a Sie parken *vorschriftswidrig* in zweiter Reihe!
☐ Zum Parken in der zweiten Reihe brauchen Sie eine schriftliche Genehmigung.
☐ Es ist verboten, in der zweiten Reihe zu parken.

b Man muss doch *Rücksicht nehmen*.
☐ Man muss nach hinten sehen.
☐ Man muss auch an die anderen Menschen denken.

CD 1 55–62

__3__ Sehen Sie die Fotos an und hören Sie.

__4__ Erzählen Sie die Geschichte. Diese Wörter helfen Ihnen.

suchen ● parken ● blockieren ● kalt werden ● finden ● wegfahren ● hupen ● wütend/sauer sein auf … ●
Rücksicht nehmen auf … ● in der zweiten Reihe ● der Parkplatz ● der Wagen ● das Essen

D1 55–62 **5** **Welcher Gesichtsausdruck passt? Hören Sie noch einmal und ordnen Sie zu.**

A  B  C

- ☐ Das ist ja unglaublich.
- ☐ Jaaa, Sie haben recht, aber …
- ☐ Ach, seien Sie doch bitte so nett!
- ☐ Okay, okay … ich fahr ja schon.
- ☐ Das gibt's doch wohl nicht, oder?
- ☐ Was soll denn das?
- ☐ Das werde ich mir merken!

6 **Wie finden Sie das Verhalten der beiden Männer? Sprechen Sie.**

Ich finde, eigentlich hat der Mann recht. Nasser hat ihn behindert. Wenn jeder einfach in der zweiten Reihe parken würde!

Eben. Und deshalb finde ich Nasseers Verhalten …

Ja, aber zuerst ist er wütend auf Nasseer, und dann …

A   Sie **werden** jetzt **wegfahren**.

CD 1 63 **A1** Hören Sie noch einmal und ergänzen Sie.

a ▲ Und ich soll hier warten? … O nein!   Sie **werden** jetzt **wegfahren**.

  ● Ach bitte! Das dauert doch nur ein paar Sekunden.

  ▲ Nein! Sie .... jetzt ....! Jetzt sofort!

b ● Aber es geht ja ganz schnell und dann fahre ich gleich weg.

  ▲ Na schön! … Wie Sie wollen! … Dann .... ich jetzt die Polizei .... !

CD 1 64–68 **A2** Wer sagt das? Ordnen Sie zu. Hören Sie dann und vergleichen Sie.

☐ **A**   ☐ **B**   ☐ **C**   ☐ **D**   ☐ **E**

1 Mitte Juli fahren Ralf und ich mit dem Auto nach Dänemark zum Campen. Cool, oder?
2 Sie werden jetzt sofort hier wegfahren und den Parkplatz freimachen.
3 Auch im benachbarten Ausland wird es in den Skigebieten lange Staus geben.
4 Mach dir keine Sorgen, Mama. Ich werde keinen einzigen Tropfen Alkohol trinken.
5 Dazu werden wir noch aktiver als bisher das Gespräch mit den Bürgern suchen.

Mitte Juli fahren Ralf und ich …

Drückt aus, was man in der Zukunft macht.

Auch im Ausland **wird** es lange Staus **geben**.
Ich **werde** keinen einzigen Tropfen Alkohol **trinken**.

Drückt Vorhersagen/Vermutungen, Aufforderungen, Versprechen und Vorsätze/Pläne aus.

CD 1 64–68 **A3** Hören Sie noch einmal und kreuzen Sie an: Richtig oder falsch?

		richtig	falsch
1	Der Student möchte ein Auto kaufen.	☐	☐
2	Der Mann steht im Parkverbot, aber er weigert sich wegzufahren.	☐	☐
3	Der Wetterbericht meldet neue Schneefälle und sagt Staus voraus.	☐	☐
4	Der Sohn verabschiedet sich von seiner Mutter und verspricht, mit dem Taxi nach Hause zu fahren.	☐	☐
5	Der Polizeisprecher der „Aktion Verkehrssicherheit" fordert noch mehr Verkehrskontrollen.	☐	☐

A4 Was meinen Sie? Was sagen die Leute?

A   **B**   **C**   **D**

Versprechen   Vorhersage   Vorsatz   Aufforderung

Ich werde nie wieder zu schnell fahren.   Du wirst …

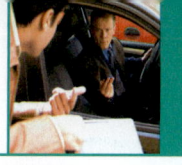

B1 **Ärger im Straßenverkehr.**

a Wer sagt das? Kreuzen Sie an.

☐ Sie parken vorschriftswidrig in zweiter Reihe!	☐	☒
☐ Ach bitte! Das dauert doch nur ein paar Sekunden. Bitte!	☐	☐
☐ Was? Und ich soll hier warten?	☐	☐
☐ Nein! Sie werden jetzt wegfahren! Jetzt sofort!	☐	☐
☐ Ach, seien Sie doch bitte so nett! Das Essen wird kalt.	☐	☐
1 Kann ich nicht schnell das Essen da reinbringen?	☐	☐
☐ Aber es geht ja ganz schnell und dann fahre ich gleich weg.	☐	☐

b Ordnen Sie das Gespräch. Hören Sie und vergleichen Sie.

1 69

1 70 **B2** **Polizeikontrolle. Hören Sie und kreuzen Sie an: Richtig oder falsch?**

	richtig	falsch
a Die Polizei macht eine Geschwindigkeitskontrolle. Der Mann ist zu schnell gefahren.	☐	☐
b Er war in Eile und wollte vom Handy aus nur schnell die Bank anrufen.	☐	☐
c Der Mann muss ein Bußgeld zahlen, bekommt aber keinen Punkt in Flensburg.	☐	☐
d Der Polizist akzeptiert seine Entschuldigung und lässt ihn fahren.	☐	☐
e Der Polizist droht mit einer Anzeige, wenn der Mann das Bußgeld und den Punkt nicht akzeptiert.	☐	☐

B3 **Rollenspiel: Im Straßenverkehr**

außerhalb einer Ortschaft = *nicht in* einer Ortschaft
innerhalb einer Ortschaft = *in* einer Ortschaft

a Wählen Sie eine Situation aus.

1
Sie fahren, ohne angeschnallt zu sein.
Bußgeld: 30,– Euro

2
Sie sind mit dem Fahrrad bei Rot über die Ampel gefahren.
Bußgeld: 50,– Euro, 1 Punkt in Flensburg

3
Sie sind auf der Landstraße außerhalb einer Ortschaft 35 km/h zu schnell gefahren und haben in einer Kurve überholt. Bußgeld: 75,– Euro, 3 Punkte in Flensburg

b Spielen Sie.

A **Polizistin / Polizist**

Sie sagen, was der/die andere falsch gemacht hat.

Sie akzeptieren die Entschuldigung nicht. Die/Der Fahrer/in soll eine Strafe zahlen.

B **Fahrerin / Fahrer**

Sie entschuldigen sich und erklären die Situation.

Sie wollen das nicht und versuchen, die Polizistin/den Polizisten davon zu überzeugen.

sich entschuldigen
Tut mir leid, das ist mir wirklich unangenehm …
Sie haben ja vollkommen recht.
Ich wollte nur schnell …
Es war doch keine Absicht.
Es wird bestimmt nie wieder vorkommen.

jemanden überreden
Ach kommen Sie, so schlimm war das doch gar nicht.
Ach, seien Sie doch bitte so nett.
Können Sie nicht mal ein Auge zudrücken? ◀

eine Entschuldigung nicht akzeptieren
Aber das geht doch nicht.
Das ist nicht in Ordnung.
Das kommt überhaupt nicht infrage.

Schon fertig?
Schreiben Sie einen lustigen Strafzettel.
Beispiel: *Du hast die Hausaufgaben nicht gemacht. 1 x Tafelputzen!* ☺

C1 Gutes Benehmen?

a Was ist „höflich" oder „unhöflich"? Sammeln Sie Beispiele aus dem Alltag
(in öffentlichen Verkehrsmitteln, am Arbeitsplatz, im Restaurant, zu Hause, …).

b Lesen Sie den Text und ordnen Sie die Überschriften zu.

1 Entschuldigung, ich geh nur mal kurz ran!
2 Unpünktlich = rücksichtslos?
3 Ruhe bitte!
4 Guten Appetit!?

5 Das Kind ist König
6 Wie wär's mit einem kleinen „Danke"?
7 Ihr langweilt mich!
8 Warum soll ich aufstehen?

Situation	A	B	C	D	E	F	G	H
Überschrift	7							

Gute Umgangsformen im Alltag

Höflichkeit und ein guter Umgang miteinander – eigentlich eine Selbstverständlichkeit. Besonders Eltern, Pädagogen und Arbeitgeber jedoch vermissen häufig Respekt, Höflichkeit und gute Manieren. Wer ein gutes Benehmen zeigt, hat sowohl privat als auch beruflich die besseren Karten. Kein Wunder also, dass das Interesse an Seminaren und Ratgebern für „Richtiges Benehmen" nach wie vor sehr hoch ist. Gute Umgangsformen bestehen jedoch nicht nur aus einzelnen Verhaltensregeln, die man lernen kann und einhalten sollte. Gutes Benehmen ist auch eine Frage des Respekts gegenüber den Mitmenschen. Denn: Respektiere ich meine Mitmenschen, werde ich sie ganz automatisch auch respektvoll behandeln. Wir alle kennen Situationen, die wir als unhöflich empfinden. Das können Kleinigkeiten im Alltag sein, aber wir empfinden sie trotzdem als respektlos. Eine Auswahl lesen Sie hier.

A *Ihr langweilt mich!*
Sie unterhalten sich in einer kleinen Gruppe. Einer aus der Gruppe nimmt sein Handy und schreibt eine SMS.

B
Eine ältere Dame mit Gehstock steigt in einen Bus ein. Alle Plätze sind besetzt. Die Leute auf den Sitzplätzen lesen, unterhalten sich, hören Musik oder schauen aus dem Fenster. Niemand bietet ihr einen Platz an.

C
Sie haben der kleinen Tochter von Freunden ein Geschenk mitgebracht. Sie nimmt es schnell und verschwindet in ihrem Zimmer. Die Eltern lächeln, zucken mit den Schultern, sagen aber nichts.

D
Sie haben sich mit einem Freund verabredet. Sie haben vor, am Abend noch gemeinsam etwas trinken zu gehen. Es war geplant, dass er Sie abholt. Er kommt eine halbe Stunde später als besprochen.

E
Sie sitzen im Zug und möchten lesen. Neben Ihnen führt ein junger Mann mit lauter Stimme stundenlang Geschäftstelefonate auf seinem Handy.

F
Sie führen gerade ein persönliches Gespräch mit einer Freundin. Das Handy der Freundin liegt vor ihr auf dem Tisch. Als es klingelt, entschuldigt sie sich kurz, nimmt den Anruf aber trotzdem entgegen und telefoniert etwa zehn Minuten.

G
Sie unterhalten sich angeregt mit einem befreundeten Elternpaar. Deren vierjähriger Sohn kommt immer wieder an und redet dazwischen. Die Eltern unterbrechen zum wiederholten Mal das Gespräch mit Ihnen und beschäftigen sich mit dem Kind.

H
Sie fahren mit der U-Bahn. Neben Ihnen sitzt ein junger Mann und isst ein Fischbrötchen mit Zwiebeln. Der Geruch ist unangenehm.

C2   Wie beurteilen Sie das Verhalten der Personen in C1?

a   Kreuzen Sie an und diskutieren Sie in Gruppen. Vergleichen Sie dann die Ergebnisse im Kurs.

Situation	A	B	C	D	E	F	G	H
in Ordnung	☐	☐	☐	☐	☐	☐	☐	☐
in Ausnahmen möglich	☐	☐	☐	☐	☐	☐	☐	☐
unhöflich	☐	☐	☐	☐	☐	☐	☐	☐
absolut unmöglich	☐	☐	☐	☐	☐	☐	☐	☐

b   Glauben Sie, dass diese oder ähnliche Situationen in Ihrem Heimatland anders bewertet werden als in deutschsprachigen Ländern? Wenn ja, warum? Sprechen Sie im Kurs.

C3   Kennen Sie andere Beispiele für „gutes" oder „schlechtes Benehmen"?

> Ich finde es unmöglich, wenn Paare sich in der Öffentlichkeit streiten und anschreien.

> Ich finde es wichtig, dass man freundlich grüßt, wenn man in den Raum kommt.

C4   Talkshow: „Gutes Benehmen – ist das noch aktuell?"

a   Bilden Sie vier Gruppen. Wählen Sie eine „Rollenkarte" und sammeln Sie in der Gruppe Argumente für Ihren Standpunkt.

„Gutes Benehmen ist die Basis einer funktionierenden Gesellschaft."

Veronika Hauser
38, Trainerin und Buchautorin zum Thema: *Moderne Umgangsformen*

„Ein gepflegtes Äußeres und gute Manieren sind von großer Wichtigkeit für den beruflichen und privaten Erfolg."

Sabrina Hinterseher
45, Personalchefin

„Gutes Benehmen kann man lernen. Eltern sollten ihren Kindern von Anfang an vorleben, wie man sich anderen Menschen gegenüber höflich und respektvoll verhält."

Hans-Christian Peters
34, Lehrer an einer Berufsschule

„Die Zeiten ändern sich eben. Was früher unhöflich war, ist doch heute oft schon ganz normal. Übertriebene Höflichkeit wirkt eher peinlich."

Peter Hoffmann
21, Student

b   Bestimmen Sie dann eine Sprecherin / einen Sprecher, der in der Rolle Ihres Talkgastes an der Talkshow teilnimmt. Die anderen sind „Zuhörer" und unterstützen ihren Talkgast mit eigenen Äußerungen.

c   Spielen Sie gemeinsam die Talkshow. Eine Person übernimmt die Rolle der Moderatorin / des Moderators.

D1 **Lesen Sie den ersten Abschnitt (Zeilen 1–7) und beantworten Sie die Fragen.**

a Was meinen Sie: Woher kommt der Autor?

b Wo lebt er und wie lange lebt er schon dort?

D2 **Lesen Sie jetzt den ganzen Text. Wie verhalten sich die arabischen Gäste, wie die deutschen? Unterstreichen Sie im Text in jeweils einer Farbe.**

dtv
Rafik Schami
Gesammelte Olivenkerne
aus dem
Tagebuch der Fremde

Andere Sitten

In Damaskus fühlt sich jeder Gastgeber beleidigt, wenn seine Gäste etwas zu essen mitbringen. Und kein Araber käme auf die Idee, selber zu kochen oder zu backen, wenn er bei jemandem eingeladen ist. Die Deutschen sind anders. Wenn man sie einlädt, bringen sie stets etwas mit: Eingekochtes vielleicht oder Eingelegtes, manchmal auch selbstgebackenen
5 Kuchen und in der Regel Nudelsalat. Warum Nudelsalat, mit Erbsen und Würstchen und Mayonnaise? Auch nach zweiundzwanzig Jahren in Deutschland finde ich ihn noch schrecklich.

In Damaskus hungert ein Gast am Tag der Einladung, weil er weiß, daß ihm eine Prüfung bevorsteht. Er kann nicht bloß einfach behaupten, daß er das Essen gut findet, er muß es
10 beweisen, das heißt eine Unmenge davon verdrücken. Das grenzt oft an Körperverletzung, denn keine Ausrede hilft. Gegen die Argumente schüchterner, satter oder auch magenkranker Gäste halten Araber immer entwaffnende, in Reime gefaßte Erpressungen bereit.

Deutsche einzuladen ist angenehm. Sie kommen pünktlich, essen wenig und fragen neugierig nach dem Rezept. Ein guter arabischer Koch kann aber gar nicht die Entstehung eines Ge-
15 richts, das er gezaubert hat, knapp und verständlich beschreiben. Er fängt bei seiner Groß-mutter an und endet bei lauter Gewürzen, die kein Mensch kennt, da sie nur in seinem Dorf wachsen und ihr Name für keinen Botaniker ins Deutsche zu übersetzen ist. Die Kochzeit folgt Gewohnheiten aus dem Mittelalter, als man noch keine Armbanduhr hatte und die Stunden genüßlich vergeudete. Ein unscheinbarer Brei braucht nicht selten zwei Tage Vorbe-
20 reitung, und das unbeeindruckt von aller modernen Hektik.

Deutsche Gäste kommen nicht nur pünktlich, sie sind auch präzise in ihren Angaben. Wenn sie sagen, sie kommen zu fünft, dann kommen sie zu fünft. Und sollten sie wirklich einmal einen sechsten Gast mitbringen wollen, telefonieren sie vorher stundenlang mit dem Gast-geber, entschuldigen sich dafür und loben dabei die zusätzliche Person als einen Engel der
25 guten Laune und des gediegenen Geschmacks.

So großartig Araber als Gastgeber sind, als Gäste sind sie dagegen furchtbar. Sie sagen, sie kommen zu dritt um zwölf Uhr zum Mittagessen. Um sieben Uhr abends treffen sie ein. Und vor Begeisterung über die Einladung bringen sie Nachbarn, Cousins, Tanten und Schwieger-söhne mit. Aber das bleibt ihr Geheimnis, bis sie vor der Tür stehen. Sie wollen dem Gast-
30 geber doch eine besondere Überraschung bereiten. Einmal zählten wir in Damaskus eine Prozession von 29 Menschen vor unserer Tür, als meine Mutter ihre Schwester eingeladen hatte, um mit ihr nach dem Essen in Ruhe zu reden.

Ein leichtfertiges arabisches Sprichwort sagt: Wer vierzig Tage mit Leuten zusammenlebt, wird einer von ihnen. Seit über zweiundzwanzig Jahren lebe ich inzwischen mit den Deutschen
35 zusammen, und ich erkenne Veränderungen an mir. Aber die Mitbringsel der Gäste? Wein kann ich inzwischen annehmen, aber Nudelsalat – niemals.

…, **da** sie nur in seinem Dorf wachsen =
…, *weil* sie nur in seinem Dorf wachsen

D3 Wie verhalten sich die deutschen/arabischen Gäste? Vergleichen Sie.

D4 Wie verhält man sich in Ihrem Land, wenn man zum Essen eingeladen ist?
Und wie verhält man sich als Gastgeber? Machen Sie Notizen und sprechen Sie.

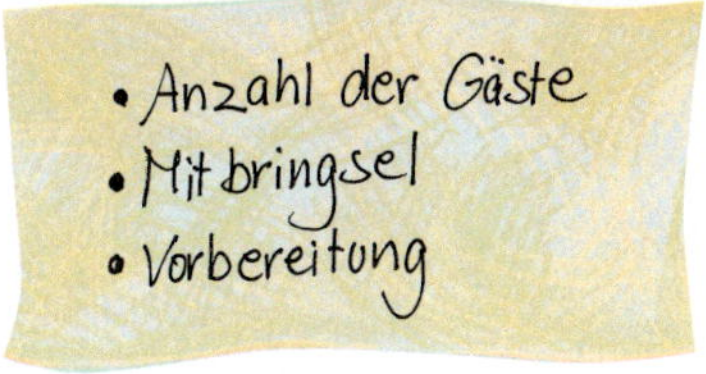

- Anzahl der Gäste
- Mitbringsel
- Vorbereitung

D5 Eine deutsche Freundin /ein deutscher Freund geht für ein Jahr in Ihr Heimatland.

Nennen Sie ein paar Dinge, die Sie ihr/ihm gern mitgeben würden, und sagen Sie auch, warum.

Was mitgeben?	Begründung
1.	
2.	
…	

Eine Packung Schwarzbrot würde ich ihr mitgeben – weil man bei uns so etwas nicht kaufen kann.

Ein Paar Wollsocken, weil es bei uns im Winter oft sehr kalt ist.

Wiederholung
da, weil
denn
deshalb, darum, daher, deswegen, aus diesem Grund

D6 Gute Tipps

a Arbeiten Sie in Gruppen: Wählen Sie eine Situation aus. Was sollte die Person in der Situation unbedingt wissen? Schreiben Sie die aus Ihrer Sicht wichtigsten Informationen auf ein Plakat.

Pünktlichkeit • Einladungen • Wetter • Essen • Grüßen • Öffnungszeiten • öffentliche Verkehrsmittel • Nachbarn • …

1 Ein Freund / Eine Freundin aus Ihrer Heimat kommt zum ersten Mal nach Deutschland. Schreiben Sie ein Plakat mit Tipps, die hilfreich sein können.

2 Sie möchten Ihrer deutschen Kollegin / Ihrem deutschen Kollegen helfen, damit sie/er bei dem ersten Aufenthalt in Ihrem Heimatland keine Probleme bekommt. Schreiben Sie ein Plakat mit Tipps, die hilfreich sein können.

In Deutschland | In …

b Stellen Sie Ihre Tipps im Kurs vor.

Er muss wissen, dass …
Ich würde ihr/ihm erklären, dass …
Ich denke, sie/er darf es nicht falsch verstehen/ missverstehen, wenn …

E1 Lesen Sie die Zitate. Welches gefällt Ihnen? Warum? Was ist damit gemeint? Sprechen Sie.

> Mir gefällt das Plakat. Das sagt genau, wie es ist: Jeder Mensch hat eine Heimat, und sonst …

Fremd ist der Fremde nur in der Fremde.

Karl Valentin 1882-1948, deutscher Kabarettist und Komiker

> Und ich glaube, der Satz hier meint, dass man nur dann ein Fremder ist, wenn man …

Füge dich den Sitten, wo immer du bist.

Sprichwort aus Japan

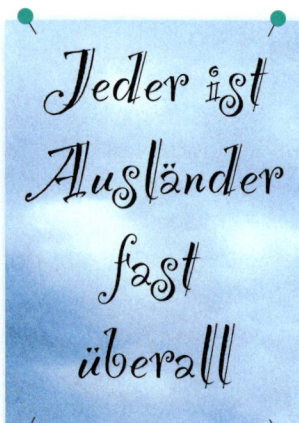

Jeder ist Ausländer fast überall

> Mir gefällt das Sprichwort. Der Satz klingt schön.

E2 **Straßeninterviews**

CD 1 71

a Hören Sie das erste Interview. Was ist das Thema? Kreuzen Sie an.
☐ Probleme im Urlaub ☐ das Gefühl von Fremdheit/Fremdsein ☐ Ausländer in Deutschland

CD 1 72–76

b Hören Sie die Interviews und ergänzen Sie.

sprechen ganz anders ● Kontakt zu den Menschen aufnehmen ● von der eigenen Kultur entfernt ● wie die Menschen sich verhalten ● die Sprache nicht spricht

1 Im Ausland ist es wichtig, irgendwie Kontakt zu den Menschen zu suchen, auch, wenn man ....

2 Fremdsein bedeutet weniger eine neue Sprache oder Umgebung, sondern vielmehr, ...

3 Man kommt in ein Land und denkt, dass man die Sprache kann. Aber die Menschen ....

4 Das Gefühl von Fremdsein hängt damit zusammen, wie weit das Land vom eigenen Land oder .... ist.

5 Wenn man lange in einem Land lebt, sollte man unbedingt die Sprache lernen und ....

E3 **Tina in …**

CD 1 77

a Hören Sie den Anfang und beantworten Sie die Fragen.
Wohin ist Tina gefahren? Auf welchem Kontinent liegt das Land? Woher kommt Tina?

CD 1 78

b Was ist passiert? Hören Sie weiter und notieren Sie Stichworte.

c Was könnte Tina machen, um die Situation zu klären? Sammeln Sie.

CD 1 79

d Hören Sie jetzt den Schluss. Wie hat Tina reagiert?

E4 **Kennen Sie das Gefühl, dass Sie irgendwo hinkommen und sich fremd fühlen? Erzählen Sie.**

Warum haben Sie sich fremd gefühlt? Wie haben die Menschen sich verhalten? Was haben Sie gemacht? Gab es Missverständnisse?

Grammatik

1 Futur I

Aufforderung	Sie	**werden**	jetzt	**wegfahren**.
Vorhersage/Vermutung	Auch im Ausland	**wird**	es lange Staus	**geben**.
Versprechen	Ich	**werde**	keinen Alkohol	**trinken**.
Vorsatz/Plan	Wir	**werden**	noch mehr das Gespräch	**suchen**.

••••••▶ ÜG, 5.08

2 Präpositionen: *innerhalb – außerhalb* + Genitiv

Sie sind auf der Landstraße **außerhalb** einer Ortschaft zu schnell gefahren.
(= *nicht in* einer Ortschaft)

Innerhalb einer Ortschaft darf man nur 50 km/h fahren.
(= *in* einer Ortschaft)

••••••▶ ÜG, 6.03

3 Konjunktion: *da*

	Konjunktion	Ende
Er spricht von Gewürzen, die kein Mensch kennt,	**da** sie nur in seinem Dorf (= *weil*)	wachsen.

••••••▶ ÜG, 10.09

Wichtige Wendungen

sich entschuldigen

Tut mir leid, das ist mir wirklich unangenehm ... •
Sie haben ja vollkommen recht. • Ich wollte nur schnell ... •
Es war doch keine Absicht. •
Es wird bestimmt nie wieder vorkommen.

jemanden überreden

Ach kommen Sie, so schlimm war das doch gar nicht. •
Ach, seien Sie doch bitte so nett. •
Können Sie nicht mal ein Auge zudrücken?

eine Entschuldigung nicht akzeptieren

Aber das geht doch nicht. • Das ist nicht in Ordnung. •
Das kommt überhaupt nicht infrage.

eine Erklärung einleiten

Er muss wissen, dass ... • Ich würde ihr/ihm erklären, dass ...
Ich denke, sie/er darf es nicht falsch verstehen/missverstehen, wenn ...

etwas beurteilen

Ich finde, eigentlich hat der Mann recht. • Wenn jeder einfach ... •
Ja, aber zuerst ... und dann ...

Beim Sprechen senden wir eine Menge Informationen an unseren Gesprächspartner und setzen dazu vier verschiedene „Werkzeuge" ein: Wir wählen die *Worte* und betonen sie mit unserer *Stimme*, unserem *Gesichtsausdruck* (Mimik) und unserer *Körperhaltung* (Gestik).

Wenn wir Blickkontakt zu unserem Gesprächspartner haben, verwenden wir meist alle vier Kommunikationswerkzeuge gleichzeitig. Nehmen wir mal an, wir könnten sie getrennt voneinander einsetzen. Welches davon würde unsere persönliche Botschaft wohl am schlechtesten vermitteln?

Wissenschaftler haben diese Frage untersucht und sind zu einem erstaunlichen Ergebnis gekommen: Ausgerechnet mit unseren Worten sagen wir am wenigsten. Wir reden mit ihnen quasi nur in „schwarz-weiß". Erst durch unsere Stimme, unseren Gesichtsausdruck und unsere Körperhaltung bekommt das, was wir sagen, Farbe, Persönlichkeit und Bedeutung.

Beim Telefonieren muss unsere Stimme allerdings ganz allein für Farbe sorgen. Tests haben gezeigt, dass sich durch den Klang und die Melodie unserer Stimme schon in den ersten fünf bis zehn Sekunden entscheidet, ob der Gesprächspartner uns sympathisch oder unsympathisch findet.

Womit bewiesen wäre: Noch wichtiger als das, was wir sagen, ist, *wie* wir es sagen.

1   **Die vier Kommunikationswerkzeuge**

Welches finden Sie am wichtigsten? Lesen Sie den Text.

2   **Mimik und Gestik**

Sehen Sie das linke Foto an. Machen Sie Mimik und Gestik nach und sagen Sie mit der passenden Betonung: „Herzlich willkommen!" Wiederholen Sie dies mit dem mittleren und dem rechten Foto.

CD 1 80–82   **3**   **Die Stimme**

Hören Sie jetzt drei Varianten eines Telefon-Gesprächs zwischen Mike Wetzich und Emma Heintz. In welcher Variante freut sich Frau Heintz wohl am meisten auf Herrn Wetzich? Begründen Sie Ihre Meinung.

Tipp:
Wenn Sie
am Telefon besonders
freundlich wirken wollen,
versuchen Sie, beim
Sprechen ein bisschen
zu lächeln: Ihre Stimme
wird sofort noch
sympathischer
klingen!

„Der Ton
macht die Musik."

„Wie man
in den Wald hineinruft,
so schallt (kommt)
es zurück."

Deutsche Sprichwörter

4   *„Mit dir hat man nichts als Ärger!"*

Sagen Sie etwas Unerfreuliches so, dass es nett klingt.
Oder sagen Sie etwas Schönes so, dass es unangenehm klingt.

5   **Spiel ohne Worte**

Denken Sie sich mit Ihrer Partnerin / Ihrem Partner ein kurzes Gespräch aus.
Spielen Sie es vor, verwenden Sie dazu aber nur Mimik und Gestik.
Können die anderen Kursteilnehmer erkennen, worum es geht?

FOLGE 12: *NASSEER BEKOMMT EINEN BRIEF*

1   **Nasseer bekommt einen Brief.**

a Was steht in welchem Dokument? Ordnen Sie zu.

1   … teilen wir Ihnen mit, dass Ihre Miete ab 1. August dieses Jahres 580,– Euro beträgt. Bitte ändern Sie Ihren Dauerauftrag entsprechend. …

2   … Die monatliche Miete beträgt laut Vereinbarung 580,– Euro. Das Mietverhältnis beginnt mit dem 1. August des Jahres. ….

3   … von 580,– Euro nicht akzeptiert haben, sind wir gezwungen, das Mietverhältnis zum 1. August des Jahres zu beenden. Bitte …

A Kündigung Ihres Mietv
Sehr geehrter Herr Banis
wir müssen Ihnen leider

B Mietvertrag
zwischen
Herrn
Nasseer Banisen

C Mieterhöhung zum 1. S
Sehr geehrter Herr Banis
wir müssen Ihnen leider
straße zu

Satz	1	2	3
Dokument			

b Welchen Brief hat Nasseer wohl bekommen?

CD2 2–9   **2**   **Sehen Sie die Fotos an und hören Sie.**

3 Foto 3: Maja schreibt ihrer Freundin eine E-Mail.
Markieren Sie die Fehler. Vergleichen Sie im Kurs.

Liebe Annegret,
erinnerst Du Dich an die Geschichte mit Nasseers Schutzengel? Man könnte fast glauben, dass der immer noch auf ihn aufpasst. Vor ein paar Wochen hat ihm nämlich sein Vermieter die Wohnungsmiete erhöht, und zwar richtig: von 430 auf 580 Euro. Nasseer war total sauer, aber er hat diese hohe Miete dann doch bezahlt. „Wie soll ich mich denn dagegen wehren?", hat er zu mir gesagt. Da habe ich ihm den Mieterverein empfohlen. Zuerst wollte er nicht hin, weil man da Mitglied werden muss – als ob das eine Krankheit wäre! Aber dann ist er doch hingegangen. Nachdem er Mitglied geworden war, musste er noch einen Monat warten, aber dann haben sie ihn gleich beraten und ihm geholfen, gegen die Mieterhöhung zu protestieren.
Und jetzt kommt's: Er zahlt jetzt tatsächlich viel weniger Miete, nur ein bisschen mehr als vorher. Natürlich ist er jetzt vom Mieterverein total begeistert. Klar, es hat sich ja wirklich gelohnt für ihn.

4 Ärger mit dem Vermieter. Haben Sie etwas Ähnliches auch schon mal erlebt?
Wie haben Sie reagiert? Was haben Sie gemacht?

A1 **Nasseer und die Mieterhöhung. Ergänzen Sie** *bis* **oder** *seit/seitdem*.

1 Ich wohne da, ... ich in Deutschland bin. Und ich hatte nie Probleme mit dem Vermieter.

2 Ich habe so eine Wut, ... ich diesen Brief gelesen habe.

3 Oder ich zahle die höhere Miete so lange nicht, ... der Vermieter mir kündigt.

4 Vielleicht zahle ich erst mal die höhere Miete, ... ich eine neue Wohnung gefunden habe.

..., **seit/seitdem** ich diesen Brief gelesen habe.
..., **bis** der Vermieter mir kündigt.

A2 **Alltagsprobleme**

CD 2 10–11

a Hören Sie und erzählen Sie in jeweils zwei Sätzen, worum es in den Gesprächen geht.
b Ergänzen Sie *seit/seitdem* und *bis*. Hören Sie noch einmal und vergleichen Sie.

1 **a** Nein ich habe meinen Reisepass schon, ... ich sechzehn bin.
b Wissen Sie, ich war, ... ich ihn habe, nicht ein einziges Mal im Ausland.

2 **a** .... er eine feste Freundin hat, bekommt er eine schlechte Note nach der anderen.
b Ich finde, wir sollten ihm einfach ein bisschen Zeit geben, ... er sich an die neue Situation gewöhnt hat.
c Außerdem sind es noch drei Monate, ... er die Prüfungen machen muss.

A3 **Rollenspiel. Ich habe da ein Problem ... Wählen Sie mit Ihrer Partnerin/ Ihrem Partner zuerst Situation 1 oder 2. Wählen Sie dann jeweils eine Rolle (A oder B).**

1 Gespräch bei der Polizei: Auto weg
Mit Frau aus Urlaub zurück – Auto nicht mehr gefunden – seit zwei Tagen suchen – nicht mehr sicher, wo abgestellt

A Sie suchen Hilfe.
Was ist passiert?
Was haben Sie gemacht?

2 Auf dem Fundbüro: Handtasche verloren
alle Papiere und Ausweis – EC-Karte/ Kreditkarte – Geldbörse mit 80 Euro

B Sie sind die/der Angestellte und versuchen zu helfen.
Wie können Sie helfen?

um Hilfe bitten
Ich bin in einer verzweifelten / komischen / unglaublichen / ... Situation: ...
Ich weiß nicht, was ich machen soll / wie ich das machen soll.
Sie müssen mir helfen, ...
Ich weiß nicht mehr weiter.

jemanden beruhigen
Beruhigen Sie sich doch.
Das kann doch jedem mal passieren.
Keine Sorge, ich werde Ihnen (dabei) helfen.
Ich bin ganz sicher, dass ...

nachfragen
Jetzt erzählen / sagen Sie erst mal ...
Was ist denn genau Ihr Problem?
Seit wann ist ...?

eine Lösung anbieten
Bevor wir Ihnen helfen können / was machen können, brauchen wir noch ...
Dann ...
Bis wir ..., müssen Sie Geduld haben.
Ich habe da eine Idee / einen Vorschlag.
Wie wäre es denn, wenn ...

B1　　***indem*** und ***ohne dass/zu***

a　Antworten Sie mit *indem*.

zum Essen einladen ● Widerspruch einlegen ● zum Mieterverein gehen

- Wie kann man sich gegen ungerechte Mieterhöhungen wehren? *Indem man zum Mieterverein geht.*
- Wie kann sich Nasseer bei Maja bedanken? ....
- Wie kann Nasseer die Kündigung verhindern? ....

..., indem man zum Mieterverein geht.

b　Ergänzen Sie die Sätze mit *ohne zu* oder *ohne dass*.

- Kann man sich bei Ihnen auch informieren .... (man – Mitglied werden)
- Ich darf Sie nicht beraten, ... (Sie – Mitglied sein)
- Sie sollten Verträge nie unterschreiben, ... (Sie – sie genau durchlesen)

… **ohne dass** man Mitglied wird.
… **ohne** Mitglied **zu** werden.

B2　　**Was bietet der Mieterverein?**

a　Ordnen Sie die Überschriften den Abschnitten zu.

　　1 Ab wann hilft der Mieterverein? 　**2** Wie wird man Mitglied? 　**3** Warum soll man Mitglied werden?
　　4 Was kostet die Mitgliedschaft?

☐ Mietprobleme gibt es immer wieder. Vor den Folgen schützen Sie sich, indem Sie sich an den Mieterverein wenden und um Hilfe bitten. Der Mieterverein kann Ihnen allerdings bei rechtlichen Fragen nicht helfen, ohne dass Sie Mitglied werden. Aber jede Mieterin und jeder Mieter kann dem Mieterverein beitreten.

☐ Sofort nach dem Beitritt kann man Rat und Hilfe vom Mieterverein bekommen. Es gibt keine Wartezeit, auch nicht für laufende Streitigkeiten. Auch bei Wohngeldfragen und anderen Wohnungsproblemen können Sie sich an den Mieterverein wenden. Unsere Fachleute helfen Ihnen, ohne dass Sie dafür zusätzliche Gebühren zahlen müssen.

☐ Sie müssen nur eine schriftliche Beitrittserklärung abgeben.
☐ Der Jahresbeitrag beträgt Euro 69,– je Haushalt. Die Aufnahmegebühr beträgt Euro 15,–.

b　Lesen Sie noch einmal und kreuzen Sie an: *indem* oder *ohne dass*

1 Sie können sich beim Mieterverein informieren, ☐ ohne dass ☐ indem Sie Mitglied werden.

2 Auch bei Wohngeldfragen kann Ihnen geholfen werden, ☐ indem ☐ ohne dass Sie sich an unsere Fachleute wenden.

3 Unsere Fachleute helfen Ihnen, ☐ indem ☐ ohne dass Sie zusätzliche Gebühren bezahlen.

4 Sie werden Mitglied im Mieterverein, ☐ ohne dass ☐ indem Sie die schriftliche Beitrittserklärung ausfüllen und den Jahresbeitrag bezahlen.

Schon fertig?

Sammeln Sie Wörter, die für Sie wichtig sind.

B3　　**Sind Sie Mitglied?**

Wie viel Prozent der Bevölkerung sind wohl Mitglied in den folgenden Vereinen? Was schätzen Sie?
Hören Sie dann und ergänzen Sie. Vergleichen Sie.

	Sportvereine	Naturvereine	Freiwillige Feuerwehr	Musikvereine	kirchliche Vereine	Rotes Kreuz, Caritas u.a.
Das schätze ich:						
Das sagt der Hörtext:		3%				

B4　　**Welcher Verein würde Sie interessieren? Warum?**

Mich würde ein Sportverein interessieren. Ich würde gern mit Kindern zusammen Sport machen und ihnen zeigen, dass …

Ich finde Musikvereine interessant. Ich spiele auch ein Instrument und ich würde gern einmal …

C1　**Sehen Sie die Bilder und die Überschriften im Zeitungsartikel an. Worum geht es wohl in dem Text? Sprechen Sie.**

C2　**Lesen Sie nun den Artikel.**

a　Beantworten Sie die Fragen.

- Wie viele Deutsche arbeiten ehrenamtlich in wohltätigen Organisationen?
- Welche Aufgaben übernehmen sie?
- Welche Personengruppen engagieren sich besonders häufig?
- Was macht die Agentur „Tatendrang"?

b　Arbeiten Sie in Gruppen: Stellen Sie noch drei weitere Fragen zum Text. Tauschen Sie Ihre Fragen mit einer anderen Gruppe.

Größe zeigen, das tun viele Menschen in Deutschland. Sie engagieren sich freiwillig. „Zeigen auch Sie Größe!" Mit diesem Spruch wurde die „Woche des
5 bürgerschaftlichen Engagements" beworben. Tatsächlich engagieren sich mehr als 23 Millionen Menschen in Deutschland freiwillig und ohne Lohn. Sie organisieren sich in einer Million Vereinen, Bürgerinitiativen, Selbsthilfegruppen, pum-
10 pen Fußbälle auf, rasieren und frisieren Pflegebedürftige, restaurieren alte Häuser, engagieren sich als Babysitter, springen für kranke Lehrer ein, backen Nudelauflauf für die Schulküche – und während ihres Urlaubs operieren deutsche Ärzte
15 in Elendsvierteln der „Dritten Welt" Patienten.

Zeigen Sie auch Größe

Allein 25 000 Helfer sind zum Beispiel jede Woche in den rund 500 Vereinen der „Ta-
20 fel" im Einsatz, sammeln in Supermärkten Lebensmittel kurz vor dem Verfallsdatum ein und verteilen sie an Bedürftige. „Alle reden
25 von sozialer Kälte. Aber wir erleben jeden Tag das Gegenteil", berichtet der „Tafel"-Vorstand. „In Deutschland ist das Wir-Gefühl auf
30 dem Vormarsch."

Besonders aktiv sind dabei Mitglieder großer Familien, regelmäßige Kirchgänger und Pendler, die am Rande der Großstadt ihre Nachbarschaft gestalten. Am häufigsten aber setzen sich Arbeitslose 35 und Rentner ein. Aber auch die Zahl der Jugendlichen, die ein „freiwilliges soziales Jahr" in Altersheimen, Sportvereinen und Naturschutzgruppen machen, steigt beständig.

Inzwischen haben sich in allen größeren Städten 40 Freiwilligenagenturen gebildet. Ein Beispiel ist die Agentur „Tatendrang" in München. Unter dem Motto „Spenden Sie Zeit statt Geld" organisieren sie für freiwillige Helfer Einsatzmöglichkeiten. „Wir arbeiten mit mehr als 400 gemeinnützigen 45 Einrichtungen zusammen. Wir finden immer etwas, was passt – für den 35-jährigen Berufstätigen, der ein paar Stunden Zeit im Monat spenden will, wie für die Rentnerin, die regelmäßig vormittags mindestens einmal pro Woche mit einem Kind in unserem Lesepatenprojekt ‚Lesezeichen' sprechen und lesen übt."

Die dunklen Prophezeiungen einer egoistischen Spaßgesellschaft von „Ichlingen" haben sich offensichtlich nicht erfüllt. Im Gegenteil: Die Bereitschaft zum Engagement wächst und wächst!

C3　**Persönliches Engagement**

Wofür engagieren Sie sich oder wofür würden Sie sich gern engagieren? Machen Sie sich Notizen und präsentieren Sie dem Kurs in zwei bis drei Minuten Ihre Überlegungen.

außer + Dativ
alle **außer** **meinem** Vater
= alle, *nur* mein Vater *nicht*

- sich für etwas begeistern
- sich für etwas einsetzen
- sich für etwas engagieren
- bei etwas mitmachen

Ich würde mich gern für den Tierschutz einsetzen. Z.B. im Tierheim helfen, Hunde ausführen …

In meiner Familie engagieren sich alle außer meinem Vater. Meine Schwester geht ständig auf Demonstrationen gegen …

D1 Eine Karikatur. Was fällt Ihnen spontan dazu ein? Sprechen Sie.

> ALBERT SCHWEITZER - MEIN GROSSES VORBILD!

> QUATSCH, "VORBILD", TU' SELBST WAS!

THEES

Albert Schweitzer (1875–1965), Arzt, Theologe, Musiker und Philosoph; durch sein Engagement für den Frieden wurde er für viele Menschen auf der ganzen Welt zum großen Vorbild.

D2 Was ist für Sie ein Vorbild? Sammeln Sie Stichworte und sprechen Sie.

Ein Vorbild ist für mich ein Mensch, der ...

anderen helfen
nett sein, nicht egoistisch

D3 Radio Nordwest

13–16

a Welche Überschriften passen? Hören Sie und ordnen Sie zu. Nur vier Überschriften stimmen.

A Schwimmer das Leben gerettet

B Polizei findet Geld bei Rentner

C Polizist rettet Jungen das Leben

D Nachbarschaftshilfe unterstützt Arme mit 64 000 €

E 64 000 Euro für die Nachbarschaftshilfe

F Gastwirtin kocht gratis für Rentner und Obdachlose

G Warmes Essen und großes Herz

H Ehrlicher Oldenburger liefert Bargeld bei Polizei ab

Gespräch	1	2	3	4
Überschrift				

13–16

b Hören Sie noch einmal und kreuzen Sie an: Richtig oder falsch?

		richtig	falsch
1	Das Essen kostet immer 2,60 Euro.	☐	☐
	Jeder, der will, kann bei Anna Müller essen.	☐	☐
2	Freunde von Jens informierten Polizei und Feuerwehr.	☐	☐
	Der Junge und der Polizist konnten am nächsten Tag das Krankenhaus verlassen.	☐	☐
3	Die Spenderin möchte vermutlich nicht genannt werden.	☐	☐
	Eine Kollegin hat im Lotto gewonnen und spendet ein Viertel ihres Gewinns einer Nachbarschaftshilfe.	☐	☐
4	Das Geld war im Parkhaus.	☐	☐
	Der Opa hat das Geld bei der Polizei abgegeben.	☐	☐

D4 Wer ist Ihr persönliches Vorbild?

Als ich noch ganz klein war, war mein Vorbild eine Frau in der Nachbarschaft, die immer sehr nett zu uns war. Sie brachte uns Kakao und Kekse, frisch aus dem Backofen, wenn wir im Hof spielten. Regnete es, konnte ich immer zu ihr in die Wohnung gehen. Ich wollte immer werden wie diese Frau.

Mein Vorbild war mein Großvater. Er hatte es in seinem Leben nicht leicht, war aber trotzdem ...

E1   **Lesen Sie den Text. Was ist das Problem?**

Gewissensfrage

»Eine Freundin, die kein besonders großes Selbstbewusstsein hat, hat sich nach intensiven Überlegungen und Recherchen in verschiedenen Frauenmagazinen dazu durchgerungen, sich ihre langen Haare abschneiden zu lassen. Aber wie das aussieht!!

Nun stellt sich mir die Frage, ob ich ihr gegenüber ehrlich zugeben soll, dass mir die neue Frisur nicht gefällt, oder ob ich mich als guter und treuer Freund dazu entschließen soll, sie in ihrem neuen Auftritt zu bestärken, und die Frisur schönreden soll.«

Alexander S., Hannover

E2   **Mögliche Argumente**

a   Lesen Sie die Argumente und ordnen Sie zu.

A   *Wahrheit sagen*
    1

B   *schönreden/lügen*

1 Man hat als Freund die Pflicht, die Wahrheit zu sagen.

2 Auch wenn man dadurch einen Nachteil hat, muss man die Wahrheit sagen.

3 Das Zusammenleben der Menschen funktioniert besser, wenn man auch mal nicht die Wahrheit sagt.

4 Wenn man einem Menschen mit einer kleinen Lüge helfen kann, ist das gut.

5 Eine Frisur ist doch nicht so wichtig, dass man deshalb einen Menschen verletzen sollte.

6 Wenn man wegen einer Frisur lügt, dann muss man später vielleicht immer wieder lügen.

7 Wenn alle Freunde lügen, wird die Freundin immer mit der „falschen" Frisur rumlaufen.

8 Die Lüge wäre doch nichts anderes als Bequemlichkeit.

b   Entscheiden Sie sich für einen Standpunkt und sammeln Sie weitere Argumente. Vergleichen Sie.

E3   **Weitere Gewissensfragen**

Arbeiten Sie in Gruppen. Wählen Sie eine Gewissensfrage aus. Entscheiden Sie sich für einen Standpunkt und sammeln Sie weitere Argumente.

1 Ihr Kollege surft während der Arbeitszeit stundenlang im Internet. Sie müssen aber bald gemeinsam eine Arbeit fertig haben und abgeben. Sie können den Termin sicher nicht einhalten, weil Ihr Kollege zu wenig arbeitet. Was sagen Sie Ihrem Chef?

2 Ihre Mutter hat kürzlich ihren 60. Geburtstag gefeiert. Das Fest fanden Sie aber ziemlich furchtbar. Die Stimmung war nicht gut und das Essen war schlecht. Auch den anderen Gästen hat das Fest nicht gefallen. Ihre Mutter fragt Sie nun, wie es Ihnen gefallen hat. Was sagen Sie?

3 Sie müssen nur noch ein paar Meter bis zu dem Haus gehen, in dem Sie wohnen. Vor Ihnen geht ein Mann, der einfach eine leere Kekspackung auf den Boden wirft. Sie ärgern sich sehr darüber. Was tun Sie? Bitten Sie ihn, sie aufzuheben? Oder ignorieren Sie es?

Grammatik

1 Konjunktion: *seit*

	Konjunktion	Ende
Nasseer wohnt da,	**seit** er in Deutschland (= *seit diesem Zeitpunkt*)	ist.

········▶ ÜG, 10.08

2 Konjunktion: *bis*

	Konjunktion	Ende
Nasseer zahlt die Miete so lange nicht,	**bis** sein Vermieter ihm (= *bis zu diesem Zeitpunkt*)	kündigt.

········▶ ÜG, 10.08

3 Konjunktion: *indem*

	Konjunktion	Ende
Nasseer kann sich wehren,	**indem** er zum Mieterverein (= *auf diese Weise*)	geht.

········▶ ÜG, 10.12

4 Konjunktion: *ohne dass* mit Wiederholung: *ohne … zu*

	Konjunktion	Ende
Der *Mieterverein* kann nicht helfen,	**ohne dass** Nasseer Mitglied	wird.
Nasseer bekommt keine Informationen,	**ohne** vorher Mitglied	**zu** werden.

········▶ ÜG, 10.12

5 Präposition: *außer* + Dativ

alle **außer** mein**em** Vater.
(alle, *nur* mein Vater *nicht*.)

········▶ ÜG, 6.04

Wichtige Wendungen

um Hilfe bitten

Ich bin in einer verzweifelten / komischen /
unglaublichen / … Situation: … •
Ich weiß nicht, was ich machen soll. /
wie ich das machen soll. • Sie müssen mir
helfen. • Ich weiß nicht mehr weiter. •

jemanden beruhigen

Beruhigen Sie sich doch. •
Ich bin ganz sicher, dass … •
Das kann doch jedem mal passieren •
Keine Sorge, ich werde Ihnen (dabei) helfen.

nachfragen

Jetzt erzählen / sagen Sie erst mal … •
Was ist denn genau Ihr Problem? •
Seit wann ist …?

eine Lösung anbieten

Bevor wir Ihnen helfen können, / was
machen können, brauchen wir noch … •
Bis wir …, müssen Sie Geduld haben. •
Ich habe da eine Idee / einen Vorschlag. •
Wie wäre es denn, wenn …

A

Fred

B

E

F

Von: Jonas@bmx.de
An:
Cc:
Betreff:

Hallo Onkel Jonas,
wie geht's Dir? Mir geht's nicht so
toll. Ich brauche unbedingt 1500
Euro. Kannst Du mir die leihen?
Ich ruf Dich nachher an, okay?
Liebe Grüße
Fred

CD2 17–20

1 Sehen Sie die Bilder an, lesen Sie die Mitteilungen
und hören Sie die Texte.
Was meinen Sie? Wer ist wer? Ergänzen Sie die Namen.

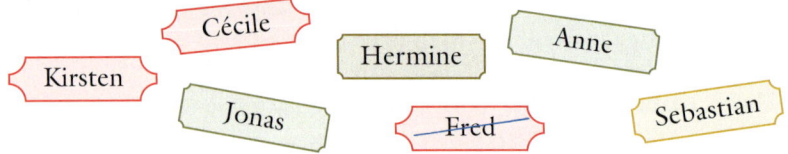

Cécile

Kirsten

Hermine

Anne

Jonas

Fred

Sebastian

2 Hören und lesen Sie noch einmal und beantworten Sie die Fragen.

a Fred bezahlt die Miete für seine Wohnung ☐ immer pünktlich. ☐ oft zu spät.

b Jonas ist Freds ☐ Freund ☐ Onkel ☐ Bruder.

c Jonas leiht Fred ☐ das Geld, obwohl er keine Lust hat. ☐ das Geld diesmal nicht.

d Sebastian will Kirsten davon überzeugen, dass er ☐ sie ☐ Anne sehr gern mag.

e Sebastian hat die Beziehung zu .... ☐ telefonisch ☐ per SMS beendet.

f Kirsten hat Anne gegenüber ☐ ein gutes ☐ ein schlechtes Gewissen. Warum? *Weil ...*

g Cécile ist ☐ eine gute ☐ keine gute Freundin von Anne. Warum?

3 Was raten Sie Anne, Jonas, Kirsten und Fred? *Anne, du kannst froh sein, dass ...*

FOLGE 13: *DAS FLUGBLATT*

1 Sehen Sie die Fotos an und zeigen Sie:

einen Papierflieger • ein Flugblatt

2 Sehen Sie die Fotos an. Was meinen Sie?

a Foto 2: Lesen Sie das Flugblatt. Was könnte die Frau damit meinen?

Hm, vielleicht fordert sie …   Ich vermute, …

b Fotos 6–8: Was machen Nasseer und der Junge?

CD 2 21–28   **3** Sehen Sie die Fotos an und hören Sie.

4 Was ist richtig? Kreuzen Sie an.

a Die Frau ist ☐ für ein Bürgerbegehren ☐ für den Stadtrat aktiv.

b Sie fordert ☐ von den Kindereinrichtungen ☐ vom Stadtrat, dass
mehr Spielmöglichkeiten für Kinder und Jugendliche angeboten werden.

c Der Junge möchte ☐ das Flugblatt lesen ☐ aus dem Flugblatt
einen Papierflieger basteln.

*Bürgerbegehren, das, -s, -:
eine Initiative von
Bürgern, die Unterschriften
sammelt, um eine politische
Entscheidung zu beeinflussen*

*Stadtrat, der, -s, ᷿e: das
Parlament einer Stadt,
das über Verwaltung, Planung
usw. entscheidet*

5 Beantworten Sie die Fragen.

a Wer ist kinderfreundlicher: die Frau oder Nasseer? Was meinen Sie? Warum?

b Stellen Sie sich vor, die Frau würde Sie auf der Straße ansprechen. Wie würden Sie reagieren?

> Ich würde einfach
> weitergehen.

> Das interessiert mich nicht.
> Dazu kann ich nichts sagen.

> Ich würde sie
> auch fragen …

CD 2 | 29

A1   Ergänzen Sie. Hören Sie und vergleichen Sie.

größte • schönere • größeres • schwierigere

> In meiner Heimat müssen wir viel .... Fragen lösen.

> Sie sind doch sicher auch für *schönere*... Spielplätze!

> Das .... Problem ist doch, dass die Eltern in Deutschland für ihre Kinder keine Zeit mehr haben.

> Ein .... Angebot an Spielplätzen ist ja schön und gut, aber ich muss jetzt wirklich das Essen liefern.

Wiederholung
schön
schön**er**
am schön**sten**

der	größer**e**	Platz
das	größer**e**	Angebot
die	größer**e**	Heimat
die	größer**en**	Plätze

ein	größer**er**	Platz
ein	größer**es**	Angebot
eine	größer**e**	Heimat
–	größer**e**	Plätze

auch so: der/das/die schön**ste**/schwierig**ste**/ ...

CD 2 | 30–32

A2   Umfrage: Welche Themen beschäftigen Sie?

a   Hören Sie und notieren Sie Stichwörter.

 1  2  3

Thema	Meinung
1 Geschwindigkeitsbegrenzung	ist dafür
2	
3	

b   Ergänzen Sie in der richtigen Form. Hören Sie dann noch einmal und vergleichen Sie.

tolerant • scharf • zufrieden • hoch • arm • hoch • schlecht

1   ... Höchstgeschwindigkeit 120 Stundenkilometer, ... Verkehrskontrollen und .... Strafen für Temposünder!

2   Verglichen mit anderen Ländern haben wir viel zu viele Verbote. Nirgends gibt's so viele Gesetze wie hier bei uns. *Tolerantere*........................ und .... Menschen – darauf kommt es an!

3   Finden Sie es gut, wenn nur noch die studieren können, deren Eltern ein .... Einkommen haben? Finden Sie es richtig, dass Kinder aus .... Familien .... Ausbildungschancen haben?

A3   Wie ist das bei Ihnen?

Arbeiten Sie in Gruppen: Wählen Sie ein Thema aus A2 oder sprechen Sie über ein Thema, das Sie beschäftigt. Vergleichen Sie auch mit anderen Ländern.

etwas bewerten
Ich bin für/gegen ein Verbot, weil ...
Davon halte ich (nicht) viel, denn ...
Das kann ich nur befürworten/ ablehnen.
Ganz meine Meinung.
Meiner Meinung/Ansicht nach ...
In diesem Zusammenhang finde ich auch wichtig, ...

etwas vergleichen
Bei uns ... / In ... ist das mit ... genau(so) wie / anders als ...
Das ist bei uns nicht so streng wie ... / strenger als ...
Auch bei ... gibt es strengere Gesetze/Vorschriften.
Das ist hier ganz anders. Der Unterschied ist, dass ...
Verglichen mit ... / Im Gegensatz zu ...
Ich finde es besser so, wie es in ... ist.

Handyverbot in öffentlichen Verkehrsmitteln
Dafür: schadet der Gesundheit, ...
Dagegen: nicht mehr überall erreichbar, ...

B1   Ergänzen Sie.

Initiative „Mehr Fantasie für Kinder"

Hagen. Auf großes Interesse stieß gestern das Bürgerbegehren „Mehr Fantasie für Kinder" bei der Hagener Bevölkerung. Mit einer
5 Flugblatt-Aktion fragten engagierte Eltern nach den versprochenen Einrichtungen für ihre Kinder. Sie forderten vor allem einen sofortigen Beginn des geplant.... Ausbaus von Spielplät- 10 zen, Kinderkrippen und bessere Freizeitmöglichkeiten für die Jugend. Das Büro des Bürgerbegehrens in der Sandstraße steht für alle interessiert.... Bürgerinnen und 15 Bürger für Fragen

der	versprochene Ausbau
das	versprochene Flugblatt
die	versprochene Einrichtung
die	versprochenen Einrichtungen

ein	versprochener Ausbau
ein	versprochenes Flugblatt
eine	versprochene Einrichtung
–	versprochene Einrichtungen

B2   Zeitungsmeldungen: Politische Mitbestimmung

a Lesen Sie und ordnen Sie die Meldungen den Fotos zu.
b Ergänzen Sie die Zeitungsmeldungen.

Text	1	2	3
Foto			

A

B

C

1
Hamburg. Der Hamburger Senat will im nächsten Jahr die .... (planen) Schließung einiger Hamburger Grundschulen durchführen – so auch die der Grundschule Merweinstraße. Am 6. Dezember zogen die *betroffenen* (betreffen) Eltern, Lehrer und Schüler in einer Demonstration von der Schule zur Schulbehörde in der Hamburger Straße, um der Senatorin Protestunterschriften zu überreichen.

2
Hermannsburg. Rund 50 Kinder und Jugendliche demonstrierten bei der Jahreshauptversammlung des Turn- und Sportvereins Hermannsburg am Freitagabend gegen die Schließung ihres Schwimmbades. „Kinder zu teuer" und „Lasst uns das Schwimmbad offen" war auf ihren selbst .... (basteln) und .... (schreiben) Plakaten zu lesen.

3
Eppstein. Das Bündnis der Bürgerinitiativen: „Kein Flughafenausbau, Nachtflugverbot von 22–6 Uhr" informierte gestern an einem Infostand in der Fußgängerzone über die vor fünf Jahren .... (gründen) Organisation. Die Initiative führt den Protest aller .... (engagieren) Bürgerinnen und Bürger des Rhein-Main-Gebietes zusammen, ist überparteilich und unabhängig.

c Ergänzen Sie die Informationen aus den Texten.

	Wer protestiert?	Wogegen?/Wofür?	Wo?	Wie?
Text 1	*Eltern, Lehrer, Schüler*			
...				

B3   Kurzbericht

Suchen Sie zu Hause in Ihrer muttersprachlichen Zeitung oder in der Lokalpresse eine Zeitungsmeldung zu einem Thema, das Sie interessant finden. Notieren Sie die wichtigsten Informationen wie in B2c und berichten Sie darüber im Kurs.

Schon fertig?

Haben Sie schon eine Demonstration oder einen Streik gesehen? Wofür/wogegen war sie/er? Schreiben Sie.

C1 Historische Führung

a Sehen Sie die Fotos an und ordnen Sie die Bildunterschriften zu. Vergleichen Sie im Kurs.

   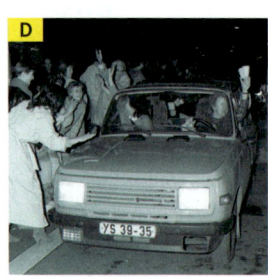

1 Die Grenze zwischen der BRD und der DDR wird geöffnet.
2 Deutschland wird nach dem Zweiten Weltkrieg in vier Besatzungszonen geteilt.
3 Die Mauer in Berlin wird erbaut.
4 Zwei deutsche Staaten werden gegründet.
5 Das Reichstagsgebäude ist Sitz des deutschen Parlaments.
6 Berlin ist nach dem Zweiten Weltkrieg eine zerstörte Stadt.
7 Die Mauer teilt Berlin in Ost und West.
8 Das Bundeskanzleramt ist Sitz des Regierungschefs.

Foto	A	B	C	D	E	F	G	H
Text								

b Hören Sie und bringen Sie die Fotos in die Reihenfolge, wie Sie sie im Text hören.

F							

C2 Hören Sie noch einmal und kreuzen Sie an: Richtig oder falsch?

richtig falsch

1 Die Mauer wurde von der DDR erbaut. ☐ ☐
2 Die vier Siegermächte wussten genau, wie es mit Deutschland nach dem verlorenen Weltkrieg weitergehen sollte. ☐ ☐
3 Deutschland wurde in eine amerikanische und eine sowjetische Zone geteilt. ☐ ☐
4 Die BRD wurde aus den drei Westzonen gegründet. ☐ ☐
5 Die DDR wurde nach sowjetischem Modell gegründet. ☐ ☐
6 Berlin wurde die Hauptstadt der beiden deutschen Staaten. ☐ ☐
7 Die Leute in der BRD waren sehr unzufrieden mit ihrem politischen System und sind über die Grenze geflohen. ☐ ☐
8 Nach dem Bau der Mauer konnten die Leute aber trotzdem problemlos hin und her reisen. ☐ ☐
9 Der Tag, an dem die Grenzen geöffnet wurden, wird heute als Nationalfeiertag gefeiert. ☐ ☐
10 Berlin ist heute wieder Hauptstadt des vereinten Deutschlands. ☐ ☐

heute: Der Nationalfeiertag **wird gefeiert**.
damals: Die Mauer **wurde** 1961 **erbaut**.
Die Mauer **ist** 1961 **erbaut worden**.

C3   Fragen Sie und antworten Sie.

1

Das Lied der Deutschen
(Deutsche Nationalhymne)
…
Einigkeit und Recht und Freiheit
für das deutsche Vaterland!
Danach lasst uns alle streben
brüderlich mit Herz und Hand!
Einigkeit und Recht und Freiheit
sind des Glückes Unterpfand;
blüh' im Glanze dieses Glückes,
blühe, deutsches Vaterland.

2

3

4 Eure Kinder brauchen Frieden und Brot
Darum Frauen: Wählt!

der Zweite Weltkrieg beendet ● die Bundesrepublik Deutschland und die DDR gegründet ● die Mauer erbaut ● die Mauer geöffnet ● die Wiedervereinigung zum ersten Mal gefeiert ● die deutsche Nationalhymne gedichtet ● der millionste Gastarbeiter begrüßt ● der erste VW-Käfer produziert ● das allgemeine Frauenwahlrecht eingeführt

8. Mai 1945 ● 1961 ● 1949 ● 9. November 1989 ●
3. Oktober 1990 ● 10. September 1964 ●
Dezember 1945 ● 1919 ● 26. August 1841

> Wann wurde der Zweite Weltkrieg beendet?

> Ich bin nicht sicher …

> Wann ist die Bundesrepublik gegründet worden?

C4   Berichten Sie über Ihr Heimatland.

Wählen Sie eine oder mehrere Fragen aus.
Erstellen Sie ein kleines Plakat mit den wichtigsten Jahreszahlen, Ereignissen und Symbolen und stellen Sie es im Kurs vor.

Was waren wichtige Momente in der Geschichte Ihres Heimatlandes?

Wann wird der Nationalfeiertag gefeiert? Warum?

Wann wurde Ihr Land gegründet?

Welche berühmten Gebäude sollte man kennen?

Welche nationalen Symbole verbinden Sie mit Ihrem Heimatland? Warum?

> Ich möchte Ihnen gern etwas über die Geschichte meines Landes erzählen. Sie sehen hier auf den Fotos …

> Ich werde Ihnen ein paar Bilder von meinem Land zeigen und einige Informationen dazu geben.

> Wir feiern unseren Nationalfeiertag am … An diesem Tag …

> Unsere nationalen Symbole? Das ist unsere Flagge. Sie ist … Und natürlich unsere Nationalhymne. Sie …

3. Oktober: Tag der Deutschen Einheit
Wiedervereinigung: 1990
BERLIN
DAS BRANDENBURGER TOR IN BERLIN

D 1 Parteienlandschaft

a Welche Politiker und welche Parteien in Deutschland kennen Sie? Ergänzen Sie.

> Ich kenne den Außenminister von Deutschland. Er heißt …

> Und ich den Bundespräsidenten. Das ist …

b Ordnen Sie zu.

A	B	C	D	E	F

1 Sozialdemokratische Partei Deutschlands ....

2 Bündnis 90/Die Grünen ....

3 Christlich-Demokratische Union ....

4 Christlich-Soziale Union in Bayern ....

5 Freie Demokratische Partei ....

6 Die Linke ......*A*....

D 2 Politische Farbenlehre

a Welche der Parteien sind wohl in diesen Schlagzeilen gemeint? Sprechen Sie.

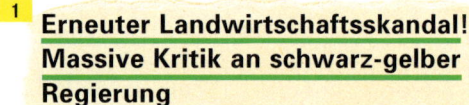

1 **Erneuter Landwirtschaftsskandal!
Massive Kritik an schwarz-gelber
Regierung**

2 **Schwarz-rote Regierung
gegen Volksentscheid**

3 **Rot-Grün gegen Erhöhung der Mehrwertsteuer**

4 **Streit in schwarz-grüner
Opposition**

b Welche Bedeutung haben die Farben?
Lesen Sie und vergleichen Sie mit Ihren Vermutungen in a.

> Farben schaffen Klarheit. Sie sind Erkennungszeichen, Signal und Synonym. Die Kommunisten, spä-
> ter dann auch die Sozialdemokraten, haben den Anfang gemacht: Sie wählten die Farbe Rot, weil
> die so schön kämpferisch und leidenschaftlich wirkt. Die Konservativen wurden schwarz, weil dies
> die Farbe der Kirche war. Die Umweltparteien wählten für sich das Grün des Waldes. Wer von den
> Liberalen spricht, hat meistens die Farbe Gelb im Kopf. (…) Doch außerhalb Deutschlands sind die
> Liberalen oft alles andere als gelb – nämlich blau. (…) Darum tragen die deutschen Liberalen zusätz-
> lich zur Farbe Gelb auch noch Blau, damit sie auch im Ausland verstanden werden.

D 3 Wahl einer Kurssprecherin / eines Kurssprechers

a Arbeiten Sie in Gruppen: Bilden Sie eine Partei, finden Sie ein Symbol oder eine Farbe
und überlegen Sie sich ein Wahlprogramm für Ihren Kurs.

> Die Erfolgspartei (E.P.)
> Noch schneller zur Prüfung
> mit uns! …

Die Luxuspartei (LuP)
Wir fordern für Sie
eine Cocktailbar. …

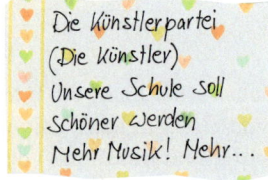

Die Künstlerpartei
(Die Künstler)
Unsere Schule soll
schöner werden
Mehr Musik! Mehr…

b Wählen Sie aus Ihrer Gruppe eine Kandidatin /
einen Kandidaten für das Amt der Kurssprecherin /
des Kurssprechers. Sie/Er stellt das Wahlprogramm vor.

> Also, als Kandidatin der Luxuspartei
> fordere ich, dass eine Cocktailbar
> gekauft wird. Außerdem …

c Stimmen Sie in einer geheimen Wahl ab.
Jede Wählerin / Jeder Wähler bekommt einen „Stimmzettel". Auf diesen Stimmzettel schreibt
sie/er den Namen der Person, die Kurssprecherin / Kurssprecher werden soll. Achtung: Die
Parteimitglieder dürfen ihre Stimmen **nicht** für die eigene Kandidatin / den eigenen Kandidaten
abgeben. Die Kandidatin / Der Kandidat mit der Mehrheit der Stimmen hat gewonnen.

Grammatik

1 Adjektivdeklination mit dem Komparativ und Superlativ

	Nominativ	Akkusativ	Dativ
maskulin	der größere Platz	den größeren Platz	dem größeren Platz
	ein größerer Platz	einen größeren Platz	einem größeren Platz
neutral	das größere Angebot	das größere Angebot	dem größeren Angebot
	ein größeres Angebot	ein größeres Angebot	einem größeren Angebot
feminin	die größere Heimat	die größere Heimat	der größeren Heimat
	eine größere Heimat	eine größere Heimat	einer größeren Heimat
Plural	die größeren Plätze	die größeren Plätze	den größeren Plätzen
	– größere Plätze	– größere Plätze	– größeren Plätzen

auch so mit dem Superlativ: der/das/die schönste/schwierigste/...

┈┈┈▶ ÜG, 4.01–4.04

2 Partizip Perfekt als Adjektiv

	Partizip Perfekt		
maskulin	der geplante	Ausbau	Die Stadt hat den Ausbau **geplant**.
	ein geplanter	Ausbau	
neutral	das selbst geschriebene	Flugblatt	Die Bürger haben es **geschrieben**.
	ein selbst geschriebenes	Flugblatt	
feminin	die versprochene	Einrichtung	Die Stadt hat die Einrichtung **versprochen**.
	eine versprochene	Einrichtung	
Plural	die engagierten	Eltern	Die Eltern sind sehr **engagiert**.
	– engagierte	Eltern	

┈┈┈▶ ÜG, 4.05

3 Passiv Präteritum

		Position 2		Ende
Singular	Die Mauer	**wurde**	1961	**erbaut**.
Plural	Die zwei deutschen Staaten	**wurden**	1949	**gegründet**.

┈┈┈▶ ÜG, 5.13

4 Passiv Perfekt

		Position 2		Ende
Singular	Die Mauer	**ist**	1961	**erbaut worden**.
Plural	Die zwei deutschen Staaten	**sind**	1949	**gegründet worden**.

┈┈┈▶ ÜG, 5.13

Wichtige Wendungen

etwas vergleichen

Bei uns … / In … ist das mit … genau(so) wie / anders als … • Das ist bei uns nicht so streng wie … / strenger als … • Auch bei … gibt es strengere Gesetze/Vorschriften. • Das ist hier ganz anders. Der Unterschied ist, dass … • Verglichen mit … / Im Gegensatz zu … • Ich finde es besser so, wie es in … ist.

etwas bewerten

Ich bin für/gegen ein Verbot, weil … • Davon halte ich (nicht) viel, denn … • Das kann ich nur befürworten/ablehnen. • Ganz meine Meinung. • Meiner Meinung/Ansicht nach … • In diesem Zusammenhang finde ich auch wichtig, …

Kurzbiografie

Cem Özdemir wurde 1965 im schwäbischen Teil von Baden-Württemberg geboren. Seine Heimatstadt Bad Urach liegt etwa 40 Kilometer südöstlich von Stuttgart.

Sein Vater kam 1963 aus einem tscherkessischen Dorf bei Tokat nach Deutschland, seine Mutter 1964 aus Istanbul. Der Vater arbeitete zunächst als Spinner in einer Textilfabrik und wechselte später in einen Betrieb, der Feuerlöscher produziert. Die Mutter arbeitete in einer Papierfabrik, bevor sie sich selbstständig machte und eine Änderungsschneiderei übernahm.

1981 wurde Cem Özdemir Mitglied bei den Grünen. Diese Partei engagierte sich damals vor allem für den Umweltschutz, die Menschenrechte und den Frieden.

1983 nahm er die deutsche Staatsbürgerschaft an.

Nach der mittleren Reife und der Ausbildung zum Erzieher machte er das Fachabitur und studierte Sozialpädagogik.

1994 wurde er als erster Abgeordneter mit türkischer Herkunft in den Deutschen Bundestag gewählt und blieb dort bis 2002.

Von 2004 bis 2009 war er Mitglied des Europäischen Parlaments.

Ende 2008 wurde er an die Spitze von *Bündnis 90/Die Grünen* gewählt. Die Grünen sind damit die erste deutsche Partei, die einen Bundesvorsitzenden mit „Migrationshintergrund" hat.

Cem Özdemir ist verheiratet und hat zwei Kinder.

1 **Was erfahren Sie über Cem Özdemir? Lesen Sie die Kurzbiografie und machen Sie Notizen.**

Heimatstadt:
Familie:
Staatsangehörigkeit:
Ausbildung:
Politische Karriere:

2 **Herr Özdemir hat ein Buch geschrieben:** *Ich bin Inländer*. **Was glauben Sie: Worum geht es in dem Buch?**

Herr Özdemir, eines Ihrer Bücher hat den Titel: *Ich bin Inländer*. Das soll heißen: *„Ich will hier mitmachen!"*, oder?

Genau. Für mich war klar: Ich lebe in Deutschland, hier fühle ich mich zu Hause, hier sind meine Freunde, hier bin ich politisch aktiv, hier kenne ich mich am besten aus, und hier will ich mitwirken.

Dazu gehört natürlich, dass man Deutschland als seine eigene Sache begreift.

Richtig. Ich wünsche mir, dass die Eingewanderten und ihre Nachfahren sagen, dieses ist mein Land, meine Gesellschaft, ich habe eine Bindestrich-Identität, ich bin Deutsch-Türke (oder Deutsch-Marokkanerin, oder Deutsch-Ukrainer, etc.), also Inländer.

Sie selbst haben sich sogar mal als „anatolischer Schwabe" bezeichnet. Das ist noch präziser als „Deutsch-Türke".

Jeder definiert sich selbst. Die Liebe zu Anatolien haben mir meine Eltern vermittelt. Das steht bei mir für Buntheit, für Christen und Juden genauso wie für Aleviten und Sunniten. Es war meine persönliche Absage an die türkischen Nationalisten und gleichzeitig die Ansage: Deutschland, du hast es mir nicht leicht gemacht, dein Staatsbürger zu werden und mich zu dir zu bekennen. Meine schwäbischen Freunde

dagegen haben mir von Anfang an vermittelt, dass ich dazugehöre.

Empfehlen Sie Einwanderern, die hier bleiben wollen, dass sie deutsche Staatsbürger werden sollen?

Ja, die Grünen fordern Migranten sogar ausdrücklich dazu auf. Jede Einbürgerung ist aus unserer Sicht ein Erfolg, schließlich werden deutsche Pässe nicht verschenkt.

Und wenn dann trotzdem jemand sagt: *„Ihr seid keine richtigen Deutschen?"*

Dann sollte man nicht aufgeben, sondern sich klarmachen, dass man selbst mitbestimmen kann, was „Deutschsein" bedeutet. Außerdem sollten wir uns weniger mit Fragen wie *„Woher kommst du"* oder *„Was trennt uns?"* beschäftigen, sondern mehr mit Fragen wie *„Was verbindet uns?"* oder *„Wohin wollen wir?"* Ich glaube, dass wir mit unserem Grundgesetz einen guten Leitfaden für das Zusammenleben haben.

Herr Özdemir, vielen Dank für dieses Interview!

Bücher von Cem Özdemir zum Weiterlesen:
Ich bin Inländer. München 1997.
Currywurst und Döner. Bergisch Gladbach 1999
Deutsch oder nicht sein? Bergisch Gladbach 2000
Die Türkei – Politik, Religion, Kultur. Weinheim 2008

3 Lesen Sie jetzt das Interview. Was wünscht sich Cem Özdemir für die Migranten in Deutschland? Erklären Sie in Ihren eigenen Worten.

4 Welche anderen Fragen würden Sie Herrn Özdemir stellen? Schreiben Sie ihm einen Brief!

FOLGE 14: *KÖNIG NASSEER I.*

CD 2 | 34

1 Was hören Sie? Ordnen Sie zu.

A argentinischer Tango **B** Jodeln **C** indische Musik

Musik	A	B	C
Hörbeispiel			

2 Was passt? Ordnen Sie zu.

Bayern

Neuschwanstein

die Alpen

der Tadsch Mahal

- [ ] ein großes Gebirge in Mitteleuropa
- [ ] eine berühmte indische Grabstätte (Mausoleum) (1630–1648)
- [ ] ein sehr bekanntes und beliebtes Schloss in Bayern, erbaut vom „Märchen-König" Ludwig II. (1868–86)
- [ ] das größte und südlichste Bundesland in Deutschland

3 Was ist das? Ordnen Sie zu und suchen Sie die Dinge dann auf den Fotos 1–8.

Bild	A	B	C	D
Erklärung				

A  B  C  D

1 der Turban: *ein langer Schal, den sich Männer um den Kopf wickeln*
2 die Lederhose: *eine für die Alpen typische kurze Hose*
3 Der „Gamsbart": *die Haare einer Gämse (Tier, das in den Alpen lebt), die als Hut-Schmuck benutzt werden*
4 das Dirndl: *ein für die Alpen typisches Kleid*

4 Sehen Sie die Fotos an. Was ist Traum, was ist Realität?

34–41 **5** Sehen Sie die Fotos an und hören Sie.

6 Nasseer erzählt seinen Traum einem Freund. Sprechen Sie.

Lederhose • Dirndl • jodeln • Jodelkönig • etwas Seltsames passiert • Gamsbart • Turban • Musik

7 Welche Bedeutung haben Bayern und Indien in Nasseers Traum? Was meinen Sie?

A1 Ihre „persönliche" Deutschlandkarte

a Was verbinden Sie mit Deutschland? Machen Sie Notizen.

> Wetter • Essen und Trinken • Gastfreundschaft • Familie •
> Wohnen • Verkehr • Tierliebe • Humor • ...

b Was kennen Sie in Deutschland? Zeichnen Sie oder schreiben Sie.
c Unterhalten Sie sich in Gruppen über Ihr Bild von Deutschland.

A2 Die Bundesländer

CD 2 42–47

a Über welches Bundesland sprechen die Personen?
Hören Sie. Vergleichen Sie dann mit der Karte und ergänzen Sie.

CD 2 42–47

b Hören Sie noch einmal und sammeln Sie möglichst
viele der Informationen, die über die Bundesländer gegeben werden.

A3 Eine Freundin / Ein Freund aus Deutschland kommt zum ersten Mal in Ihr Heimatland

a Arbeiten Sie in Gruppen: Was sollte sie/er sich in Ihrem Land ansehen? Machen Sie ein Programm
und notieren Sie wichtige Informationen.

b Berichten Sie im Kurs.

- Wie viele Einwohner hat ...? ▪ Was gibt es dort Besonderes? ▪ Wie sind die Menschen?
- Wie ist die Landschaft? ▪ Was sollte man sich ansehen? ▪ Wie sprechen die Menschen?

> Die Menschen sprechen
> zwei Sprachen, nämlich ...

> Das Land hat ... Einwohner.

> Das Land grenzt
> im ... an ...

B1 **Arbeiten Sie zu zweit. Fragen Sie Ihre Partnerin / Ihren Partner, notieren Sie die Antworten und berichten Sie.**

a In welchen europäischen Ländern waren Sie schon einmal?
b Wo in Europa haben Sie Verwandte oder Freunde?
c Welche europäischen Länder würden Sie gern kennenlernen? Warum?

B2 **Was fällt Ihnen sonst noch zum Thema Europa ein? Arbeiten Sie in Gruppen und machen Sie Notizen.**

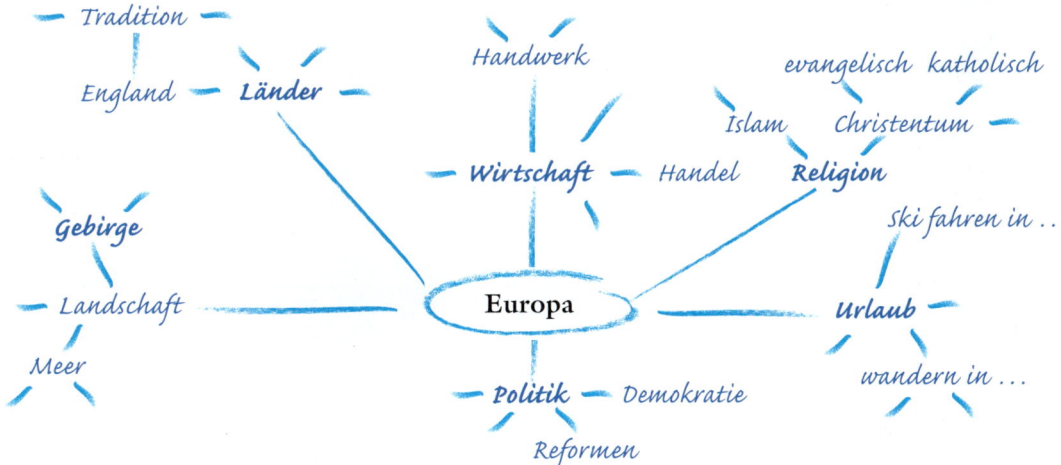

D2 48–52 **B3** **Lesen Sie den Text und hören Sie eine Umfrage. Worüber sprechen die Personen? Kreuzen Sie an.**

Die Europäische Union

1992 Der Vertrag von Maastricht symbolisiert den Beginn der heutigen Europäischen Union.
1995 Die EU wächst von 12 auf 15 Mitglieder. Innerhalb der EU gibt es keine Grenzkontrollen mehr.
2002 Der Euro wird in 12 europäischen Ländern offiziell eingeführt.
2004 Die EU wächst auf 25 Staaten.
2007 Mit Bulgarien und Rumänien gehören 27 Staaten zur EU.

Umfrage: Woran denken junge Deutsche bei Europa?	1	2	3	4	5
eine gemeinsame Währung					
hohe Kosten					
politische Zusammenarbeit					
weniger Autonomie der einzelnen Länder					
offene Grenzen, mehr Reisefreiheit					
Schwierigkeiten, gemeinsam Entscheidungen zu treffen					

 B4 **Länder raten**

Arbeiten Sie in Gruppen: Beschreiben Sie ein europäisches Land. Die anderen raten, von welchem Land Sie sprechen.

> Das Land liegt im Norden. Es ist nicht in der EU …

C1 Welche Schlagzeilen passen? Ordnen Sie zu.

Text	1	2	3	4
Schlagzeile				

A Auf Gomera wird gepfiffen

B Mann in Tomatensoße ertrunken

C Jodel-Grundkurs im WWW

D Tomatenfestival Tomatina

E Neue Pfeifsprache erfunden

F Jodelkönig in nur drei Wochen!

G Weltmeisterschaft im Ehefrauen-Tragen

H Finnischer Eignungstest für zukünftige Ehefrauen

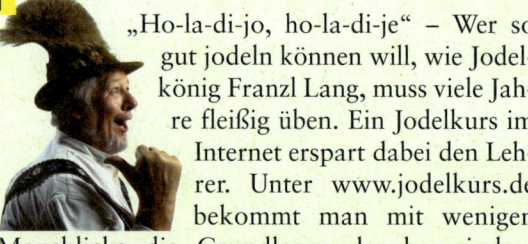

1 „Ho-la-di-jo, ho-la-di-je" – Wer so gut jodeln können will, wie Jodelkönig Franzl Lang, muss viele Jahre fleißig üben. Ein Jodelkurs im Internet erspart dabei den Lehrer. Unter www.jodelkurs.de bekommt man mit wenigen Mausklicks die Grundlagen der bayerischen Gesangskunst erklärt. In fünf Lektionen kann der Jodelschüler Schritt für Schritt die Kunst des Jodelns erlernen. Zahlreiche Bayernfreunde aus der ganzen Welt treffen sich zum Jodelkurs im Internet.

2 Jedes Jahr am letzten Mittwoch des Monats August wird im spanischen Buñol das „Fest der Tomate" (= Tomatina) gefeiert. Über 40.000 Menschen nehmen an der Tomaten-Schlacht teil und bewerfen sich auf der Straße gegenseitig mit reifen Tomaten. Aber in der mehr als 50-jährigen Geschichte des Tomaten-Festes soll noch niemand in der Tomatensoße ertrunken sein.

3 Auf der spanischen Kanareninsel ist die Pfeifsprache „El Silbo" Unterrichtsfach. El Silbo (spanisch: der Pfiff) bezeichnet die Pfeifsprache der Guanchen, der Ureinwohner der Insel La Gomera. Diese einzigartige Form der Kommunikation existiert nur auf dieser Insel vor der Küste Marokkos und soll als Weltkulturerbe vor dem Aussterben bewahrt werden.

4 In Sonkajarvi im Osten Finnlands findet der 250 Meter Hindernislauf statt, bei dem jeder Teilnehmer seine Ehefrau auf dem Rücken tragen muss. Als Preis des Wettbewerbs gibt es das Gewicht der Frau in Bier ausgezahlt. Die Ehefrauen müssen über 17 Jahre alt sein und mehr als 49 Kilo wiegen. 15 Strafsekunden sind vorgesehen, wenn jemand seine Frau fallen lässt.

C2 Lesen Sie einen Text genau und berichten Sie Ihrer Partnerin / Ihrem Partner darüber. Machen Sie sich vorher Notizen zum Text.

C3 Berichten Sie über ein besonderes oder kurioses Fest oder einen interessanten Brauch.

Osterfest in Ungarn

Also, bei uns in Ungarn ist das am Ostermorgen so: Die Mädchen werden von den Jungen mit Wasser nassgespritzt, dafür bekommen die Jungen ein rotes Osterei. Statt Wasser wird heute aber oft Parfum genommen.

D1   Meine Heimat

a   Wie kann man das Wort „Heimat" in Ihre Sprache übersetzen?

b   Welche Farben symbolisieren Ihre Heimat? Warum?

c   Was verbinden Sie persönlich mit dem Wort „Heimat"?
Lesen Sie die Fragen und die Begriffe. Vielleicht schließen Sie die Augen und denken dabei nach.
Machen Sie sich dann Notizen und berichten Sie im Kurs.

- Was sehen Sie?
- Was hören Sie?
- Was riechen Sie?
- Was fühlen/spüren Sie?

Essen • Familie • Landschaft • Freunde • Musik • Orte • Sprache • …

> Wenn ich an die Landschaft in meiner Heimat denke, dann denke ich an die weiten Kornfelder im Sommer, ich sehe die Bauern bei der Ernte vor mir, meine Mutter, wenn sie die Pflaumen pflückt …

> Ich bekomme Heimweh, wenn ich an meine Oma denke, an ihre selbst gemachte Limonade, an ihre leckeren Pfannkuchen mit Aprikosenmarmelade …

> Ich denke an unsere Wälder im Herbst. Das Aroma der Pilze ist …

> Ich spüre den Sand und sitze im Schatten der Olivenbäume.

D2   „Heimat ist für mich …" Lesen Sie die Reportage und beantworten Sie die Fragen.

- Welche Begriffe aus D1 kommen vor? Gerüche, Bilder, Geräusche, Gefühle?
- Welche Person hat ein ähnliches Heimatgefühl wie Sie?

Wer weiß heute noch genau, wohin er gehört – im Zeitalter von Mobilität und Emigration? Ist „Heimat" der Ort, wo man seinen Wohnsitz hat, oder jener, an dem man verstanden wird? Oder ist es vielleicht gar kein Ort mehr, sondern nur noch ein Gefühl? In WELT am SONNTAG geben bekannte Persönlichkeiten Antworten auf diese wichtige Frage.

Vural Öger, Gründer der Fluggesellschaft Öger-Tours, SPD-Mitglied. Seit 1990 deutsche Staatsangehörigkeit.

„Heimat ist für mich ein Gefühl und nichts Greifbares. Ich habe zwar zwei Drittel 5 meines Lebens in Deutschland verbracht, aber wenn ich an Heimat denke, dann kommen mir immer sofort Bilder aus meiner Kindheit in den Kopf. Meine Familie lebte in Ankara und ich sehe unseren Garten vor mir mit dem riesigen Apfelbaum. Der Geruch gebratener Auberginen liegt in der Luft, meine Mutter sitzt an der Nähmaschine, wir Kinder spielen im Haus und im Garten. Unsere Familie, die 10 abends zusammensitzt, Nachbarn kommen vorbei, man unterhält sich, scherzt und lacht. Heimat – das ist tief verwurzelt in meiner Kindheit. Auch wenn ich Berlin, Hamburg oder Istanbul lieben gelernt habe, nie wieder habe ich ein solches Heimatgefühl gehabt wie in glücklichen Kindheitstagen."

Iris Berben, deutsche Schauspielerin

„Zu Hause hat für mich sehr viel mit vertrauten Menschen zu tun und nicht unbe- 15 dingt mit Orten. Wenn ich heute nach Hamburg komme, wo ich aufgewachsen bin, wenn ich Schiffe, das Wasser und den Hafen sehe, geht mir das Herz auf. Aber ist das Heimat? Nein, denn ich kenne dort nicht viele Menschen. Ich wohne auch gerne in unserem Haus in München. Oder ich bin in New York und fühle mich dort zu Hause. Fahre ich nach Israel, denke ich: Das ist meine Heimat. Die orientalischen 20 Gerüche faszinieren mich. Auch Berlin ist spannend, denn Berlin ist Geschichte. Dort sind unsere Wurzeln, die Stadt ist ein Teil unserer Identität. So wechsle ich ständig meine Heimatgefühle – je nachdem, an welchem Ort ich gerade bin."

D3   Machen Sie eine kleine „Kurszeitung". Schreiben Sie ähnliche Texte zu der Frage: „Was ist Heimat für mich?"

E1 Ein Tag in Europa

a Lesen Sie den Text und ergänzen Sie die Jahreszahl.
1980 • 2010 • 2020 • 2050

b Was meinen Sie? Was passiert wann und wo? Lesen Sie den Text noch einmal und machen Sie einen Zeitplan.

Europa ....: Ein Tag in meinem Leben

Eine Schweizer Uhr weckt mich um 6 Uhr. Ich esse schnell meine französischen Crois-
5 sants und gehe du- schen. Aus der Dusche fließt Mineralwasser aus Vichy. Drei Stunden spä- ter buche ich noch einen Flug nach Athen, wo mein Mann und ich am Abend um 20:30 Uhr ein
10 Konzert besuchen: Ein griechischer Künstler singt deutsche Volkslieder.
Zuerst kommt aber noch meine normale Arbeit. Ich gehe zu Fuß, obwohl es mit dem Auto viel schneller wäre. Wir sind aber so umweltfreund-
15 lich.
Unterwegs bringe ich die Kinder zum Flughafen, denn sie besuchen den Kindergarten in Berlin. Wir wohnen in Polen, in Krakau, haben aber zwei Ferienhäuser: eines in Kroatien und eines in Nor-
20 wegen.

Die Kinder sollen die Schu- le in England besuchen, aber die Wahl steht ihnen frei. Zum Mittagessen, so gegen eins, treffen wir uns alle 25 wieder. Diesmal in Italien, in Venedig – da waren die Kinder noch nicht. Wir werden dort eine kurze Gondelfahrt machen. Die Zeit vergeht viel schneller als früher.
Danach, so etwa um 15 Uhr, fliege ich mit mei- 30 nem Mann nach Polen zurück und die Kinder gehen zum Italienischunterricht. Vor unserem Abflug nach Athen ist ein Familientreffen: Um halb sieben sitzen wir alle zusammen beim Abendessen. Es gibt Paella, ein Rezept von meiner 35 besten Freundin. Ihr Vater ist Spanier und ihre Mutter Ungarin. Wir reden den ganzen Abend und machen nebenbei Pläne für den nächsten Tag. Vielleicht ein Spaziergang auf den Champs-Ély- sées? 40

6 Uhr in Polen: Schweizer Wecker klingelt
Frühstück (französische Croissants)
duschen

ca. 9 Uhr in Polen: Flug buchen

Schon fertig?

Welche Dinge in Ihrem heutigen Leben stammen ursprünglich aus anderen Ländern? Machen Sie Notizen.
Indien: Curry
Italien: Pizza

c Was meinen Sie? Ist so eine Zukunftsvision realistisch? Würden Sie zukünftig gern so leben?

E2 Meine persönliche Zukunft

Wenn Sie in Zukunft in mehreren Ländern gleichzeitig leben könnten: Welche Länder wären das? Was würden Sie gern noch aus anderen Ländern übernehmen? Warum?

Wie möchten Sie in zehn oder zwanzig Jahren leben? Ergänzen Sie die Sätze.

Ich möchte ...
Auf keinen Fall möchte ich ...
Vielleicht wird es ja ...

Ich wünsche mir, dass ...
Am liebsten wäre es mir, wenn ...
Hoffentlich ...

Wichtige Wendungen

ein Land beschreiben

Das Land hat ... Einwohner. •
Das Land grenzt im Norden/Osten/Westen/Süden an Italien / ans Meer / ... •
Es liegt im Norden/Osten/Westen/Süden. •
Es liegt (nicht) in der EU. •
Die Menschen sprechen zwei Sprachen, nämlich ... •
Besonders daran ist ... •
Also, bei uns ...

über die Heimat sprechen

Wenn ich an die Landschaft in meiner Heimat denke, dann ... •
Für mich sind das ..., ich rieche ... •
Ich bekomme Heimweh, wenn ich an ... denke. •
Ich sehe ... vor mir. •
Der Geruch von ... liegt in der Luft. •
Wenn ich an Heimat denke, dann kommen mir Bilder aus meiner Kindheit in den Kopf. •
Zu Hause hat für mich sehr viel mit ... zu tun. •
Wenn ich nach ... komme, (wo ich aufgewachsen bin,) geht mir das Herz auf •

Wünsche ausdrücken (Wiederholung)

Ich möchte ...
Auf keinen Fall möchte ich ...
Vielleicht wird es ja ...
Ich wünsche mir, dass ...
Am liebsten wäre es mir, wenn ...
Hoffentlich ...

Alexander Keller

Franz Specht

Daniela Niebisch

Isabel Krämer-Kienle

„Ich drücke dir die Daumen!",
so sagt man auf Deutsch, wenn man
jemandem viel Glück wünscht. Sie haben
nun sechs Bände lang fleißig mit *Schritte
plus* gelernt und können, wenn Sie dies
möchten, den *Deutsch-Test für
Zuwanderer* machen. Dazu drücken wir
Ihnen ganz fest die Daumen.

Wir, das sind die Leute, die *Schritte plus*
für Sie machen durften. Diese Arbeit
war uns eine große Freude. Wir hoffen
sehr, dass Ihnen mit *Schritte plus*
der Einstieg in die deutsche Sprache
gut gelungen ist, dass Sie beim Lernen
viel Spaß und hoffentlich nicht ganz so
viel Mühe hatten.

Sylvette Penning-Hiemstra

Susanne Kalender

Andreas Tomaszewski

Marlene Kern

Anne Robert

Barbara Gottstein-Schramm

Anja Schümann

Dörte Weers

Eine gemeinsame Sprache zu sprechen, ist etwas Tolles. Nur wenn man miteinander reden kann, hat man die Chance, sich wirklich zu verstehen. Einwanderer, ihre Kinder und Enkelkinder spielen heute eine große und wichtige Rolle in den deutschsprachigen Ländern. Sie gehören zu den Menschen, die sich auf den Weg gemacht haben. Und bestimmt wollen Sie diesen Weg noch weitergehen. Auch dafür drücken wir Ihnen die Daumen und wünschen Ihnen das Allerbeste!

Marion Kerner

Florian Bachmeier

Jutta Orth-Chambah

Silke Hilpert

Fragebogen: Was kann ich schon?

	Das kann ich sehr gut.	Das kann ich.	Das übe ich noch.

Hören

Ich kann in den Erzählungen anderer wichtige Details verstehen: *Mein Vorbild war mein Großvater. ...*			
Ich kann wichtige Einzelinformationen in Radiosendungen verstehen: *64 000 Euro für die Nachbarschaftshilfe. ...*			
Ich kann wichtige Aussagen und Informationen in Kurzvorträgen und Präsentationen verstehen, z.B. bei einer Stadtführung: *Ich werde Ihnen Bilder zeigen und ein paar Informationen dazu geben, vor allem zur Geschichte Berlins seit dem Zweiten Weltkrieg. ...*			
Ich kann die Argumentation zu einem aktuellen oder bekannten Thema verstehen: *Es gibt auch eine Seite, die eher negativ ist an der EU. Ich denke ...*			
Ich kann einfache mündliche Anleitungen verstehen, z. B. zur Benutzung eines Gerätes: *Du musst die Taste „Ansage" drücken und dann wieder loslassen.*			
Ich kann die wesentlichen Informationen bei Informationsveranstaltungen von Kindergarten bzw. Schule verstehen: *Liebe Eltern, herzlich willkommen zu unserem Elternabend. ...*			

Lesen

Ich kann Ratgebertexte verstehen, z.B. zum Thema Partnerschaft: *Ihre Partnerin oder Ihr Partner hat die Beziehung beendet. Wir möchten Ihnen ein paar Tipps geben.*			
Ich kann Anleitungen verstehen, z.B. für Spiele oder im Waschsalon: *Bilden Sie zwei Mannschaften. ... / Startknopf drücken. ...*			
Ich kann Kurzgeschichten und Erzählungen lesen: *Reif für den Wertstoffhof / Andere Sitten*			
Ich kann für einen Kurzvortrag die gewünschten Informationen in Zeitungstexten finden: *Rund 50 Kinder demonstrieren gegen die Schließung ihres Schwimmbads.*			
Ich kann schriftlichen Aufforderungen der Behörden relevante Informationen entnehmen: *Sehr geehrte Frau Beck, Ihnen wird zur Last gelegt, am ... um ... Uhr in der Landsbergerstr. ...*			
Ich kann Standardbriefen der Versicherung wesentliche Informationen entnehmen: *... Die jährliche Prämie für Ihre Haftpflicht-Versicherung ist am ... fällig.*			
Ich kann Aushängen die wesentlichen Informationen über außerschulische Angebote entnehmen, z.B. zu Nachhilfe, Musikunterricht. *Qualifizierter Nachhilfelehrer bietet Nachhilfeunterricht in Mathematik und Physik. Alle Klassen. ...*			
Ich kann einem Schreiben der Stadt- oder Gemeindeverwaltung relevante Informationen zur Einschulung entnehmen: *... bitte ich dich, zusammen mit deinen Eltern/Erziehungsberechtigten am ... in der Zeit von ... zur Schulanmeldung zu kommen.*			
Ich kann Werbeanzeigen relevante Informationen entnehmen: *Darf in keiner Küche fehlen: elektrischer Multizerkleinerer ...*			
Ich kann das Wesentliche aus Produktinformationen entnehmen: *Zutaten: Zucker, Kakaobutter, Sahnepulver ... Kann Spuren von Erdnüssen und anderen Nüssen enthalten.*			

Sprechen

Ich kann mit anderen etwas planen und organisieren: *Während du einkaufen gehst, kann ich ja ...*			
Ich kann etwas erklären: *Sehen Sie, zuerst müssen Sie hier ...*			

	Das kann ich sehr gut.	Das kann ich.	Das übe ich noch.
Ich kann Verständnis zeigen: *Mir geht es (manchmal) genauso.*			
Ich kann erstaunt oder kritisch reagieren: *Das finde ich unmöglich.*			
Ich kann einen Rat geben: *Ehrlich gesagt, das würde ich ...*			
Ich kann ein Problem beschreiben und mich beschweren: *Es war abgemacht/ausgemacht, dass ...*			
Ich kann mich entschuldigen: *Tut mir leid, das ist mir wirklich unangenehm. / Es war keine Absicht.*			
Ich kann versuchen, jemanden zu überreden: *Können Sie nicht mal ein Auge zudrücken?*			
Ich kann zeigen, dass ich eine Entschuldigung nicht akzeptiere: *Das kommt nicht infrage.*			
Ich kann meine Meinung sagen und Argumente für meinen Standpunkt nennen: *Wenn man wegen einer Frisur lügt, muss man später vielleicht immer wieder lügen.*			
Ich kann um Hilfe bitten: *Sie müssen mir helfen. Ich weiß nicht mehr weiter.*			
Ich kann um weitere Informationen bitten, indem ich nachfrage: *Was ist denn genau Ihr Problem?*			
Ich kann jemanden beruhigen: *Beruhigen Sie sich doch.*			
Ich kann meine Hilfe/Lösung anbieten: *Ich habe da eine Idee / einen Vorschlag.*			
Ich kann von eigenen Erfahrungen zu verschiedenen Themen berichten: *In meiner Familie engagieren sich alle.*			
Ich kann etwas bewerten: *Davon halte ich nicht viel, denn ...*			
Ich kann etwas vergleichen: *Verglichen mit ... / Im Gegensatz zu ...*			
Ich kann einen kurzen Vortrag halten, z.B. über mein Heimatland oder über ein aktuelles Thema aus der Zeitung: *Ich komme aus ... Das Land hat ... Einwohner. ...*			
Ich kann über Träume und Ziele sprechen: *Ich wünsche mir, dass ...*			
Ich kann über meine Migrationserfahrung berichten: *Wenn man lange in einem Land lebt, sollte man unbedingt die Sprache lernen.*			
Ich kann mit einfachen Worten mit anderen Eltern Vereinbarungen treffen: *Kannst du dich um die Spiele für die Kinder kümmern?*			

Schreiben

Ich kann einen Kommentar schreiben: *Liebe/r ..., grundsätzlich würde ich Dir ja zustimmen, aber ...*			
Ich kann mich schriftlich beschweren und die Gründe für die Beschwerde nennen: *Sehr geehrte Damen und Herren, wie Sie wissen geht mein Sohn ...*			
Ich kann schriftlich meinen Standpunkt darlegen, z.B. in einem Leserbrief: *Sehr geehrte Damen und Herren, ich nehme Bezug auf Ihren Artikel „Gute Umgangsformen im Alltag."* ...			
Ich kann schriftlich Träume, Gefühle und Wünsche beschreiben: *Sehr geehrte/r Frau/Herr ..., ich bin sehr enttäuscht von ... Ich wünsche mir, dass ...*			
Ich kann gegen einen Bescheid schriftlich Einspruch einlegen: *Hiermit lege ich fristgerecht Einspruch gegen den Bußgeldbescheid vom ...*			

Inhalt Arbeitsbuch

1   Sätze, Sätze, Nebensätze

a Nach welchen Wörtern steht das Verb am Ende des Satzes? Unterstreichen Sie.
trotzdem • <u>wenn</u> • deshalb • weil • dass • aber • als • denn • deswegen • obwohl

b Ergänzen Sie die passenden unterstrichenen Wörter aus <u>a</u>.

1 ..<u>Wenn</u>........... ihr das Wort erratet, bekommt ihr einen Punkt.

2 Ich habe sehr gern „Monopoly" gespielt, ... ich noch ein Kind war. Heute macht es mir keinen Spaß mehr.

3 Und du versprichst, ... ich einen Kuss von dir bekomme, wenn ich das Spiel gewinne?

4 Das Spiel hat Spaß gemacht, ... die ganze Zeit klar war, dass wir verlieren.

5 Nein, Klara, du bekommst keinen Punkt! Ich bekomme den Punkt, ... ich die richtige Antwort wusste, und nicht du.

2   Was ist richtig? Kreuzen Sie an.

		weil	falls	als	
a	Ich sehe mir heute Abend den Krimi im Fernsehen an,	x			ich spannende Filme mag.
b	Bitte sag mir Bescheid,				du die ganze Arbeit nicht allein schaffst. Dann komme ich und helfe dir.
c	Schau nur dann ins Wörterbuch,				du das Wort wirklich nicht kennst.
d	Ich besuche dich ganz oft,				du wirklich ins Krankenhaus musst.
e	Ich mag das Spiel so gern,				es einfach immer so lustig ist.
f	Sabine hat sich sofort in Ralf verliebt,				sie ihn zum ersten Mal gesehen hat.

3   Schreiben Sie Sätze mit *falls*.

a regnen – den Schirm mitnehmen (ich): *Falls es regnet, nehme ich den Schirm mit.*........................

b gewinnen (du) – dich zum Essen einladen (ich):
....

c morgen die Sonne scheinen – mit Andrea schwimmen gehen (er):
....

d am Samstag schlechtes Wetter sein – nicht Fußball spielen können (wir):
....

e wieder funktionieren (der Computer) – dir morgen eine E-Mail schicken (ich):
....

4   Schreiben Sie die Sätze zu Ende. Verwenden Sie *als, dass, damit, obwohl, falls*.

sie noch zu Hause haben • ~~eigentlich für die Prüfung lernen müssen~~ • meinen Kindern bei den Hausaufgaben helfen können • mich mit dem Auto abholen • am Samstag Fußball gespielt haben

a Petra geht in die Disco, *obwohl sie eigentlich für die Prüfung lernen muss*.............................

b Peter hat sich den Arm gebrochen, ...

c Ich lerne jetzt Deutsch, ...

d Kannst du mir die CD von *Schritte plus* morgen mitbringen, ...
....? Meine Schwester möchte jetzt auch Deutsch lernen.

e Es ist wirklich nicht nötig, ...
Ich kann auch mit dem Bus fahren!

Prüfung **5** **Lesen Sie den Text. Welche Wörter passen hier?**
Bitte kreuzen Sie die richtige Lösung an: a, b oder c.

Alles, was das Kind braucht – natürlich aus dem Netz   Interspiel

Hohe Straße 48
46483 Wesel

Frau
Halime Ucar
Meisenweg 17
46483 Wesel

Wesel, den 29.10.20..

Erinnerung .....*an*......... **(0) unsere Rechnung vom 25.09.20..**

.... (1) Frau Ucar,

wie die Buchhaltung festgestellt hat, haben Sie den Betrag von 47,39 Euro für .... (2) Bestellung vom 14.09.20... noch nicht bezahlt. Beide Spiele, *Monopoly in der Sonderedition* und *Das bunte Kinderdomino*, ... (3) Sie mit der Lieferung vom 25.09.20... erhalten.

Sicherlich haben Sie es nur vergessen, ... (4) möchten wir Sie höflich an die Zahlung erinnern. Bitte zahlen Sie den Betrag bis zum 15.11.20... auf unser Konto ein.

Sollte die .... (5) nicht pünktlich eingehen, entsteht Ihnen zusätzlich eine Mahngebühr von 15,00 Euro.

Mit freundlichen .... (6)

Daniel Pohl

Beispiel

0	a für	b wegen	☒ an
1	a Sehr geehrte	b Hallo	c Sehr geehrter
2	a Ihren	b Ihre	c ihre
3	a haben	b werden	c sind
4	a denn	b trotzdem	c deshalb
5	a Zahl	b Zahlung	c Rechnung
6	a Gruß	b Grüße	c Grüßen

6 **Keine Angst vor formalen Briefen!**

Lesen Sie Briefe, die Sie in *Schritte plus* finden oder auch Briefe, die Sie bekommen haben. Notieren Sie Wendungen, die oft vorkommen. So können Sie sich diese Wendungen besser merken.

LERNTAGEBUCH

Anreden	Wendungen	Grüße
sehr geehrte Frau ...	*... möchten wir sie erinnern*	*Mit freundlichen Grüßen*

▶ Portfolio

8 B Hey, sag mal, Nasseer, dich kenn ich doch!

B2

7 Das Du anbieten

a Was passt? Überfliegen Sie die Gespräche und ordnen Sie sie den Bildern zu.

Bild	A	B	C
Text			

1 ● Ich darf euch heute Frau Yang vorstellen. Sie wird ab heute an diesem Kurs teilnehmen. Also, Frau Yang, *wir sagen hier alle Du zueinander*, und .... , dann können wir uns auch gern duzen. Ich heiße Kai.

▲ Oh, das finde ich sehr gut. Ich heiße Lin.

2 ■ Entschuldigen Sie, sind Sie nicht die Mutter von Christian?

▲ Richtig. Und Sie sind der Papa von Lena, oder?

■ Stimmt. Das ist aber nett, dass wir uns mal kennenlernen.

▲ Ja, unsere Kinder spielen sehr viel zusammen. .... , wenn wir uns duzen würden?

■ .... Daniel.

3 ▲ Tja, Silke, jetzt kennen wir uns schon so lange. .... , wenn wir uns endlich duzen, jetzt, wo ihr heiratet. Also, ich heiße Heinz und das ist Edeltraut.

◆ Oh, ... Gern! Meinen Vornamen kennt ihr ja.

b Was passt wo? Ergänzen Sie in Übung a.
Ja, gern, ich heiße ● das ist aber nett ● wenn es Ihnen recht ist ● Wäre es nicht nett ●
Ich fände es schön ● wir sagen hier alle Du zueinander

B3

8 Wer darf/sollte das Du anbieten? Kreuzen Sie an.

a Frau Maier (34) ist die neue Kollegin von Frau Summer (53).
☐ Frau Maier darf/sollte das Du anbieten.
☐ Frau Summer darf/sollte das Du anbieten.

b Der Deutschkurs bekommt eine neue Kursleiterin, Frau Lobbe. Mit dem alten Kursleiter haben die Teilnehmer sich geduzt.
☐ Die Teilnehmer dürfen/sollten das Du anbieten.
☐ Frau Lobbe darf/sollte das Du anbieten.

c Sie ziehen in eine neue Wohnung und treffen Ihre neue Nachbarin im Flur. Sie ist sehr nett und deutlich jünger als Sie.
☐ Sie dürfen/sollten das Du anbieten.
☐ Die neue Nachbarin darf/sollte das Du anbieten.

d Sie sind den ersten Tag an Ihrem neuen Arbeitsplatz. Ihr Kollege Mohammed Türklü ist mindestens zehn Jahre älter als Sie.
☐ Mohammed Türklü darf/sollte das Du anbieten.
☐ Sie dürfen/sollten das Du anbieten.

B3

9 Halb Du, halb Sie

a Lesen Sie zuerst die Situationen.

Situation A: Jemand siezt ein Kind.
Situation B: Jemand benutzt die Anrede „Frau" und den Vornamen.

Situation C: Jemand duzt einen fremden Menschen.
Situation D: Jemand siezt und nennt den Vornamen.

CD3|02

b Hören Sie dann. Welches Gespräch passt zu welcher Situation? Ordnen Sie zu.

Gespräch	1	2	3	4
Situation	*B*			

c Ist das üblich? Notieren Sie.

1 Das ist üblich: Situationen .... **2** Das ist nicht üblich: Situationen .*B*....................

derholung
ritte plus 3
tion 5

10 **Ergänzen Sie.**

a Können Sie das Geld .von.meinem............. (mein) Konto abbuchen?

b Erinnerst du dich .... (unser) alten Freund?

c Jeden Monat ärgert Herr Holler sich .... (seine) hohe Telefonrechnung.

d Sascha kümmert sich überhaupt nicht .... (seine) Mutter.

e Ghassan ist .... (der) Deutschkurs zufrieden und träumt .... (die) Deutschprüfung.

f Hast du Lust .... (ein) Eis?

g Die Schüler denken ungern .... (ihre) Hausaufgaben.

h Ich weiß, dass Björn jeden Tag .... (seine) Mutter telefoniert.

i Ich glaube fast, alle Männer interessieren sich .... (das) Endspiel der Fußballweltmeisterschaft.

derholung
ritte plus 5
tion 2

11 **Was passt? Kreuzen Sie an.**

a Siehst du das rote Auto da? Das ist das Auto, ☐ dem ☒ das ☐ die mir so gut gefällt.

b Hier auf dem Foto links, das ist Monika, ☐ der ☐ das ☐ die ich oft bei der Grammatik helfe.

c Ich mag keine Bücher, ☐ die ☐ das ☐ der mehr als hundert Seiten haben.

d Da drüben wohnt der Nachbar, ☐ der ☐ den ☐ dem ich neulich beim Umzug geholfen habe.

e Gestern habe ich die Leute getroffen, ☐ die ☐ der ☐ denen du so viel über Russland erzählt hast. Ich soll dich von ihnen grüßen.

f Ist das der Kaffee, ☐ den ☐ der ☐ dem du aus Griechenland mitgebracht hast?

g Jetzt hast du schon wieder die Hose an, ☐ der ☐ die ☐ das ich waschen wollte.

h Der Mann aus dem Nachbarhaus, ☐ der ☐ den ☐ dem ich nie mochte, ist eigentlich doch ganz nett.

12 **Schreiben Sie Sätze.**

a Mit ihr gehe ich immer zum Deutschkurs.
Das.ist.Paola,.mit.der.ich.immer.zum.Deutschkurs.gehe................................

b Von ihr habe ich ein dickes Wörterbuch bekommen.
....

c Über sie habe ich schon viel gelacht.
....

d Ich wohne seit mehreren Jahren neben ihm.
Das.ist.Xin,..

e Mit ihm verbindet mich eine sehr enge Freundschaft.
....

f Für ihn war der Deutschkurs sehr schwierig.
....

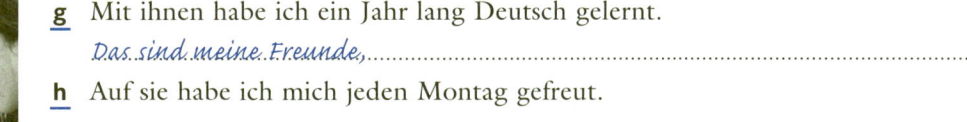

g Mit ihnen habe ich ein Jahr lang Deutsch gelernt.
Das.sind.meine.Freunde,..

h Auf sie habe ich mich jeden Montag gefreut.
....

i Von ihnen habe ich viel über andere Länder und Kulturen erfahren.
....

C2 **13** **Alte Fotos. Ergänzen Sie.**

a Sieh mal, Katharina, das war mein bester Freund,

von dem ich dir schon so viel erzählt habe.

b Die Frau daneben war meine beste Freundin, ...
ich heute noch oft denke.

c Und hier, die Frau war unsere Nachbarin, ...
ich mich so gut wie jeden Tag geärgert habe.

d Das große Haus da ist das Kunstmuseum, ... ich mich
besonders interessiert habe. Heute gibt es das gar nicht mehr.

e Und schau mal, hier ist Schnuffi. Den hätte ich fast vergessen.
Der Hund von Opa und Oma, ... ich mich
kümmern musste, wenn sie in Urlaub waren.

> erzählen von
> denken an
> sich ärgern über
> sich interessieren für
> sich kümmern um

C2 **14** **Schreiben Sie.**

a Die Freundin, *über die ich mich gestern geärgert habe* .... (ich mich gestern über sie geärgert haben),
kommt heute zu Besuch.

b Der Junge, ...,,,,,................
(wir früher immer über ihn gelacht haben), ist heute ein reicher Mann.

c Kennst du die Frau, ...
(du gerade mit ihr gesprochen haben)?

d Schaut mal, da ist wieder der große Hund, ...
(ihr vor ihm Angst haben).

e Zeig mir mal dein neues Wörterbuch, *von dem du so viel erzählt hast* ...... (du davon so viel erzählt
haben).

f Hast du die Stelle, ...
(du dich dafür interessiert haben), bekommen?

g Morgen bringe ich dir das Kursbuch mit, ...
(ich damit Arabisch gelernt haben).

C2 **15** **Ergänzen Sie.**

a Sieh mal, das ist meine Freundin, **mit** *der ich jeden Tag telefoniere.* ....

b Hier, sieh mal, das war meine Wohnung, **in** ....

c Hier auf dem Bild stehen meine Schulkameraden, **mit** ....

d Da vor dem Haus steht mein erstes Auto, **über** ....

e Dahinten das blonde Mädchen mit den langen Haaren war meine beste Freundin, **von**

....

f Und hier siehst du ein Foto von dem Fest, **auf** ....

g Das bin ich an dem Tag, **an** ....

16 Gute Freunde

a Was können Sie mit einem guten Freund / einer guten Freundin alles machen? Ergänzen Sie.

ihm kann ich alles erzählen

ein guter Freund / eine gute Freundin

mit ihr kann ich stundenlang spazieren gehen

b Schreiben Sie aus Ihren Stichwörtern einen kleinen Text.
Ein guter Freund ist für mich jemand, dem ich alles erzählen kann.
Eine gute Freundin ist eine Frau, mit der ich stundenlang spazieren gehen kann.

17 Menschen, Menschen ...

a Ergänzen Sie.

	bekannt	jugendlich	erwachsen
Singular			
der/die	*Bekannte*	der/die *Jugendliche*	der/die *Erwachsene*
ein		ein	ein
eine		eine	eine
Plural			
die	*Bekannten*	die	die
	Bekannte		

b Ergänzen Sie die passenden Wörter aus a.

1 ▲ Hast du eine Idee, was ich meiner Nichte zum Geburtstag schenken kann?
  ● Wie alt wird sie denn?
  ▲ 16 Jahre.
  ● Also, ich habe gehört, dass *Jugendliche* Smartphones toll finden.

2 ■ Sind in deinem Deutschkurs auch Kinder?
  ● Nein, in meinem Kurs sitzen nur .... Unsere Jüngste ist 23.

3 ▲ Mit Kindern und Erwachsenen kann ich gut umgehen. Aber .... sind mir
   oft zu schwierig.
  ■ Mhm, bei mir ist es genau umgekehrt. .... und Kinder sind mir zu schwierig.

4 ◆ Ach, dein Freund Peter kommt auch?
  ● Ja, aber Peter ist kein Freund von mir, er ist nur ein ....

5 ▼ Tut mir leid, aber den Vertrag muss ein .... unterschreiben, deine Mutter
   zum Beispiel.
  ● Ja, gut, dann komme ich gleich mit meiner Mutter noch einmal.

C4
Grammatik
entdecken

18 **Menschen, Kollegen, Nachbarn ...**

a Lesen Sie die Sätze. Unterstreichen Sie die Endungen.

1 Ich arbeite allein. Ich habe keinen Kollegen.
2 Der Nachbar von links unten grüßt nie.
3 Mit dem Menschen wechsle ich kein Wort mehr!
4 Die Kollegen gehen heute Abend zusammen essen.
5 Ich erwarte nichts von den Menschen.
6 Das Haus der Nachbarn ist größer als unseres.
7 Der Hut des Herrn da vorne ist ja echt hässlich.
8 Siehst du da drüben all die Menschen, die um das Auto herumstehen?

b Ergänzen Sie *Mensch, Kollege, Herr, Nachbar* in der Tabelle.

Singular	
der, ein, kein	
den, einen, keinen	*Menschen, Kollegen, Herrn, Nachbarn*
dem, einem, keinem	
des, eines, keines	
Plural	
die, keine	
die, keine	
den, keinen	
der, keiner	

ebenso: Praktikant, Pole, Türke, Franzose, ...

C4

19 **Ergänzen Sie -(e)n oder –.**

a Igor ist jetzt Praktikant...–... bei Siemens.
b Bei mir im Französischkurs sitzt ein Türke........., für den Französisch die fünfte Fremdsprache ist.
c Viele von Berts Freunden sind Pole......... .
d Die Frau von Herr......... Maier kenne ich nicht.
e Mein Kollege......... Herr Rauflein hat gekündigt. Jetzt habe ich einen neuen Kollege......... .
f Meine neuen Nachbar......... mag ich überhaupt nicht.
g In diesem Jahr sind unsere Praktikant......... alle männlich.
h Und, wie findest du deinen neuen Kollege......... ?
i Mein neuer Nachbar......... ist Tscheche......... .
j Die Katze meines Nachbar......... ist weggelaufen.
k Lass uns doch heute Abend zum Grieche......... essen gehen. Hast du Lust?

C4 Phonetik

20 **Die ganz große Liebe**

a Lesen Sie laut: Wie spricht das der Dichter? Der General? Der Buchhalter? ...

Du bist die Frau, von der ich täglich träume,
die einzige, auf die ich mich verlasse;
die eine, über die ich nichts erzähle,
die Frau, für die ich jeden Zug verpasse.

Du bist die Frau, mit der ich glücklich bin,
du bist die Frau, an die ich immer denke;
die Frau, um die sich für mich alles dreht,
die eine Frau, der ich mein Leben schenke.

Du bist die Frau, in der ich mich erkenne –
die Frau, von der ich mich nie wieder trenne.

b Und mit ... *der Mann,* ...: Wie spricht das die Marktfrau? Die Bankdirektorin? Die Wahrsagerin? Schreiben Sie die neue Version und sprechen Sie sie in den verschiedenen Varianten.

CD 3 03–04

c Hören Sie jeweils zwei verschiedene Varianten zu a und b und vergleichen Sie.

21 *Neugier – neugierig*. Bilden Sie Wörter.

a die Neugier: *neugierig*.................   **e** die Langeweile: ....

b die Eifersucht: ....   **f** die Kritik: .*kritisch*...............

c die Ruhe: ....   **g** die Energie: ....

d die Geduld: ....   **h** die Romantik: ....

22 Wörter mit *-keit*. Schreiben Sie.

a sportlich: *Sportlichkeit*.........   **d** ehrlich: ....

b selbstständig: ....   **e** lebendig: ....

c zärtlich: ....   **f** unabhängig: ....

23 Wie heißt das Gegenteil? Ergänzen Sie.

-voll	-los	Welches Wort versteckt sich?
gefühl*voll*......................	*gefühllos*......................	das ..*Gefühl*......................
humor..........................	....	der ....
liebe..........................	lieblos	die ....
rücksichts..........................		die ....
....	fantasie..........................	die ....
anspruchs..........................		der ....

24 Nette Leute!

a Sehen Sie sich noch einmal das Profil von Miriam im Kursbuch auf der Seite 13 an.
Wie würden Sie Miriam beschreiben? Benutzen Sie Wörter aus den Übungen 21, 22, 23 oder
finden Sie eigene Wörter, die zu Miriam passen. Schreiben Sie.

Ich glaube, Miriam ist ein lebendiger und aktiver Mensch. Sie unternimmt viel und macht auch viel Sport.

....

b Welche Wörter kennen Sie noch, um Personen zu beschreiben? Sammeln Sie.

c Unterstreichen Sie drei Eigenschaften, die für Sie bei einem Partner / einem guten Freund wichtig sind.
Schreiben Sie auch, warum das wichtig für Sie ist.

25 Mister Perfekt! Was passt? Ordnen Sie zu.

ehrlich • humorvoll • langweilig • eifersüchtig • anspruchsvoll • neugierig • romantisch • geduldig

Mister Perfekt ...	Er ist ...
liebt schöne Musik und Essen bei Kerzenschein.	*romantisch*..............................
erzählt gern Witze und ist lustig.	....
sagt immer die Wahrheit.	....
hat immer Zeit und hört zu.	....
Aber manchmal ...	
will er alles wissen.	....
ist nichts gut genug.	....
mag er es nicht, wenn ich andere Männer treffe.	....
liegt er auf dem Sofa und ist einfach nur	....

D3 Schreibtraining   **26**   **Kontakte im Internet**

a   Sie finden Miriam sympathisch und möchten sie kennenlernen. Schreiben Sie ihr eine E-Mail oder einen netten Eintrag in ihr Gästebuch.

> Hallo Miriam,
> ich habe Dein Profil gelesen und würde Dich gern kennenlernen.
> Du scheinst Spaß am Leben zu haben. Und Du lachst viel …
> Ich bin …

b   Sammeln Sie alle Nachrichten ein und verteilen Sie sie neu. Was schreibt/antwortet Miriam?

D3 Prüfung   **27**   **Lesen Sie die Mitteilung und lösen Sie die Aufgabe.**

> **Liebe Teilnehmer des Deutschkurses,**
> bald ist Ihr Kurs zu Ende und viele werden sich fragen: Wo kann ich weiterhin richtig viel Deutsch sprechen? Kein Problem! Wir bieten Ihnen ab Januar einen internationalen Gesprächskreis an. Einmal in der Woche treffen sich die Teilnehmer, um gemeinsam auf Deutsch über Themen der Woche zu sprechen. Vorschläge zur Konversation bringt die Kursleiterin, Frau Dahmen, mit. Aber natürlich sind auch Vorschläge von den Teilnehmern sehr willkommen.
> Frau Dahmen erklärt Ihnen gern unbekannte Wörter und gibt Tipps zum Ausdruck.
> Wir bieten den Kurs zweimal an, einmal montags von 8.30 bis 10.00 Uhr und einmal mittwochs von 19.00 bis 20.30 Uhr.
> Sind Sie interessiert? Anmelden können Sie sich ab dem 23. November.
> Übrigens betragen die Kosten nur einen Euro pro Kurstag!
> Mit freundlichen Grüßen
> Ihr *Linga*-Sprachenteam

1   Ein neuer Deutschkurs beginnt am 23. November   ☐ richtig   ☐ falsch

2   Für den neuen Kurs   **a**   muss man zwei Euro in der Woche zahlen.
                             b   soll man ein Wörterbuch mitbringen.
                             c   kann man selbst Themen vorschlagen.

D3 Projekt   **28**   **Leute, Leute, Leute …**

a   Bilden Sie Kleingruppen. Überlegen Sie zusammen, wo und wie man Leute kennenlernen kann. Wie haben Sie Ihre Freunde kennengelernt?

in der Sprachschule

auf einer Party

b   Eine gute Möglichkeit, Leute kennenzulernen, sind auch Feste und Aktivitäten in Ihrer Stadt. Sehen Sie in die Stadtzeitung, auf die Internetseite Ihrer Stadt, ins Programm der Volkshochschule. Machen Sie ein Plakat.

c   Haben Sie eine Veranstaltung von Ihrer Wandzeitung besucht? Erzählen Sie davon.

29 *je ... desto*

a Was passt? Ordnen Sie zu.

1 Je <u>mehr</u> Schokolade ich gegessen habe,
2 Je länger ich in Deutschland bin,
3 Je größer deine Wohnung ist,
4 Je größer ein Auto ist,
5 Je mehr ich arbeite,

desto mehr musst du putzen.
desto weniger Freizeit habe ich.
desto <u>dicker</u> bin ich geworden.
desto mehr Benzin braucht es.
desto besser spreche ich Deutsch.

b Unterstreichen Sie die Wörter in <u>a</u> wie im Beispiel.
c Schreiben Sie die markierten Wörter aus <u>a</u> in die Tabelle und ergänzen Sie.

viel	mehr	am meisten
dick	dicker	...

30 Tja, so ist das eben! Ergänzen Sie in der richtigen Form.

a ◆ Meine Hosen sind plötzlich so kurz.

■ Klar! Je .*heißer*........... du die Hosen wäschst, desto .*kürzer*........... werden sie!

b ◆ Ich bin ganz schön dick geworden

■ Kein Wunder. Je .... du isst, desto .... wirst du.

c ◆ Puhhh, bin ich müde!

■ Na ja. Je .... du ins Bett gehst, desto .... bist du am Morgen.

d ◆ Oje, ich habe alle Wörter vergessen!

■ Da wunderst du dich? Je .... du die Wörter wiederholst,

desto .... kannst du sie dir merken.

31 Schreiben Sie Sätze mit *je ... desto ...*

a (lang kennen, wichtig für mich werden)
b (oft du keine Zeit für mich haben, zornig werden)
c (dich gut kennen, dich gern haben)
d (wenig Vertrauen du zu mir haben, traurig werden)

a *Je länger ich dich kenne, desto wichtiger wirst du für mich.*

32 Noch mehr Sätze mit *je ... desto ...*

a Was passt? Ordnen Sie zu.

1 Ihr übt viel.
2 Mein Urlaub ist lang.
3 Die Leute hören viel Radio.
4 Die Computer werden schnell.

Man kann viel mit ihnen machen.
Sie kennen die aktuellen Hits gut.
Ihr spielt gut.
Ich erhole mich gut.

b Schreiben Sie die Sätze aus <u>a</u> mit *je ... desto ...*

Prüfung **33 Singles**

a Sehen Sie das Foto an und berichten Sie kurz.
■ Was sehen Sie auf dem Foto? ■ Was ist das für eine Situation?

b Vergleichen Sie die Situation mit Ihrer eigenen Situation /
der Situation in Ihrem Heimatland.

c Single – wäre das eine Lebensform für Sie?
Warum? / Warum nicht? Erzählen Sie.

Auf dem Foto sehe ich ...
Eine Frau sitzt ...
Meiner Meinung nach ...

In meinem Heimatland / Bei uns ...
Ich kann mir das gut vorstellen. Denn ...
Nein, das wäre gar nichts für mich, weil ...

Beziehungen und Gefühle

Enttäuschung die, -en ....

Freundschaft die, -en ....

Gefühl das, -e ....

Trennung die, -en ....

amüsieren sich ....

langweilen sich ....

verabreden sich ....

Horoskope

Horoskop das, -e ....

Stern der, -e ....

Sternzeichen das, - ....

Fische ....

Jungfrau ....

Krebs ....

Löwe ....

Schütze ....

Skorpion ....

Steinbock ....

Stier ....

Waage ....

Wassermann ....

Widder ....

Zwillinge ....

Charaktereigenschaften

aufmerksam ....

empfindlich ....

fantasievoll ....

hilfsbereit ....

nachdenklich ....

romantisch ....

sparsam ....

zuverlässig ....

Weitere wichtige Wörter

Briefumschlag der, ̈e ....

Eindruck der, ̈e ....

Einfluss der, ̈e ....

Eisenbahn die, -en ....

Entfernung die, -en ....

Gedicht das, -e ....

Nudelsuppe die, -n ....

Praktikant der, -en ....

Rhythmus der, Rhythmen ....

Rucksack der, ̈e ....

Zeug das ....

Zuhause das ....

duzen ....

herausfinden,
  findet heraus,
  fand heraus,
  hat herausgefunden ....

lächeln ....

los sein ....

lügen,
  lügt,
  log,
  hat gelogen ....

packen ....

siezen ....

verschwinden,
  verschwindet,
  verschwand,
  ist verschwunden ....

verreisen ....

zurückgeben,
  gibt zurück,
  gab zurück,
  hat zurückgegeben ....

entspannend ....

entspannt ....

erleichtert ....

erstaunt ....

hungrig ....

üblich ....

anfangs ....

falls ....

paar: ein paar ... .

zunächst ....

Welche Wörter möchten Sie noch lernen?

....
....
....
....
....
....
....
....
....
....
....
....
....

9  A

Lektion 9: Technik und Alltag

Rechnungen mit der Hand schreiben, **als ob** wir im Mittelalter **wären**!

Wiederholung **1** **Ein modernes Büro. Was ist was? Ordnen Sie zu.**

☐ der Bildschirm
☐ die CD
☐ der Computer
☐ das CD-ROM-Laufwerk
☐ das Fax
☐ der Drucker
☐ die Maus
☐ das Regal
☐ der Schreibtisch
13 die Software
☐ die Steckdose
☐ der Stecker
☐ die Stifte
☐ die Tastatur
☐ der DVD-Player
☐ die DVDs

Wiederholung **2** **Computerprobleme – Ergänzen Sie.**
Schritte plus 4
Lektion 8,
Schritte plus 5
Lektion 7

finden – würde • könnte – telefonieren • Hätte – aufgepasst • würde – verlieren • wäre • Hätte – gezogen • könnte – helfen • würde – anrufen

a Jetzt ist der Computer kaputt. ..*Hätte*... ich doch gestern nicht einfach den Stecker aus der Steckdose *gezogen*......!

b Wenn ich die Telefonnummer des Kundenservice ...., ... ich sofort dort .... Aber ich weiß nicht, wo ich den Zettel hingelegt habe!

c Ich .... ja mal mit Klaus .... Der kennt sich doch mit Computern aus.

d Oder – wenn Uwe jetzt zu Hause ...., ... er mir bestimmt .... Aber er ist bis Freitag im Urlaub.

e Wie ärgerlich! .... ich doch im Computerkurs ein bisschen besser ....! Dann .... ich jetzt nicht so viel Zeit .... Aber jetzt ist es zu spät!

A1 **3** **Herr Möchtegern**

a Ordnen Sie zu.

Er tut so, ... | **Aber in Wirklichkeit ...**
1 als ob er gut Klavier spielen würde. | ist er in der Schule öfters sitzen geblieben.
2 als ob er einen Ferrari hätte. | arbeitet er gar nicht
3 als ob er sich alles kaufen könnte. | ist er total unmusikalisch.
4 als ob er einen super anstrengenden Job hätte. | hat er gar kein Geld
5 als ob er früher die besten Zeugnisse gehabt hätte. | hat er überhaupt kein Auto.

Grammatik entdecken **b** Ordnen Sie die Sätze in die Tabelle ein.

Er tut so,				
	als ob	*er*	*gut Klavier*	*spielen würde.*
	als ob			
	...			

4   **Ergänzen Sie in der richtigen Form.**

gegessen haben • gewesen sein • haben • haben • interessieren

a   ● Mein Bruder ist total in deine Schwester verliebt.

  ▲ Echt? Aber er tut doch so, als ob sie ihn gar nicht *interessieren würde.*

b   Ich glaube, unser Sohn tut nur so, als ob er gestern etwas Falsches ....

c   Als ob ich nicht schon genug Arbeit .... ! Ihr könnt eure Sachen ruhig einmal selber aufräumen.

d   ● Ehrlich gesagt, sie tut so, als ob sie gestern nicht auf der Besprechung ....

  .... ! Und jetzt tut sie so, als ob sie von nichts eine Ahnung .... !

  ▲ Dabei war sie aber doch die ganze Zeit dabei!

5   **Schreiben Sie Sätze.**

a   so tun – den ganzen Tag arbeiten müssen

  Klaus *tut so, als ob er den ganzen Tag arbeiten müsste* . Dabei spielt er die ganze Zeit Computerspiele.

b   so tun – kein Deutsch verstehen

  Karla ....

  Aber sie spricht fließend Deutsch.

c   sich anhören – kaputt sein

  Der Computer ....

  Aber er funktioniert einwandfrei.

d   aussehen – von technischen Dingen keine Ahnung haben

  Oje, schau mal, der Mann vom Kundendienst. Der ....

  ....

6   **Schreiben Sie Sätze.**

a   Es sieht so aus, als ob (gelaufen – wäre – gestern – nicht so gut – das Gespräch mit dem Chef)

  das Gespräch mit dem Chef gestern nicht so gut gelaufen wäre. ....

b   Du siehst so aus, als ob (die ganze Nacht – du – hättest – gefeiert)

  ....

c   Ob ich das Fahrrad bald fertig repariert habe? Du sagst das, als ob (kaputt gemacht – ich – es – hätte)

  ....

d   Oh nein! Es hört sich so an, als ob (wäre – der Motor – kaputtgegangen)

  ....

7   ***..., als ob ...* Schreiben Sie zu jedem Bild zwei Sätze.**

A Der Mann sieht so aus, als ob ...
In Wirklichkeit aber ...

B2 **8** In der Wohngemeinschaft. Klaus ist fleißig – und was macht Andreas zur gleichen Zeit? Ergänzen Sie.

A	B	C	D

a *Während Klaus das Geschirr spült und abtrocknet..., liegt Andreas auf dem Sofa!* ....

b *Während* ...., ...

c ...., ...

d ...., ...

B2 **9** Als Erste im Büro. Schreiben Sie Sätze.

a Gregor schaltet die Computer ein. Zur gleichen Zeit geht Annika in die Küche.
Während Gregor die Computer einschaltet, geht Annika in die Küche. ....

b Annika kocht Kaffee. Zur gleichen Zeit öffnet Gregor alle Fenster.
Während ....

c Gregor setzt sich an seinen Arbeitsplatz. Annika schaltet in dieser Zeit den Drucker ein.
....
....

d Annika kontrolliert das Papier im Drucker. Gregor denkt über seinen Tagesplan nach.
....
....

e Annika telefoniert mit Kunden. Gregor beantwortet E-Mails.
....

B2 **10** Ein Tag voller Arbeit

a Was hat Werner zuerst gemacht? Ordnen Sie zu.
Als Erstes fährt Werner am Morgen seinen Computer hoch. Dann ruft er seine neuen E-Mails ab. Wenn er alle E-Mails gelesen hat, beantwortet er sie. Er schaltet den Drucker ein und druckt dann die neuen Dateien aus. Er hat am Vormittag viel gearbeitet und geht zum Mittagessen. Nach dem Essen spielt er kurz Tischtennis. Danach arbeitet er weiter.

Zuerst	Danach
1 Computer hochfahren	*E-Mails abrufen*
2 E-Mails lesen	*...*
3 ...	

b Wie erzählt Werner seinen Tagesablauf? Schreiben Sie Sätze mit *nachdem.*
1 *Nachdem ich den Computer hochgefahren habe, rufe ich meine E-Mails ab* ....
2 *Nachdem ich die* ....
3 ....
4 ....
5 ....

rammatik
ntdecken

11 **... und übermorgen ist meine Prüfung!**

a Lesen Sie die Sätze

Gestern – nichts gelernt	Heute – wird alles besser
1 Erst habe ich Frühsport gemacht. Dann habe ich gefrühstückt.	**1** Erst frühstücke ich. Dann setze ich mich an den Schreibtisch.
2 Ich habe erst mal die Wohnung geputzt, dann habe ich mich kurz an den Schreibtisch gesetzt.	**2** Ich lerne zwei Stunden, dann mache ich eine Pause.
3 Helmut hat angerufen und wir haben lang telefoniert. Danach musste ich dringend zum Einkaufen.	**3** Ich telefoniere kurz mit Helmut, dann lerne ich noch ein Stündchen.
4 Danach habe ich mich ein bisschen hingelegt. Und dann habe ich versucht, nun doch zu lernen.	**4** Ich esse etwas. Danach setze ich mich kurz in die Sonne.
5 Ich habe mein Buch stundenlang gesucht und es trotzdem nicht gefunden. Da bin ich mit Freunden in eine Kneipe gegangen.	**5** Ich mache eine kurze Pause. Anschließend lerne ich weiter.

b Schreiben Sie die Sätze mit *nachdem*.

Gestern:

1 *Nachdem ich Frühsport gemacht hatte, habe ich gefrühstückt.*
...

Heute:

1 *Nachdem ich gefrühstückt habe, setze ich mich an den Schreibtisch.*
...

c Ergänzen Sie diese Sätze und unterstreichen Sie wie im Beispiel.

Nachdem Helmut <u>angerufen hatte</u>,	*musste ich* ....
Nachdem ich kurz mit Helmut telefoniert habe,	....

d Was passt? Kreuzen Sie an.

Ich habe mich kurz an den Schreibtisch gesetzt,
☐ nachdem ich die Wohnung geputzt hatte.
☐ nachdem ich die Wohnung geputzt habe.
☐ nachdem ich die Wohnung putze.

Ich setze mich kurz in die Sonne,
☐ nachdem ich etwas gegessen habe.
☐ nachdem ich etwas esse.
☐ nachdem ich etwas gegessen hatte.

12 **Das rät Dr. Berger!**

a Lesen Sie die Tipps und markieren Sie: Was sollte man zuerst tun?

Konzentriert und effektiv lernen
Berücksichtigen Sie unsere Tipps: Richtig lernen kann so einfach sein!

1 Vor dem Aufstehen sollten Sie sich ein klares Tagesziel setzen: Das will ich heute schaffen!
2 Vor dem Lernen bitte den Arbeitsplatz aufräumen, am besten schon am Tag vorher!
3 Noch ehe Sie mit der Arbeit beginnen, sollten Sie Anfang und Ende der Pausen bestimmen.
4 Jetzt geht es los! Vorher sollten Sie sich aber die Bücher bereitlegen!
5 Sie beenden Ihre Arbeit. Hoffentlich haben Sie sich vorher schon etwas Schönes für den Abend überlegt!

b Schreiben Sie die Sätze mit *bevor*.

1 Sie sollten sich ein klares Tagesziel setzen, bevor sie aufstehen.

B2 **13** **Hilfe, ein neuer Kollege!**

a Was passt zu welchem Bild? Ordnen Sie zu.

1 ☒ Man kann in Ruhe arbeiten.
2 ☐ In der Küche ist alles sauber.
3 ☐ Es ist immer laut im Büro.

4 ☐ Man kann ohne Probleme telefonieren.
5 ☐ Die Küche ist total unaufgeräumt.
6 ☐ Keiner kann sich mehr konzentrieren.

b Schreiben Sie Sätze zu Bild A.
Bevor der neue Kollege gekommen ist, konnte man ...

c Schreiben Sie Sätze zu Bild B.
Nachdem der neue Kollege gekommen war, ...

B2 **14** **Arbeit mit dem Computer. Ergänzen Sie *nachdem*, *bevor* oder *während*.**

Bevor .... (a) Sie sich an den Computer setzen, sollten Sie darauf achten, dass Sie bequem sitzen. .... (b) der Computer startet, schalten Sie den Bildschirm an. Öffnen Sie Ihre Dateien erst, ... (c) der Computer komplett hochgefahren ist, sonst kann er abstürzen. .... (d) Sie am Computer arbeiten, sollten Sie Ihre Texte ab und zu speichern. Auf jeden Fall aber sollten Sie alles speichern, ... (e) Sie den Computer ausschalten. Sie sollten Ihre E-Mails immer erst lesen, ... (f) Sie sie ausdrucken. Nicht alle sind wichtig und sie verschwenden sonst viel Papier. Drucken können Sie natürlich erst, ... (g) Sie den Drucker eingeschaltet haben. .... (h) Sie das Gerät abschalten, sollten Sie alle Programme schließen.

B2 **15** **Was ist richtig? Kreuzen Sie an.**

	nachdem	während	bevor	
a Sie fährt nach Spanien,	☒	☐	☐	sie drei Semester lang Spanisch gelernt hat.
b Ich räume noch schnell auf,	☐	☐	☐	ich zur Arbeit gehe.
c Deck doch schon mal den Tisch,	☐	☐	☐	ich koche.
d Bitte hör mir erst einmal zu,	☐	☐	☐	du dich gleich wieder ärgerst.
e Er ging ins Ausland,	☐	☐	☐	er endlich die Schule beendet hatte.

B2 **16** **Schreiben Sie neue Sätze mit *nachdem, als, bevor, während, solange, ...***

a Es ging ihr besser, nachdem / als / bevor ...
b Er war sehr sauer, bevor / nachdem / als ...
c Ich höre immer Musik, wenn / während / bevor ...
d Er wohnt bei seinen Eltern, nachdem / solange / bevor ...

17 Geräte

a Ordnen Sie die Texte aus b den Fotos zu.

Foto	A	B	C
Text			

b Ergänzen Sie in der richtigen Form.
warten ● anschließen ● öffnen ● drücken ● kontrollieren ● einschalten ● stecken ● legen ●
einlegen ● einfüllen ● drücken

1

öffnen Sie .... den Deckel.
.... Wasser
....,
ob der Stecker in der Steckdose
steckt. .... das
Gerät mit dem Ein-/Aus-Schalter
.... Wenn das Wasser
kocht, schaltet das Gerät automatisch ab.

2

.... den Stecker in die Steckdose und ....
das Gerät an Ihren Fernseher .... Danach ....
die DVD .... und .... die Taste „Play".

3

.... nur leere Flaschen in den Automaten. ....,
bis das Lämpchen blinkt. Erst dann können Sie weitere Flaschen reinlegen.
.... zum Schluss die grüne Taste. Der Bon wird gedruckt.

18 Einen Anrufbeantworter besprechen

a Hören Sie das Gespräch. Was ist richtig? Kreuzen Sie an.

☐ Maike erklärt einer Freundin die Gebrauchsanweisung.
☐ Maike spricht eine Ansage auf den Anrufbeantworter.

b Was müssen Sie zuerst tun? Hören Sie noch einmal und nummerieren Sie.

☐ Ansage mindestens 10, höchstens 18 Sekunden lang aufsprechen

1 Taste „Ansage" drücken

☐ Signalton ertönt

☐ Taste gedrückt halten, bis die Anzeige blinkt

☐ Taste wieder loslassen

D3

CD3 06

19   Ein Interview

a   Hören Sie das Interview. Ordnen Sie dann den Personen zu: Wer ist dafür (+),
wer dagegen (−), wer hat keine feste Meinung (/)?

Radio Aronella macht jeden Dienstag eine Umfrage. Thema heute: „Gehören unsere Kinder vor
den Computer – ja oder nein?"

 **A**    **B**    **C**    **D**

Person	A	B	C	D
Meinung	+			

CD3 06
Prüfung

b   Sie hören die Aussagen noch einmal. Lesen Sie zunächst die Sätze 1 bis 6. Sie haben dafür eine
Minute Zeit. Entscheiden Sie dann beim Hören, welcher Satz zu welcher Aussage/Person passt.

1   Das muss man bei jedem Kind individuell entscheiden.
2   In jedem Kinderzimmer steht heutzutage ein Computer, so ist
    die Realität. Man muss das Beste daraus machen.
3   Kinder bewegen sich zu wenig und bekommen deshalb gesundheitliche Probleme.
4   Kinder können mit guter Software viel lernen und kreativ sein.
5   Je früher Kinder den Umgang mit Computern lernen, desto besser ist das später für die Arbeit.
6   Freundschaften und soziale Kontakte sind immer noch wichtiger als der Computer.

Person	A	B	C	D
Satz				

D3

20   Ihr Kommentar

a   Lesen Sie die beiden Texte im Forum. Was rät *wölkchen*? Ergänzen Sie.
das Problem kenne ich gut • ich würde • Versuch doch, • Ehrlich gesagt

🔗 Microsoft-Websites   🔗 MSN-Websites   🍎 Apple

Computersüchtige Kinder?

von al1308, erstellt am 09.03.

Hilfe: Wer hat Erfahrung?
Mein Mann möchte unseren Kindern (5
und 7 Jahre) einen Computer kaufen.
Unbedingt. Meine Schwester und meine
Mutter sind total dagegen. Mein Bruder
und mein Mann sind aber davon überzeugt, dass das das Beste für die Kinder
ist.
Ich kenne mich nicht so gut aus. Wer
kann mir helfen? Wer hat Erfahrung?
Was soll ich tun?

von wölkchen, erstellt am 10.03.

Hi al1308, *das Problem kenne ich gut* .
Unser Ältester hat mit 9 Jahren seinen
ersten Computer bekommen. Und der zweite saß dann mit 7 Jahren auch schon
davor. .... : So lernen
sie halt miteinander, und wenn es ihnen
langweilig wird, hören sie auch wieder auf
damit. Ich bin froh, dass sie gut beschäftigt
sind. .... das ganz entspannt zu sehen. Also, ...
.... mir nicht so viele
Gedanken machen, einfach ausprobieren.

b   Antworten Sie mit einer Partnerin / einem Partner auf die Beiträge im Forum.
Überlegen Sie sich, welche Meinung Sie vertreten. Machen Sie sich zuerst Stichpunkte
und schreiben Sie dann. Verwenden Sie dabei die Ausdrücke aus dem Kursbuch, Seite 23, D3/D4.

von ...., erstellt am ....
an al1308
...

21 **Reaktionen**

3 07

a Wie reagiert der Gesprächspartner? Hören Sie und ordnen Sie zu.

● Wie geht's eigentlich Kathrin? Ist sie fertig mit ihrer Ausbildung?

▲ Ach, wir haben solche Probleme mit ihr! In letzter Zeit geht sie nur noch mit Freundinnen aus, die wohl wahnsinnig reich sind. Dauernd gehen sie irgendwo essen oder tanzen, und praktisch jede Woche gibt sie einen Haufen Geld in irgendeiner teuren Boutique aus, für neue Kleider oder Schuhe … . Sie hat schon überall Schulden, und wir sollen ihr auch immer wieder Geld leihen.

1 ● Na ja, sie ist eben noch jung, das muss man auch verstehen.

2 ● Das gibt es doch gar nicht!

3 ● Oje! Das ist aber schwierig für euch.

4 ● Hm. Wahrscheinlich habt ihr euch zu wenig um sie gekümmert!

5 ● Das kann doch nicht wahr sein!

6 ● Versucht doch mal, eine Reise mit ihr zu machen. Vielleicht bringt sie das wieder auf andere Gedanken.

erstaunt
kritisierend
mitfühlend
Rat gebend
verständnisvoll
wütend

b Lesen Sie mit Ihrer Partnerin / Ihrem Partner die sechs Reaktionen noch einmal laut. Machen Sie sich vor dem Lesen noch einmal klar, welches Gefühl mit dem Satz verbunden ist. Versuchen Sie dann, dieses Gefühl mit ihrer Stimme möglichst klar zum Ausdruck zu bringen. Helfen Sie sich gegenseitig. Sagen Sie Ihrem Übungspartner, wie sein Satz auf Sie wirkt.

22 **Lerntagebuch: Nie wieder sprachlos!**

3 07

a Hören Sie sich die Situationen aus Übung 21 noch einmal an. Schreiben Sie nun kleine Gespräche in Ihr Lerntagebuch. Geben Sie eine Situation vor und schreiben Sie dazu unterschiedliche Reaktionen (erstaunt, verständnisvoll, kritisch, wütend ...)

LERNTAGEBUCH

„In der Arbeit muss ich immer die Sachen machen, die sonst keiner machen will. Das finde ich wirklich das allerletzte. Nur, weil ich noch nicht so lange dabei bin. Ich weiß gar nicht, ...“

verständnisvoll:
„Du Arme! Das kann doch wohl nicht wahr sein! Da musst du aber unbedingt mal mit deinen ...“

erstaunt:
„Was? Ich dachte immer, dass es dir da so gut ...“

wütend
„Das ist ja mal wieder typisch. Immer müssen die am meisten machen, die ...

b Nehmen Sie Ihre Gespräche mit einer Partnerin / einem Partner mit MP3-Player, Handy oder Videokamera auf.
Lesen Sie die Gespräche zuerst vom Blatt ab. Lernen Sie sie dann aber nach und nach auswendig. Versuchen Sie dabei, Ihre Gefühle übertrieben zum Ausdruck zu bringen. Hören Sie danach Ihre Aufnahme an und entscheiden Sie: Wird deutlich, dass Sie beim Sprechen wütend, mitfühlend etc. waren?

·······▶ Portfolio

D5 Projekt **23** **Schreib mit – lern Deutsch!**

a Zu welchen Themen würden Sie gern in einem Internet-Forum Ihre Meinung sagen?
Überlegen Sie in Gruppen.

Über welche Themen würden Sie gern weltweit kommunizieren? (Zum Beispiel: *Welches ist die beste Musikband der Welt?* oder *Habt ihr gerade einen guten Film gesehen?*) Einigen Sie sich in der Gruppe auf ein Thema und schreiben Sie Ihren Beitrag in ein Forum.

b Suchen Sie im Internet Foren, die Sie interessieren.
Besuchen Sie z.B. mal die Seite des Goethe-Instituts www.goethe.de. Hier haben Sie unter dem Stichwort *Deutsch lernen / online Material / Chat, Foren, E-Mail* die Möglichkeit, sich mit Deutschlernern aus der ganzen Welt zu unterhalten. Hier können Sie z.B. auch Ihren Beitrag zu Ihrem Thema ins Netz stellen. Welche interessanten Foren finden Sie noch?

c Erzählen Sie im Kurs über Ihre Erfahrungen.
Auf welches Thema haben Sie sich in Ihrer Gruppe geeinigt?
Welche Internetseiten haben Sie für Ihren Beitrag gefunden? Hat Ihnen jemand geantwortet?

D5 **24** **Mensch und Medien – Fluch und Segen**
Lesen Sie zuerst die Überschriften und dann die vier Texte.
Welche Überschrift passt zu welchem Text? Ordnen Sie zu.

Text	1	2	3	4
Überschrift				

a Hochzeit ohne Musik   **e** Party im Haus der Architektur
b Endlich Nichtraucher! Per SMS.   **f** Handys – schlecht für die Gesundheit!
c Babyschreie verstehen   **g** Sich den Babywunsch endlich erfüllen
d Unerwünschte Zuhörerin   **h** Vergesslicher Orgelspieler

1 Samstag, 10 Uhr in der Heiliggeistkirche in Langenbrucken: Dies war der wichtigste Tag im Leben von Marion K. und Marco F. – endlich fand die schon lang geplante Hochzeit statt. Doch die beiden mussten eine böse Überraschung erleben: Als das Brautpaar die Kirche betrat, blieb alles still! Der für diesen Tag engagierte Orgelspieler hatte den Termin vergessen. Doch zum Glück konnte der beste Freund des Bräutigams die Trauung retten: Er spielte die traditionelle Hochzeitsmusik mit dem MP3-Player seines Handys.

2 Ihr Baby verstehen – das ist oft der größte Wunsch unerfahrener Eltern. Der japanische Neurobiologe Shinohara versucht nun zu helfen: Er hat ein Gerät entwickelt, das die Schreie von Babys übersetzt. Dazu misst das Gerät z.B. die Körpertemperatur des Babys und die Höhe seiner Stimme. Daraus kann man angeblich erfahren, was das Baby will.

3 Dass es nicht nur positiv ist, jederzeit erreichbar zu sein, musste ein fünfzigjähriger Architekt am eigenen Leib erfahren. Auf einer Party lernte er eine attraktive junge Dame kennen, mit der er heftig flirtete. Was er nicht wusste: Seine Frau hörte zu Hause das Gespräch mit! Aus Versehen war er bei seinem Handy in seiner Jackentasche auf einen Knopf gekommen. Das Handy stellte die Verbindung zu einem anderen Apparat her – zu dem seiner Frau …

4 Um erfolgreich und dauerhaft von Rauch und Nikotin loszukommen, hat eine amerikanische Firma eine völlig neue, interessante Methode entwickelt: das Rauchstopp-SMS-Abo.
Der zukünftige Nichtraucher bekommt während der ersten 30 rauchfreien Tage regelmäßig unterstützende Botschaften wie: „Prima, heute wieder nicht geraucht!" oder „Du schaffst das!" direkt auf das Handy. Das Rauchstopp-Abo hilft als ständiger Begleiter und Motivator auf dem Weg zum Nichtraucher.

25 **Ergänzen Sie** *irgendwelche, -ein, -wann, -wie.*

a .... wird er ja wohl kommen.

b .... muss das Glas doch aufgehen.

c .... Fragen?

d Hast du auch nur .... Idee,
wie wir hier wieder herauskommen?

26 **Meine Lebensgeschichte**

a Lesen Sie noch einmal den Text im Kursbuch, Seite 24, <u>E2</u>, und überlegen Sie sich Stichpunkte
zu den folgenden Punkten:

Was denkt … ?   Wie fühlt sich … ?

Welche Lebensgeschichte … ? — (**Computer**) — Wo vorher?
Früher – im Regal

Was wünscht sich … ?

b Was erzählt der Computer? Benutzen Sie Ihre Notizen
und schreiben Sie seine Geschichte.

Früher, als ich noch neu und glänzend im Regal stand, da …
Aber eigentlich möchte ich gar nicht auf den Wertstoffhof.
Denn ich bin ja noch ganz in Ordnung! Ich bin sehr traurig.
Niemand weiß, wie …
Damals habe ich mich so gefreut, als …
Am liebsten würde ich jetzt …

c Arbeiten Sie in Gruppen. Wählen Sie rechts einen Gegenstand
aus und machen Sie sich Notizen zu den Punkten in <u>a</u>.
Erzählen Sie dann die Geschichte des Gegenstandes.

Lernwortschatz

Technik und Computer

Alarm der ....

Bedienungsanleitung
die, -en ....

Datei die, -en ....

Drucker der, - ....

Fax das, -e ....

Festplatte die, -n ....

Flatrate die, -s ....

Forum das, Foren ....

Internetcafé das, -s ....

Kabel das, - ....

Knopf der, ̈e ....

Laufwerk das, -e ....

Maus die, ̈e ....

Monitor der, -e ....

Rechner der, - ....

Software die ....

Technik die ....

(an)klicken ....

ausdrucken ....

ausrechnen ....

aus sein ....

bedienen ....

chatten ....

downloaden ....

(he)runterladen,
lädt runter,
lud runter,
hat runtergeladen ....

im Internet surfen ....

installieren ....

rechnen ....

senden ....

speichern ....

technisch ....

Weitere wichtige Wörter

Geduld die ....

Geschirr das ....

Kraft die, ̈e ....

Mülleimer der, - ....

Staubsauger der, - ....

Taschengeld das ....

(Einkaufs)Tüte
die, -n ....

Versuch der, -e ....

abwaschen,
wäscht ab,
wusch ab,
hat abgewaschen ....

sich anschaffen ....

(sich) beruhigen ....

Bescheid geben/
sagen ....

beschließen,
beschließt,
beschloss,
hat beschlossen ....

eilen ....

erschrecken,
erschrickt,
erschrak,
ist erschrocken ....

geschehen,
geschieht,
geschah,
ist geschehen ....

(sich) gewöhnen an ....

lösen ....

schimpfen ....

verwechseln ....

sich wundern ....

zustimmen ....

böse ....

reif ....

verzweifelt ....

wahnsinnig ....

als ob ....

bevor ....

dasselbe/derselbe/... ....

irgend- ....

   irgendein/ ....

   irgendwelche/ ....

   irgendwie/ ....

   irgendwann ....

jederzeit ....

nachdem ....

neulich ....

während ....

Welche Wörter möchten Sie noch lernen?

....

....

....

....

....

....

....

....

....

....

....

....

....

....

....

A1 | **1** | **Wer sagt was? Ordnen Sie zu.**

| | A | B | C |

Bild

a Es gibt etwas, was ich dir sagen möchte: Du bist mein Ein und Alles. ☒ A

b Sehen Sie, dort, wo jetzt die Post ist, war früher das Rathaus. ☐

c Das ist doch genau das, was mich so ärgert. Warum kannst du nicht damit aufhören? ☐

d Für dich tue ich alles, was du willst. ☐

e Überall, wo Sie diese alten Mauern sehen, war früher die Stadt zu Ende. ☐

f Scheinbar gibt es nichts, was dich zufrieden macht, oder? ☐

A1 | **2** | **Was ist richtig: *was* oder *wo*? Kreuzen Sie an.**

		was	wo	
a	Es ist schrecklich! Dort,	☐	☒	ich jetzt wohne, gefällt es mir überhaupt nicht.
b	Tut mir leid. Das ist alles,	☐	☐	er mir gesagt hat.
c	Schau, und hier ist Jena,	☐	☐	mein Bruder gerade ein Praktikum macht.
d	Das Geschäft ist genau da,	☐	☐	du immer aus dem Bus steigst. Mach mal die Augen auf!
e	Bei dem Termin geht es um nichts,	☐	☐	Sie beunruhigen könnte.
f	Das ist doch genau das,	☐	☐	ich mir schon so lange gewünscht habe. Vielen Dank!
g	Es gibt überall,	☐	☐	man hinschaut, Probleme. Das ist doch vollkommen normal!
h	Das ist zum Beispiel etwas,	☐	☐	ich mein Leben lang nicht verstehen werde.

A2 | **3** | **Schon gewusst? Ergänzen Sie.**

~~da~~ • Überall • alles • nichts • Ort • da • alles • Stadt • nichts • Dort

a

Paris ...

... ganz klar, das ist .da..........., wo man am liebsten ist. Hier gibt es ...., was das Herz begehrt. ...., wo man hinsieht: Geschäfte, Boutiquen, Läden ... Es gibt einfach ...., was einem nicht gefallen könnte! Und ...., wo die meisten Touristen sind, ist dann auch der Eiffelturm!

b

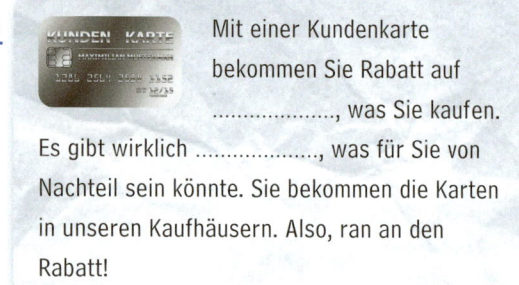

Mit einer Kundenkarte bekommen Sie Rabatt auf ...., was Sie kaufen. Es gibt wirklich ...., was für Sie von Nachteil sein könnte. Sie bekommen die Karten in unseren Kaufhäusern. Also, ran an den Rabatt!

c

Sie suchen einen ...., wo Sie Ruhe finden? Fern von einer ...., wo nichts als Lärm und Gestank Sie quält? Dann entspannen Sie sich doch in einem unserer Naturheilbäder in Bad Wörishofen, wo das Wasser noch sauber, die Luft noch rein ist. ...., wo Fuchs und Hase sich Gute Nacht sagen. Das kann Ihnen nur guttun.

4 **So ein Pech! Ergänzen Sie.**

mit dem • wo • den • was • wo • was • die • wo • was • an den • wo • der

> *Liebe Doris,*
>
> *ich muss Dir schnell alles erzählen, ...was........ (a) mir letzten Dienstag passiert ist. Du glaubst es kaum. Zuerst bin ich aufgestanden und habe meinen rosa Pullover nicht gefunden – Du weißt schon, den, ... (b) ich mir erst kürzlich neu gekauft hatte. Ich habe überall gesucht, ... (c) er sein könnte. Schließlich habe ich ihn da gefunden, ... (d) er hingehört: im Schrank. Es war schon recht spät und ich musste mich richtig beeilen. Ich habe also meine Tasche genommen und bin losgelaufen. Natürlich habe ich auch den Bus verpasst, ... (e) ich sonst immer fahre. Du weißt ja, dass der Ort, ... (f) ich wohne, ziemlich weit draußen ist. Außer diesem Bus um 8:00 Uhr morgens gibt es jedenfalls nichts, ... (g) Dich in die Stadt bringen könnte. Zum Glück ist zufällig mein Nachbar vorbeigefahren, ... (h) mich in die Stadt mitnehmen konnte. Naja, das dicke Ende kommt jetzt noch. Endlich war mein Arbeitstag, ... (i) ich heute noch ungern denke, zu Ende. Plötzlich habe ich dann gemerkt, dass meine Schlüssel nicht dort waren, ... (j) sie normalerweise sind: in meiner Tasche. Ich hatte sie zu Hause vergessen ... . Ich sage Dir: Das sind die Tage, ... (k) man am liebsten ganz schnell wieder aus seinem Kalender streicht. Aber wie heißt es doch so schön: alles, ... (l) schiefgehen kann, geht irgendwann schief.*
>
> *Liebe Grüße*
> *Emmi*

5 **Schreiben Sie Sätze mit *wo* oder *was*.**

a Matthias hat mir etwas geschenkt. Das hätte ich mir sonst vielleicht nie gekauft.
.*Matthias hat mir etwas geschenkt, was ich mir sonst vielleicht nie gekauft hätte.*..................... .

b Komm, lass uns gehen. Hier gibt es wirklich nichts. Das können wir alles nicht brauchen.
Hier gibt es wirklich nichts, ...

c ● Der Stift ist ja toll. Wo gibt es den denn?
▲ Eigentlich überall. – Naja, natürlich muss es da auch Schreibwaren geben.
Den Stift gibt es überall, ...

d Jetzt konzentriere dich doch mal darauf! Du hast das doch nicht verstanden, oder?
Jetzt konzentriere dich doch mal auf das, ...

e Erinnerst du dich an diesen Ort? Wir sind da vor einem Monat gewandert. Wie heißt der noch mal?
Erinnerst du dich an diesen Ort, ... ?

6 **Machen Sie spontane Notizen. Sprechen Sie dann mit Ihrer Partnerin / Ihrem Partner.**

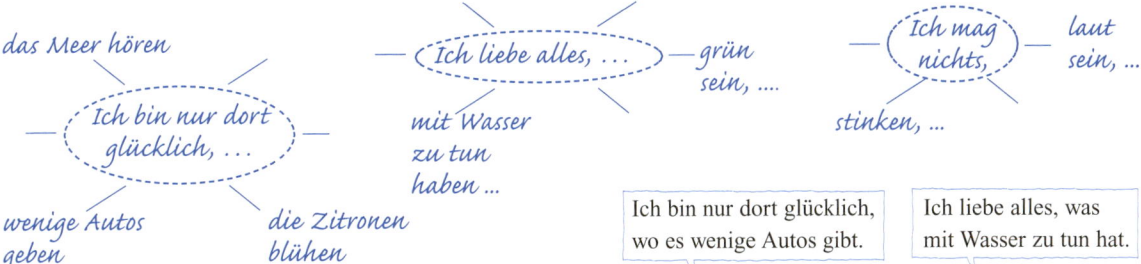

Wiederholung
*Schritte plus 4
Lektionen 9,
10 und 12*

7 **Sammeln – unsere Leidenschaft. Ergänzen Sie in der richtigen Form.**

a Ich sammle Dosen aus der ganz.*en*.. Welt: Cola, Fanta, Sprite ... In unserer Garage steht inzwischen ein ziemlich hoh....... Turm.

b Mein Bruder findet elektrisch....... Eisenbahnen ganz toll. In unserem Keller haben wir deshalb eine riesig....... Modelleisenbahn.

c Meine Schwester liebt Puppen mit lang....... blond....... Haaren.

d Mein Vater bringt von jeder Reise ein neu....... Musikinstrument mit. Die Instrumente stehen alle in unser....... Wohnzimmer.

e Meine Mutter sammelt alt....... Bilderbücher. Zum Glück haben wir im Schlafzimmer noch etwas Platz.

B1

8 **Die Sammlung meines Großvaters**

a Lesen Sie den Text und ergänzen Sie die Endungen.

Im Haus meines Großvaters war alles alt. Manch.*e*.... Dinge kamen mir vor, als ob sie aus einem ander....... Jahrhundert kommen würden. Deswegen habe ich meinen Großvater immer gern besucht.

Eines Tages erlaubte mir mein Großvater, ein paar Gegenstände mitzunehmen, die mir besonders gut gefielen. Da gab es viel....... interessant....... Dinge, z.B. seine rund....... Taschenuhr – eine an einer Kette hängend....... Uhr, die er immer bei sich trug. Besonders gern mochte ich auch eine eckig....... Spieldose mit einer tanzend....... Ballerina oben drauf. Die durfte ich behalten, ebenso ein alt....... schwarz-weiß....... Foto, auf dem ein schlafend....... Junge zu sehen ist. Das war mein Großvater, als er klein war. In einem Regal lag noch ein uralt......., nicht mehr funktionierend....... Radio herum. Das habe ich auch noch bekommen. Ein anderes Mal bekam ich zum Abschied zwei glänzend....... Ringe, die mein Großvater wohl selbst von seinem Großvater geschenkt bekommen hatte. Die werde ich dann selber einmal

Grammatik
entdecken

b Suchen Sie die passenden Endungen aus den Übungen 7 und 8a und ergänzen Sie sie in der Tabelle. Ergänzen Sie dann selbst die noch fehlenden Endungen in der Tabelle.

der	hoh.......	Turm	der	schlafend.*e*....	Junge
ein	hoh.......	Turm	ein	schlafend.......	Junge
das	neu.......	Instrument	das	funktionierend.......	Radio
ein	neu.......	Instrument	ein	funktionierend.......	Radio
die	riesig.......	Eisenbahn	die	hängend.......	Uhr
eine	riesig.......	Eisenbahn	eine	hängend.......	Uhr
die	alt.......	Bücher	die	glänzend.......	Ringe
-	alt.......	Bücher	-	glänzend.......	Ringe

9 **Konkrete Poesie. Ergänzen Sie in der richtigen Form.**

a **Im Kaufhaus**

Die leise *klingende* (klingen) Musik

Ein .... (lächeln) Verkäufer

Die .... (einladen) Atmosphäre

Ein .... (weinen) Kind

Die .... (fragen) Kunden –

wieder Samstagmorgen.

c **In der Schule**

Man sieht einen leise

.... (sprechen) Lehrer

in einem Klassenzimmer voll mit

.... (lachen) Kindern.

Der Arme.

b **In der Tierhandlung**

Der .... (sprechen)

Papagei ruft „Guten Tag" aus seinem

.... (stinken) Käfig.

Wie nett!

d **Beim Frühstück**

Du freust dich über den

.... (duften) Kaffee und

die fröhlich .... (singen)

Vögel vor dem Fenster.

So ein schöner Tag!

10 **Ergänzen Sie in der richtigen Form.**

sprechen • passen • bezaubern • mitfühlen • singen • beruhigen • leuchten • duften • lohnen

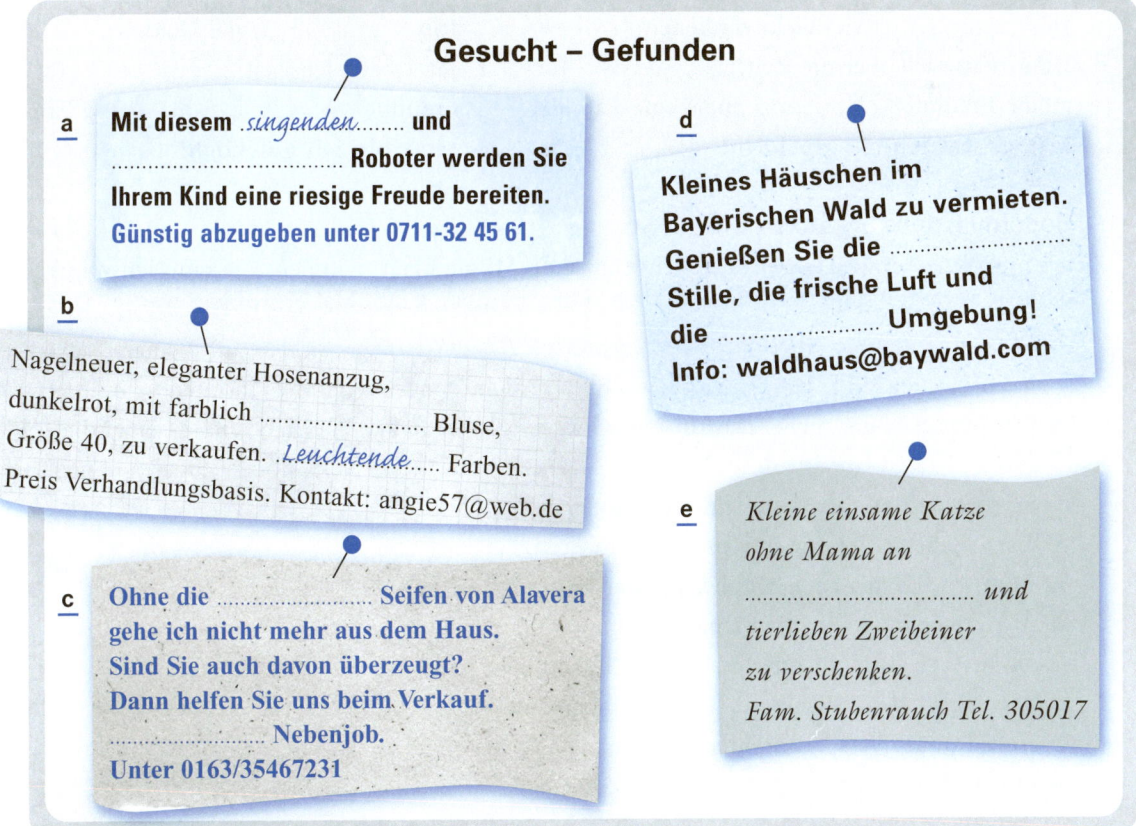

Gesucht – Gefunden

a Mit diesem *singenden* und
.... Roboter werden Sie
Ihrem Kind eine riesige Freude bereiten.
Günstig abzugeben unter 0711-32 45 61.

b Nagelneuer, eleganter Hosenanzug,
dunkelrot, mit farblich .... Bluse,
Größe 40, zu verkaufen. *Leuchtende* Farben.
Preis Verhandlungsbasis. Kontakt: angie57@web.de

c Ohne die .... Seifen von Alavera
gehe ich nicht mehr aus dem Haus.
Sind Sie auch davon überzeugt?
Dann helfen Sie uns beim Verkauf.
.... Nebenjob.
Unter 0163/35467231

d Kleines Häuschen im
Bayerischen Wald zu vermieten.
Genießen Sie die ....
Stille, die frische Luft und
die .... Umgebung!
Info: waldhaus@baywald.com

e *Kleine einsame Katze
ohne Mama an
.... und
tierlieben Zweibeiner
zu verschenken.
Fam. Stubenrauch Tel. 305017*

10 C

Ich hab' aber keinen Schlüssel gefunden,
weder am Frosch **noch** in der Verpackung.

C1 | **11** | **Schreiben Sie es anders.**

a Schau mal hier vorne, der Roboter hat ja keine Arme
und auch keine Beine! Er hat *weder*............ Arme *noch*........ Beine!

b Und das Fahrrad da! Damit kann man ja gar nicht fahren.
Es hat .... Licht .... Reifen.

c Das Auto da drüben! Wie sieht das denn aus? Es hat ja
.... Fenster .... Türen.

d Oh, und da, das Sofa. Das war sicherlich mal ein ganz schönes Sofa! Aber jetzt hat es
.... Beine .... Polster.

C1 | **12** | **Alles oder nichts! Ergänzen Sie _sowohl – als auch_ oder _weder – noch_.**

Früher wollte ich alles!

a Früher wollte ich alles! Ich wollte *sowohl*............
ein schönes Haus *als auch*......... ein tolles Auto.

b Außerdem wollte ich .... einen guten
Job .... viel Geld verdienen.

c Dafür hatte ich aber nie Zeit! .... für
meine Freunde .... für meine Familie.
Früher war ich nie glücklich!

Heute brauche ich (fast) nichts!

d Heute brauche ich .... ein Auto
.... ein Haus.

e Ich brauche jetzt .... einen guten
Job .... viel Geld.

f Jetzt habe ich Zeit: .... für meine
Freunde .... für meine Familie.
Jetzt bin ich glücklich!

C3 | **13** | **Beschwerden. Ergänzen Sie.**

ich musste leider zu Hause feststellen ● nur eine Möglichkeit, nämlich ... ● kann ich verstehen,
dass Sie verärgert sind. ● Ich bin wirklich sehr verärgert. ● Das Hauptproblem war ...

a ● Entschuldigen Sie, aber *ich musste leider zu Hause feststellen*...., dass auf meinem Jackett immer
noch Flecken sind. Das ist wirklich sehr ärgerlich, denn ich hätte es morgen gebraucht!

▲ Das gibt es ja gar nicht! Das tut mir wirklich sehr leid. Tja, aber ich sehe da eigentlich
.... es noch einmal reinigen zu lassen.
Sie könnten es aber dann leider erst morgen abholen.

b ● Guten Abend. Ich möchte mich beschweren. ....

▲ Könnten Sie mir kurz berichten, was passiert ist?

● Also, mein Zug von Mainz nach Mannheim hatte heute eine halbe Stunde Verspätung, sodass
ich meinen Anschlusszug nicht mehr bekommen habe. ....,
dass meine Reservierung dann nicht mehr gültig war. Und jetzt bin ich auch noch mit über
einer Stunde Verspätung hier in Stuttgart angekommen.

▲ Oh ja, da ....
Selbstverständlich bekommen Sie in Ihrem Fall 20% Ermäßigung.

14 **Ein Beschwerdebrief. Schreiben Sie den Brief neu. Verwenden Sie dabei die Ausdrücke am Rand.**

Furth im Wald, 03.12.20__

Sehr geehrter Herr Hamer,

mein Sohn Lukas geht in die vierte Klasse Ihrer Päschke-Schule.
Bereits im letzten Schuljahr ist immer wieder viel Unterricht ausgefallen.
Auch in diesem Schuljahr hat der Lehrer der Klasse, Herr Schluter,
schon wieder einen ganzen Monat gefehlt.

Herr Schluter gibt den Schülern auch immer wieder falsche
Informationen.

Die Mitarbeit der Eltern zu Hause ist inzwischen dringend notwendig.
Man hat doch gerade als Lehrer eine große Verantwortung für die Kinder.
Jeder Lehrer sollte sich gründlich auf den Unterricht vorbereiten.
Das Schulamt muss frühzeitig Maßnahmen überlegen, wenn eine Lehr-
kraft lange krank ist.

Unternehmen Sie bitte in diesem Fall bald etwas.

Mit freundlichen Grüßen

Randausdrücke:

wie Sie wissen
Leider

Außerdem mussten wir
feststellen, dass

Aus diesem Grund
Ehrlich gesagt,
Dazu gehört auch, dass
Wir finden, dass

Es wäre wichtig, dass ...

Furth im Wald, 03.12.20..

Sehr geehrter Herr Hamer,

wie Sie wissen, geht mein Sohn Lukas in die vierte Klasse Ihrer
Päschke-Schule.
Leider ist bereits im letzten Schuljahr ...

---

15 **Wählen Sie eine Situation und schreiben Sie einen Beschwerdebrief.**

Versuchen Sie dabei, die Sätze nicht immer gleich zu beginnen.

a Situation 1

CD per Internet bestellen • lange Lieferfrist • 3 Wochen warten • CD auspacken – kleine
Kratzer drauf • zurückschicken • sehr ärgerlich, da als Geburtstagsgeschenk planen •
Geld zurück

........, ...

Sehr geehrte Damen und Herren,
am 2.06. habe ich bei Ihnen ...

b Situation 2

Sie haben eine Zeitschrift abonniert, möchten diese aber nicht mehr lesen. Sie kündigen den
Vertrag rechtzeitig. Trotzdem kommt die Zeitschrift weiterhin an Ihre Adresse und Sie bekommen
eine Rechnung für das gesamte nächste Jahr. Beschweren Sie sich beim Verlag und erklären Sie,
dass Sie die Rechnung nicht bezahlen werden, weil Sie den Vertrag bereits gekündigt haben.

C4

16   **Lerntagebuch: Schön schreiben – schöner schreiben!**

Wenn Sie einen Brief schön schreiben wollen, sollten Sie versuchen,
die Satzanfänge zu variieren und die Sätze, wenn möglich, zu verbinden.

LERNTAGEBUCH

a   Ordnen Sie die Satzanfänge in dem Brief aus Übung 14.

Zeit-/Ortsangaben	*Sätze*	*Wörter*
Auch in diesem Schuljahr ...	*Wie Sie wissen, ...*	*Dabei ...*

b   Blättern Sie doch noch einmal in *Schritte plus* 5 und 6 und überfliegen Sie Briefe und E-Mails.
Welche weiteren Satzanfänge finden Sie noch? Ergänzen Sie bei a.

c   Probieren Sie es aus! Machen Sie eine Satzschlange.
Schreiben Sie einen Satzanfang auf ein Stück Papier. Geben Sie das Papier Ihrer Nachbarin /
Ihrem Nachbarn. Sie/Er soll den Satz ergänzen und einen weiteren Satzanfang darauf schreiben.
Schreiben Sie so eine Geschichte!

Ich saß in meinem Zimmer. Plötzlich ...
kam mein Vater herein und fragte mich, ob ...

⟶ Portfolio

C4   Phonetik
CD3 08

17   **Ein Restaurantbesuch**

a   Hören Sie und markieren Sie die Satzmelodie.

1   ● Es tut mir leid, dass ich das sagen muss, aber heute waren wir gar nicht zufrieden. ☐↗ ☒↘

    ▲ Vielen Dank für Ihren Besuch.

    ● Ich habe gesagt, wir waren heute nicht zufrieden. ☐↗ ☐↘

    ▲ Oh! Was war denn nicht in Ordnung?

2   ● Die Suppe war kalt. ☐↗ ☐↘

    ▲ Ah, die Suppe! Eine Spezialität unseres Hauses.

    ● Aber die Suppe war kalt! ☐↗ ☐↘

    ▲ Ach so? Hm! Das darf natürlich nicht passieren.

3   ● Und wir mussten sehr lang auf die Bedienung warten. ☐↗ ☐↘

    ▲ Die Hanna ... meine zuverlässigste Angestellte!

    ● Aber wir mussten sehr lang auf sie warten! ☐↗ ☐↘

4   ● Ach ja, und die Musik hier ist viel zu laut. ☐↗ ☐↘

    ▲ Ah, Sie mögen Musik? Ich auch! Ich liebe Musik!

    ● Schön. Aber wie gesagt, es ist alles viel zu laut. ☐↗ ☐↘

    ▲ Ich hoffe, Sie besuchen uns bald wieder ...

b   Beschweren Sie sich mit Ihrer Partnerin / Ihrem Partner beim Kellner.
Sie müssen alles zweimal sagen. Beschweren Sie sich das erste Mal ruhig ↘,
das zweite Mal ungeduldig ↗.

die Suppe – versalzen ● das Fleisch – zäh ●
das Gemüse – halb roh ● die Spaghetti – zu weich ●
der Reis – zu hart ● der Wein – zu kalt ●
das Bier – zu warm ● die Teller – nicht sauber ●
die Tischdecke – hat Flecken ● der Kellner – zu langsam

● Die Suppe ist versalzen. ↘
▲ Schmeckt Ihnen die Suppe?
● Nein, sie ist versalzen! ↗
▲ Oh! Das ...

03 Prüfung **18** Lesen Sie zuerst die Situationen 0 bis 5 und suchen Sie dann in den Texten A bis H: Welcher Text passt zu welcher Situation? Für eine Situation gibt es keine Lösung. Schreiben Sie in diesem Fall X.

Situation	0	1	2	3	4	5
Text	G					

Beispiel:

0 Nach Ihrem Umzug brauchen Sie dringend einen neuen Herd und viele weitere Küchengeräte.

1 Stefan isst für sein Leben gern Süßes. Leider reagiert er allergisch auf Haselnüsse.

2 Claudia aus Mexiko sucht für die Nachmittage oder Abende einen Job.

3 Thomas kann überhaupt nicht kochen. Er geht auch nicht gern aus. Aber er isst sehr gern mexikanisches Essen.

4 Franzi möchte auf eine Party gern etwas Ausgefallenes, vielleicht etwas Mexikanisches, zum Essen mitbringen. Sie sucht ein Rezept.

5 Isabel kocht jeden Tag für ihre Familie. Langsam gehen ihr die Ideen aus. Sie ist für Tipps dankbar.

A

Darf in keiner Küche fehlen:
elektrischer Multizerkleinerer, Alleskönner, Schneebesen mit starkem 200 Watt Motor und 0,5 Liter Behälter aus Edelstahl.

B

Zutaten: Zucker, Kakaobutter, Sahnepulver (9%), Magermilchpulver, Milchzucker, Reis (2,7%), Emulgator: Lecithine (Soja), Salz, Gerstenmalz, natürliches Aroma. Kann Spuren von Erdnüssen und anderen Nüssen enthalten.

C

Möchten Sie gern wieder einmal einen romantisch feurigen Abend genießen? Kommen Sie zu uns ins

Andale hombre

und genießen Sie mexikanische Kost vom Feinsten.

D

Kurz und gut.
Einfaches und schnelles Essen. Gesammelte Rezepte mit Pfiff.
Für alle, die täglich kochen müssen.

E

Zucker, Glukosesirup, Schweinegelatine, Säuerungsmittel: Citronensäure, Aromen, Glanzmittel: pflanzliches Öl, Farbstoff: Caramel

F

Schnell und scharf.
Mexican Cantina.
ganz unkompliziert nach Hause.
Anruf genügt: 0178-4576.88

G

Kompl. Küche, 3,24 m, m. elektr. Geräten, 150,- € Selbstabbau und -abholung, Tel. 0721/87 13 50

H

Sie lieben Süßes? Zuckerbäcker sucht dringend Verkäuferin in Spätschicht. Melden Sie sich. Tel. 20 40 26

Projekt **19** **Gut – besser – am besten: Unser Deutschkurs. Werben Sie.**

Schauen Sie sich einmal Werbeanzeigen in der U-Bahn, S-Bahn, auf der Straße oder in Zeitschriften an und überlegen Sie, welche Werbung Ihnen besonders gut gefällt und warum. Schreiben Sie dann selbst eine (lustige) Werbeanzeige für Ihren Deutschkurs, Ihr Lieblingslehrwerk, Ihre Lieblingslehrerin / Ihren Lieblingslehrer oder Ihre Schule.

Rund ums Produkt

Beleg der, -e ....

Erfindung die, -en ....

Haushaltsgerät
  das, -e ....

(Kopf)kissen das, - ....

Kosmetik die,
  Kosmetika ....

Kundendienst
  der, -e ....

Lautsprecher der, - ....

Verpackung die, -en ....

Werbung die ....

beschädigen ....

umtauschen ....

verpacken ....

Weitere wichtige Wörter

Aufnahme die, -n ....

Fall der, ¨e ....

Farbe die, -n ....

Feuerwehr die, -en ....

Gesetz das, -e ....

Journalist der, -en ....

Kampf der, ¨e ....

Schlange die, -n ....

(ab)rutschen ....

abmachen ....

sich anstellen ....

sich befinden,
  befindet sich,
  befand sich,
  hat sich befunden ....

entschlossen sein ....

klingeln ....

schreien,
  schreit,
  schrie,
  hat geschrien ....

schütteln ....

vorschlagen,
  schlägt vor,
  schlug vor,
  hat vorgeschlagen ....

wachsen,
  wächst,
  wuchs,
  ist gewachsen ....

attraktiv ....

ausgerechnet ....

ehrlich ....

farbig ....

frech ....

fröhlich ....

jugendlich ....

künstlich ....

lebendig ....

mutig ....

sanft ....

schick ....

schwach ....

selbstbewusst	....	
witzig	....	
allerdings	....	
genug	....	

per: per Post	....
sobald	....
sowohl ... als auch	....
vorig-	....
weder ... noch	....

Welche Wörter möchten Sie noch lernen?

....
....
....
....
....
....
....
....
....
....
....
....
....
....
....
....
....
....
....
....

Wiederholung **1** **Ergänzen Sie.**

wird … rot • werden … kalt • wirst … Ärztin • werden … verteilt • wird … dunkel • wird … gemacht

a Kinder kommt bitte ins Haus. Es .*wird*......... schon .*dunkel*....... .

b Ich glaube, Tim ist in dich verliebt. Er .... sofort ...., wenn du ihn nur ansiehst.

c Hm, lecker. Wie .... denn diese Salatsoße .... ?

d Kommt bitte zum Essen, sonst .... die Nudeln ....

e Du, hier würde ich nicht parken. Hier .... oft Strafzettel ....

f Du studierst Medizin? Das passt zu dir. Du .... bestimmt mal eine gute ....

A2 **2** **Was wird nächste Woche passieren? Ihr Horoskop verrät es Ihnen.**
Ergänzen Sie in der richtigen Form.

Ihr Wochenhoroskop vom 30.7. bis 5.8.20..

21.04. – 20.05.

21.05. – 21.06.

● **Liebe:** Halten Sie die Augen auf! Bald .*werden*...... Sie Ihre große Liebe .*finden*...... (werden – finden)

● **Geld:** Sie haben Glück. Ihre finanzielle Situation .... sich zunehmend .... (werden – verbessern)

● **Beruf:** Gratulation. Beruflich machen Sie einen großen Schritt nach vorne.

● **Freunde:** Vorsicht. Ein guter Freund .... Sie sehr .... (werden – enttäuschen)

● **Liebe:** Denken Sie daran. In der Liebe gibt es Höhen und Tiefen. Sie .... eine böse Überraschung .... (werden – erleben)

● **Geld:** Achtung. Wenn Sie nicht aufpassen, ... Sie viel Geld .... (werden – verlieren)

A2
Grammatik
entdecken
3 **Was wird morgen sein?**

a Welche Wörter drücken die Zukunft aus? Lesen Sie und unterstreichen Sie.

Unsere Freitagsumfrage
Wie sehen Sie Ihre Zukunft?

Tanja

Nächstes Jahr bin ich mit der Schule fertig. Dann werde ich erst einmal für ein Jahr ins Ausland gehen.

Sebastian

Mit 45 Jahren arbeite ich nicht mehr. Ich werde mir dann ein Haus in der Toskana oder in der Provence kaufen, Golf spielen und in Ruhe mit meiner Frau das Leben genießen.

Unsere Freitagsumfrage
Worauf freuen Sie sich gerade?

Webers

Wir feiern in zwei Monaten noch einmal ein rauschendes Fest – unsere Goldene Hochzeit. Es wird sicher eine wunderbare Feier werden.

Werner

Ich freue mich einfach auf meinen Urlaub. Ich fahre nämlich im Sommer nach Spanien. Da werde ich mich wieder einmal so richtig erholen: nur Sonne, Strand und Disco.

b Lesen Sie noch einmal und ergänzen Sie die Tabelle.

1	*Nächstes Jahr*	*ist*	Tanja	mit der Schule	*fertig* .
2	Dann	....	sie	wohl für ein Jahr ins Ausland	....
3	Sebastian	....	....	nicht mehr.	
4	Er	....	dann	ein Haus	....
5	Webers	....	....	ihre Goldene Hochzeit.	
6	Es	....		sicher eine wunderbare Feier	....
7	Werner	....		nach Spanien.	
8	Da	....	er	sich so richtig	....

4   Ordnen Sie zu.

Versprechen 1 ● Vorhersage/Vermutung 2 ● Aufforderung 3 ● Vorsatz/Plan 4

A ③ „Ihr werdet jetzt sofort die Musik leiser machen, sonst gibt es großen Ärger."

C ☐ „Ich werde dich immer lieben."

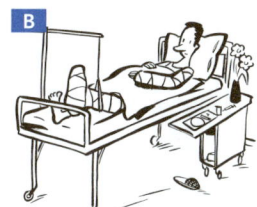
B ☐ „Ich werde nie mehr ohne Licht Fahrrad fahren."

D ☐ „Es wird bestimmt bald ein Gewitter geben."

5   Was willst du mir damit sagen? Kreuzen Sie an.

		Versprechen	Vorsatz/Plan	Aufforderung	Vorhersage/Vermutung
a	Wenn du mir im Garten hilfst, werde ich dir später ein Eis kaufen.	☒	☐	☐	☐
b	Was heißt hier, du hast keinen Hunger? Du wirst jetzt sofort zum Essen kommen	☐	☐	☐	☐
c	Du, ich komme heute wahrscheinlich später. Die Sitzung wird bestimmt lange dauern.	☐	☐	☐	☐
d	Ab morgen werde ich eine halbe Stunde früher aufstehen und joggen.	☐	☐	☐	☐
e	So was will ich nicht noch einmal hören. Du wirst dich sofort bei mir entschuldigen!	☐	☐	☐	☐

6   Was sagen die Personen? Schreiben Sie.

a Ach bitte, Mama …

- eine Woche lang jeden Tag abspülen und die Blumen gießen
- früher aufstehen und mit dem Hund spazieren gehen
- am Wochenende für alle das Frühstück machen
- …

Ach bitte, Mama. Ich möchte so gern auf das Konzert gehen. Ich werde ganz sicher …

b Zukunftsvisionen

Ich werde heiraten und …

B3 **7** **Im Straßenverkehr**

a Was passt? Ordnen Sie zu.

1 Buß-   schaft
2 Geschwindigkeits-   schein
3 Ordnungs-   geld
4 Führer-   widrigkeit
5 Ort-   kontrolle

b Ergänzen Sie die Wörter aus a.

1 Damit Autofahrer nicht zu schnell fahren, werden von der Polizei oft
.... durchgeführt.

2 Bei einer Verkehrskontrolle muss man der Polizei seinen .... und seine
Autopapiere zeigen.

3 Innerhalb einer .... darf man nicht schneller als 50 km/h fahren.

4 Das Telefonieren mit dem Handy auf dem Fahrrad ist eine .... und
wird bestraft.

5 Wer als Fußgänger bei Rot über die Straße geht, muss mit einem ....
von 5 € rechnen.

B3 **8** **Der Ton macht die Musik**

a Lesen Sie das Gespräch und ergänzen Sie.
keine Absicht • da haben Sie natürlich recht • wirklich nicht in Ordnung •
seien Sie doch bitte so nett • das tut mir leid • geht doch nicht •
bestimmt nie wieder vorkommen • ein Auge zudrücken

● Ach, guten Abend, Herr Both.

▲ Guten Abend. Können Sie bitte die Musik ausmachen?
Das ist ja ein furchtbarer Lärm.

● Oh, *das tut mir leid*......, aber ich feiere heute mit Freunden meinen 30. Geburtstag.

▲ Alles Gute, aber müssen Sie denn in dieser Lautstärke feiern, dass wir gleich aus dem Bett fallen?
Das ist ....

● Oh, das war .... Aber wissen Sie, man wird ja nur einmal im
Leben 30. Und das muss doch richtig gefeiert werden, finden Sie nicht?

▲ Aber doch nicht so laut. Das .... Man muss doch auch ein bisschen
Rücksicht nehmen.

● Naja, ... Aber es ist doch nur heute.
Können Sie nicht ....? Es wird dann auch
....

▲ Also gut, dann .... und machen Sie die
Musik wenigstens ein bisschen leiser. Wir müssen nämlich morgen früh aufstehen und arbeiten.

● Ja klar, und wenn es immer noch zu laut ist, sagen Sie bitte Bescheid. Oder Sie kommen und
feiern einfach mit.

▲ Tja! Das ist auch eine gute Idee! Du, Klara, geh schon mal ins Bett. Ich komme gleich … .
Also dann …

9 Schreiben Sie ein Gespräch. Verwenden Sie die Redemittel aus dem Kursbuch, Seite 41, B3b.

Frau beschwert sich.

Mann entschuldigt sich und erklärt: hat es eilig und nur zwei Sachen zu bezahlen.

Frau akzeptiert nicht. Sie hat es auch eilig.

Mann entschuldigt sich noch mal und gibt der Frau recht. Lässt sie wieder vor.

Frau nimmt Entschuldigung jetzt an und lässt Mann vor.

Mann bedankt sich.

● *Entschuldigen Sie. Ich war hier zuerst.*
Stellen Sie sich bitte hinten an so wie alle anderen auch. . . .

10 **Wie peinlich! Was ist passiert? Schreiben Sie zu jedem Bild ein Gespräch.**

A   B   C

● *Ja, können Sie nicht aufpassen?*
▲ *Oh, Entschuldigung, das . . .*

11 *Innerhalb* oder *außerhalb*? Ergänzen Sie.

a Sehen Sie nicht das Schild? .*Außerhalb*.......... der markierten Flächen ist das Parken verboten.

b Entschuldigen Sie, aber .... des gesamten Gebäudes ist das Rauchen verboten.

c Vielen Dank für Ihren Anruf. Leider rufen Sie .... unserer Sprechzeiten an.

d Es dauert nicht lange. Ich bin .... von 15 Minuten bei dir.

e Sie wohnt .... der Stadt. Deshalb braucht sie eine Stunde bis ins Stadtzentrum.

f .... eines Jahres war er fünfmal krank.

B3

12 Die Post ist da!

a Lesen Sie. Was für Schreiben sind das? Ordnen Sie zu.

1 Sehr geehrte Frau Beck,

Ihnen wird zur Last gelegt, am 24.7.2010 um 15:23 Uhr in der Landsbergerstr. 134 als Führer/in des Pkw, Fabrikat VW, Kennzeichen M-PS 9211 (D), folgende Verkehrsordnungswidrigkeit(en) begangen zu haben: Sie benutzten als Führer des Kraftfahrzeugs verbotswidrig ein Mobil- oder Autotelefon, indem Sie hierfür das Mobiltelefon oder den Hörer des Autotelefons aufnahmen oder hielten.

Beweismittel: Foto

Wegen dieser Ordnungswidrigkeit(en) wird gegen Sie, nach Würdigung Ihrer Angaben, sofern Sie sich zur Sache geäußert haben,

1. eine Geldbuße festgesetzt (§17 OWiG) in Höhe von   40,00 EUR
2. Außerdem haben Sie die Kosten des Verfahrens zu tragen
(§§105, 107 OWiG i.V.m. §§464 Abs. 1, 465 StPO):   a) Gebühr   20,00 EUR
Zahl der Punkte nach dem Punktesystem: 01   b) Auslagen
                                                                                    der Bußgeldstelle   2,51 EUR

Viechtach, den 06.08.2010   **Gesamtbetrag: 62,51 EUR**
Sachbearbeiter/in Kollmer, Polizeihauptkommissar   **Einspruchsfrist: 2 Wochen**

☐ Vertrag ●
☐ Bußgeldbescheid ●
☐ Kontoauszug ●
☐ Rechnung

2 Zu Ihrer Haftpflicht-Versicherung Nr. 860.152.713.654/P

Sehr geehrter Herr Simonis,
die jährliche Prämie für Ihre Haftpflicht-Versicherung ist am 08.06.2009 fällig.

Nettoprämie	Versicherungssteuer		Versicherungsprämie
	Satz	Betrag	
91,10 EUR	19%	17,31 EUR	108,41 EUR
Zu zahlender Gesamtbetrag für den Zeitraum 08.06.2009 bis 08.06.2010		108,41 EUR	

b Lesen Sie noch einmal und kreuzen Sie an.

Frau Beck soll eine Strafe bezahlen,
  ☐ **a** weil sie zu schnell gefahren ist.
  ☐ **b** weil sie beim Autofahren ihr Handy benutzt hat.
  ☐ **c** weil sie über eine rote Ampel gefahren ist.

Die Haftpflichtversicherung
  ☐ **a** informiert Herrn Simonis über die aktuellen Kosten seiner Versicherung.
  ☐ **b** informiert alle Kunden über ihre neuen Preise.
  ☐ **c** macht Herrn Simonis ein besonderes Angebot.

B3

13 Das kann gar nicht sein!

Frau Beck ist mit dem Bußgeldbescheid nicht einverstanden und erhebt Einspruch.

a Lesen Sie und ordnen Sie den Brief.

Sehr geehrte Damen und Herren,
☐ Das kann aber gar nicht sein, da ich kein Handy besitze.
☐ Wahrscheinlich hatte ich etwas anderes in der Hand, vermutlich eine Packung Taschentücher, die man auf dem Foto leicht mit einem Handy verwechseln kann.
☐ Daher werde ich den Betrag von 62,51 € nicht überweisen.
☒ hiermit lege ich fristgerecht Einspruch gegen den Bußgeldbescheid vom 10.08.20.. ein.
☐ Mir wird zur Last gelegt, dass ich beim Autofahren mit dem Handy telefoniert habe.
Mit freundlichen Grüßen

Schreibtraining

b Sie erhalten einen Bußgeldbescheid über 15 €, weil Sie angeblich mit dem Auto im Halteverbot geparkt haben. Sie sind aber der Meinung, dass Sie korrekt geparkt haben. Legen Sie Einspruch ein.

Schreiben Sie etwas über folgende Punkte:

● Grund für Ihr Schreiben
● Warum haben Sie einen Bußgeldbescheid bekommen?
● Warum möchten Sie das Bußgeld nicht bezahlen?
● Sie bezahlen die Strafe nicht.

Einspruch gegen Bußgeldbescheid

Sehr geehrte Damen und Herren,
....
....

14   Gute Umgangsformen. Ihre Meinung!

Gute Umgangsformen im Alltag

Höflichkeit und ein guter Umgang miteinander - eigentlich eine Selbstverständlichkeit. Beson- nur aus einzelnen Verhaltensregeln, die man lernen kann und einhalten sollte. Gutes

a Ergänzen Sie die Leserbriefe.

sehe ich das auch so • ganz anderer Meinung • meiner Meinung nach • Ich bin der gleichen Ansicht • Ich finde • Ich glaube • sehr wichtig • ist das auch so • Zusammenfassend möchte ich sagen • beziehe mich auf Ihren Artikel

A

Sehr geehrte Damen und Herren,

ich *beziehe mich auf Ihren Artikel* „Gute Umgangsformen im Alltag" in Ihrer letzten

Ausgabe vom 26.8. ....: Höflichkeit und

gutes Benehmen sind ...., im Privatleben, aber vor allem auch

im Beruf. In unserer Firma ....: Wenn jemand gute berufliche

Qualifikationen hat, aber keine guten Umgangsformen, dann stellen wir ihn nicht ein.

Stillose Menschen haben keine Chance bei uns.

Mit freundlichen Grüßen
S. Lindner
Personalchef

B

Sehr geehrte Damen und Herren,

ich nehme Bezug auf Ihren Artikel „Gute Umgangsformen im Alltag".

Ich finde .... es etwas altmodisch, was Sie da schreiben. Warum

soll es unhöflich sein, in der S-Bahn zu essen oder zu telefonieren? Wir

leben nun mal im Fast-Food- und Handy-Zeitalter. Ich bin da ....

....................: Wenn einen so etwas stört, dann muss man zu Hause

bleiben oder mit dem Auto fahren. ....: Ja, auch

ich bin für gegenseitigen Respekt: Für alte Leute stehe ich im Bus oder in

der U-Bahn immer auf, aber übertreiben muss man es mit den Umgangs-

formen nicht.

Mit freundlichen Grüßen
Adrian Welser

C

Sehr geehrte Damen und Herren,

mit großem Interesse habe ich Ihren Artikel „Gute Umgangsformen im Alltag" gelesen. Ja,
grundsätzlich .... Gute Umgangsformen machen uns wirklich das
Leben in jeder Hinsicht leichter. Aber ....sollten gute Umgangsformen nicht nur im Alltag selbstverständlich sein, sondern auch in den Familien. Wenn Eltern
gute Vorbilder sind und ihre Kindern respektvoll und höflich erziehen, dann werden auch ihre
Kinder respektvolle Mitglieder der Gesellschaft. .... da muss man anfangen.

Es grüßt Sie aus Hannover
P. Kölsch, Berufschullehrer

b Welche Meinung passt zu welchem Leserbrief? Ordnen Sie zu.

1 In den Familien sollte es mehr Respekt und Höflichkeit geben.   ☐

2 Wer höflich ist und ein gutes Benehmen hat, der hat es leichter im Leben,
   beruflich wie privat.   ☐

3 Manche Regeln passen nicht mehr in unsere Zeit.   ☐

C4
Schreibtraining

15 **Einen Leserbrief schreiben**

a Überlegen Sie zuerst und machen Sie Notizen.
- Gibt es zu dem Thema „Gutes Benehmen – ist das noch aktuell?" aus dem Kursbuch, Seite 43, <u>C4a</u>, eine These, die Ihnen gut gefällt oder die Sie ärgert?
- Warum finden Sie die These gut/richtig/schlecht/ärgerlich oder falsch?
- Haben Sie vielleicht Erfahrungen gemacht, die zu Ihrer Meinung passen?

b Denken Sie daran!
- Schreiben Sie Ort, Datum, Anrede und Gruß sowie einen passenden Einleitungs- und Schlusssatz.
- Variieren Sie die Satzanfänge mit: *Allerdings, Aber, Natürlich, Leider, Zum Glück, Wahrscheinlich, Vielleicht* oder *Als ich einmal …, Weil ich …*

c Schreiben Sie jetzt Ihren Leserbrief.

> *Bremen, den 5. Juli 20..*
>
> *Sehr geehrte Damen und Herren,*
>
> *ich beziehe mich auf Ihre Talkshow „Gutes Benehmen – ist das noch aktuell?" …*

C4 Phonetik **16** **Wie spricht man eigentlich *ch*?**

CD3 10 **a** Gesucht: Der *ich*-Laut. Hören Sie genau hin und unterstreichen Sie. (4x „ch", 1x „g")

Unser Chef hat für mi<u>ch</u> einen Flug nach Brasilien und einen nach Indien buchen lassen. Da werde ich sicher viele Sehenswürdigkeiten besichtigen können!

CD3 11 **b** Gesucht: Der *ach*-Laut. Hören Sie und unterstreichen Sie. (6x „ch")

Unser Chef hat für mich einen Flug na<u>ch</u> Brasilien und einen nach Indien buchen lassen. Aber in derselben Woche! Da habe ich doch einfach keine Chance, Sehenswürdigkeiten zu besichtigen!

CD3 12 **c** Gesucht: Der *k*-Laut. Hören Sie und unterstreichen Sie. (3x „ch", 1x „k")

Unser Chef ist ein <u>ch</u>ronischer Chaot. Jetzt hat er für mich einen Flug nach Brasilien und einen nach Indien buchen lassen. In derselben Woche! Da bleibt doch nicht genug Zeit, Sehenswürdigkeiten zu besichtigen! Ich glaube, ich wechsle demnächst in eine andere Branche.

CD3 13 **d** Gesucht: Der *sch*-Laut. Hören Sie und unterstreichen Sie. (3x „ch", 1x „sch")

Unser <u>Ch</u>ef hat für mich schon wieder einen Flug nach Brasilien und einen nach Indien buchen lassen. In derselben Woche! Ich habe keine Chance, Sehenswürdigkeiten zu besichtigen! Ich glaube, ich wechsle demnächst in eine andere Branche.

e Lesen Sie die Sätze so oft laut, bis Sie alle *ch* fehlerfrei aussprechen können.

Unser Chef ist ein chronischer Chaot. Jetzt hat er für mich einen Flug nach Brasilien und einen nach Indien buchen lassen. In derselben Woche! Da habe ich doch keine Chance, irgendwelche Sehenswürdigkeiten zu besichtigen! Dafür bleibt einfach nicht genug Zeit! Ich glaube, ich wechsle demnächst in eine andere Branche.

17 Lesen Sie zuerst die Sätze <u>a</u> bis <u>h</u>. Wo steht das in dem Text „Andere Sitten" im Kursbuch, Seite 44, <u>D2</u>?

<u>a</u> Kein Araber würde etwas Selbstgekochtes oder -gebackenes mitbringen, wenn er eingeladen ist. *Zeile(n)* .2-3..

<u>b</u> In Damaskus isst man den ganzen Tag nichts, wenn man am Abend eingeladen ist. *Zeile(n)* ....

<u>c</u> Ein Gast muss zeigen, dass ihm das Essen schmeckt, d.h. er muss sehr viel davon essen. *Zeile(n)* ....

<u>d</u> Man kann nicht sagen, wie lange etwas kochen muss. Man kocht einfach so wie vor 500 Jahren. *Zeile(n)* ....

<u>e</u> Deutsche sind sehr genau mit dem, was sie sagen. *Zeile(n)* ....

<u>f</u> Wenn Deutsche mal jemanden zu einer Einladung mitbringen, der nicht eingeladen war, erzählen sie vorher, wie nett und sympathisch der Gast ist. *Zeile(n)* ....

<u>g</u> Araber verraten nie vorher, mit wie vielen Personen sie zu einer Einladung kommen. *Zeile(n)* ....

<u>h</u> Ich lebe seit über 22 Jahren in Deutschland und ich weiß, dass auch ich mich verändert habe. *Zeile(n)* ....

18 Was passt? Ordnen Sie zu.

<u>a</u> Vor fünf Jahren kam ich nach Deutschland,   da ich endlich Deutsch sprechen konnte.

<u>b</u> Anfangs fühlte ich mich fremd,   da ich in Berlin arbeiten wollte.

<u>c</u> Dann machte ich einen Deutschkurs und es ging mir besser,   da ich viele Freunde habe.

<u>d</u> Heute geht es mir richtig gut,   da alles neu für mich war.

19 Was passt? Kreuzen Sie an.

<u>a</u> ● Mensch, Nina, du hier? Ich denke, du bist im Urlaub?

▲ Tja, das dachte ich auch. Aber dann ist mein Schwiegervater krank geworden. Naja, und ☐ denn ☒ aus diesem Grund ☐ weil mussten wir hierbleiben.

<u>b</u> ● Hallo, Hannes, ich rufe an, weil ich heute Nachmittag kurzfristig einen wichtigen Termin reinbekommen habe. ☐ Denn ☐ Weil ☐ Deshalb muss ich dir leider absagen.

▲ Ja, schade, aber da kann man nichts machen. Probieren wir es halt nächste Woche noch einmal, oder?

<u>c</u> ● Du, wir wollen heute Abend essen gehen. Kommst du mit?

▲ Heute geht's leider nicht, ☐ denn ☐ da ☐ deswegen ich noch total viel Arbeit im Büro liegen habe. Aber ein anderes Mal gern.

<u>d</u> ● Fahrt ihr wieder mit dem Auto nach Kroatien?

▲ Nein, diesmal fahren wir mit dem Zug, ☐ weil ☐ denn ☐ da die Straßen sind immer so furchtbar voll. Den Stress wollen wir uns dieses Jahr nicht wieder antun.

<u>e</u> ● Hi, Sabine. Du, kann ich vielleicht einen Freund zu deiner Party mitbringen? Er ist gerade für eine Woche bei mir zu Besuch.

▲ Ja klar, kein Problem. Ich weiß sowieso nicht, wie viele Leute kommen, ☐ da ☐ denn ☐ deshalb schon einige abgesagt haben.

Wiederholung

D6 Prüfung **20** **Erfahrungen im Ausland**

Welche Wörter passen? Lesen Sie und kreuzen Sie an: a, b oder c?

Liebe Johanna, lieber Michael,

vielen Dank für Eure E-Mail. Ich habe mich sehr (0) gefreut. Ich bin jetzt schon (1) sechs Wochen in Pusan in Süd-Korea. Es ist sehr interessant, aber auch ganz schön anstrengend, (2) ich ja die Sprache nicht spreche. (3) ich mit dem Bus unterwegs bin, habe ich immer Angst, dass ich an der falschen Station aussteige, (4) die Schilder an der Haltestelle sind nur auf Koreanisch. Die Menschen hier sind aber wahnsinnig hilfsbereit. Überall (5) ich oft einfach so angesprochen. Auf Englisch natürlich. Die Leute möchten dann alles über mich wissen, auch private Dinge, obwohl sie mich gar nicht kennen. Aber das ist hier ganz normal. Ihr könnt Euch sicher vorstellen, wie verunsichert ich am Anfang war. So, Ihr Lieben, ich muss wieder weitermachen. Ich freue mich schon (6) Eure nächste E-Mail.

Viele liebe Grüße und alles Gute für Euch
Eure Friederike

Beispiel:

0	**a** dafür	**b** darüber	**c** davon
1	**a** seit	**b** für	**c** vor
2	**a** denn	**b** da	**c** dann
3	**a** wann	**b** wenn	**c** während
4	**a** da	**b** deshalb	**c** denn
5	**a** bin	**b** werde	**c** habe
6	**a** auf	**b** für	**c** über

D6 **21** **Lerntagebuch: Das will ich nicht vergessen!** **LERN**TAGEBUCH

Schreiben Sie doch mal Ihre Erlebnisse auf. Waren Sie mit Freunden unterwegs oder haben Sie nette Leute kennengelernt? Waren Sie an einem besonderen Ort? Oder haben Sie etwas Lustiges oder Interessantes erlebt? Schreiben Sie – auf Deutsch natürlich.

27. Juni
Vormittags Deutschkurs →mittags mit Filiz und Kemal was gegessen →Stadt;
PEINLICH: Ich wollte zum Kaufhof und ein paar Kleinigkeiten kaufen. Da ist mir vielleicht was Komisches passiert. Gerade, als ich reingehen wollte ...

23. Juli
Schon wieder lange nicht mehr geschrieben. Aber gestern Abend war's super! Mit Carla, Jenny und Selva in der Disco gewesen. Es war ein total schöner Abend und wir haben viel getanzt. Eine Sache war super lustig: Als wir alle auf der Tanzfläche waren, ...

2. August
Heute ist mir wieder in der U-Bahn aufgefallen, dass hier fast jeder

⤑ Portfolio

22 **Ergänzen Sie.**

das Ausland • ein nicht muttersprachliches Wort • nicht die Muttersprache • der/die Unbekannte • der Reiseführer • ein Zimmer in einer Pension

a das Fremdwort
ein nicht muttersprachliches Wort...............

b die Fremdsprache
....

c das Fremdenzimmer
....

d der/die Fremde
....

e der Fremdenführer
....

f die Fremde
....

23 **Als Ausländer in Deutschland**

a Welches Bild passt zu welchem Text? Überfliegen Sie die Texte und ordnen Sie zu.

Bild	A	B	C
Text			

Unsere Reporterin Karin war wieder unterwegs und hat diesmal für unsere Kolumne „Was uns bewegt" Ausländer befragt zu dem Thema: „Kulturelle Unterschiede – Missverständnisse – Kurioses. Was haben Sie erlebt?"

1

In Rumänien auf dem Land besuchen sich die Menschen oft und vor allem ohne Anmeldung. Die Türen sind immer offen und auf dem Herd steht immer ein großer Kochtopf mit Essen bereit. Es ist absolut unkompliziert. In Deutschland verabredet man sich: Man schaut in den Kalender und dann werden Tag und Uhrzeit ausgemacht. Einfach bei jemandem zu klingeln, kommt eher nicht vor. Ich muss allerdings zugeben, dass das in meiner Heimat in der Stadt so ähnlich ist. Da arbeiten die Leute einfach mehr.
Rita P., Rumänien

2

Wenn man in Australien jemanden fragt, wie es ihm geht, antwortet man immer mit „Pretty good" – also „Ganz gut", egal, wie es der Person wirklich geht. In Deutschland habe ich das am Anfang auch gesagt, aber ich habe bald gemerkt, dass die Deutschen mehr erwarten. Ich wollte natürlich nicht unfreundlich sein, aber mehr zu sagen, fand ich zu persönlich. Hier erfährt man ja bei dieser Frage alles, was gerade los ist: „Meine Mutter liegt im Krankenhaus, mein Sohn hat die Windpocken und ich habe gerade meinen Job verloren." Wenn ich heute gefragt werde, wie es mir geht, muss ich mich richtig zusammenreißen. Ich möchte ja nicht unhöflich sein.
Davy K., Australien

3

Im Senegal ist die linke die unreine Hand. Es ist z. B. tabu, jemandem etwas mit links zu geben, denn das wäre eine Beleidigung. Auf keinen Fall darf man mit der linken Hand essen. Aber in Deutschland hält man die Gabel oft mit links, während man mit der rechten Hand schneidet. Am Anfang hat mich das sehr gestört. Ich bin auch immer noch etwas unsicher, wenn ich mit Messer und Gabel esse, denn bei uns im Dorf essen wir ja nur mit den Fingern. Mache ich alles richtig? Halte ich das Besteck korrekt in der Hand? Einmal hat mir meine Schwägerin erklärt, wie man das Besteck auf den Teller legen muss, damit der Gastgeber weiß, ob man mehr möchte oder genug gegessen hat. Das fand ich super, denn woher soll man solche kulturellen Regeln sonst kennen?
Amadou K., Senegal

b Was ist anders in Deutschland? Lesen Sie noch einmal und ergänzen Sie die Tabelle.

	Deutschland	anderes Land	mein Land
Verabredung	*mit Termin*	*ohne Anmeldung*	
Begrüßung			
Essen			

c Was ist in Ihrem Land anders? Finden Sie weitere Beispiele und erzählen Sie im Kurs.

Lernwortschatz

Im Straßenverkehr

Bußgeld das, -er ....

Geschwindigkeit
  die, -en ....

Kurve die, -n ....

Strafe die, -n ....

Vorschrift die, -en ....

(sich) anschnallen ....

behindern ....

beleidigen ....

hupen ....

vorschriftswidrig ....

Weitere wichtige Wörter

Absicht die, -en ....

Angabe die, -n ....

Anzeige die, -n ....

Ausnahme die, -n ....

Benehmen das ....

Eile die ....

Gastgeber der, - ....

Geheimnis das, -se ....

Geschmack der, ¨e ....

Gesellschaft die, -en ....

Gewürz das, -e ....

Höflichkeit die ....

Missverständnis
  das, -se ....

Respekt der ....

Standpunkt der, -e ....

Socke die, -n ....

Umgang der ....

Versprechen das, - ....

Vorhersage die, -n ....

Wolle die ....

(Woll)socke die, -n ....

Zuhörer der, - ....

ausdrücken ....

bereithalten,
  hält bereit,
  hielt bereit,
  hat bereitgehalten ....

besetzen:
  besetzt sein ....

enden ....

fordern ....

grüßen ....

sorgen für ....

stoppen ....

streiten ....

überreden ....

unterbrechen,
  unterbricht,
  unterbrach,
  hat unterbrochen ....

vermissen ....

voraussagen ....

vorhaben ....

vorkommen,
  kommt vor,
  kam vor,
  ist vorgekommen ....

widersprechen,
  widerspricht,
  widersprach,
  hat widersprochen ....

absolut	....	verständlich	....
beleidigt	....		
einzeln	....	außerhalb	....
peinlich	....	innerhalb	....
schüchtern	....	nie(mals)	....
(un)sympathisch	....		

Welche Wörter möchten Sie noch lernen?

....

....

....

....

....

....

....

....

....

....

....

....

....

....

....

....

....

....

....

....

12  **A**

Lektion 12: Rat und Hilfe

Ich habe so eine Wut, **seit** ich diesen Brief gelesen habe.

A1
Wiederholung
*Schritte plus 5
Lektion 1*

1 Ergänzen Sie *wenn* oder *als*.

a ● Hallo, Paul. Ich habe dich aber lange nicht gesehen. Bist du umgezogen?

▲ Ja, schon im letzten Jahr. Ich bin in eine größere Wohnung gezogen, ... ich mit der neuen Arbeit bei Halske & Co. angefangen habe.

b ▲ Sag mal, wann seid ihr in das eigene Haus gezogen?

● Moment, da muss ich nachdenken. Wir sind eingezogen, ... ich acht war.

c ■ Du, Gertrud, habt ihr den Mietvertrag für die alte Wohnung denn jetzt gekündigt oder nicht?

◆ Nein, noch nicht. Wir wollen ihn erst dann kündigen, ... wir den Mietvertrag für die neue Wohnung unterschrieben haben.

d ● Du bist im Mieterverein? Das wusste ich gar nicht. Wann bist du denn eingetreten?

■ Ach, das ist schon lange her. Warte mal. Ich bin eingetreten, ... mein Vermieter die Miete erhöhen wollte. Das war vor drei Jahren.

A1
Wiederholung
*Schritte plus 6
Lektion 9*

2 Heinz' Tag

a Was macht Heinz zuerst? Kreuzen Sie an.

1 ☐ Heinz steht auf. ☒ Vorher macht er im Bett Gymnastik.

2 ☐ Heinz holt um 8 Uhr die Zeitung aus dem Briefkasten. ☐ Dann frühstückt er.

3 ☐ Heinz fährt zur Arbeit. ☐ Aber zuerst füttert er seinen Hund.

4 ☐ Als Erstes schaltet Heinz den Computer ein. ☐ Dann schreibt er seiner Freundin eine E-Mail.

5 ☐ Heinz gießt die Blumen im Büro. ☐ Er holt Wasser.

6 ☐ Heinz sortiert die Stifte auf seinem Schreibtisch. ☐ Er beginnt zu arbeiten.

b Schreiben Sie aus <u>a</u> Sätze mit *bevor* und *nachdem*.

1 Bevor *Heinz aufsteht, macht er im Bett Gymnastik.* ....

2 Nachdem *er um 8 Uhr die Zeitung aus dem Briefkasten geholt hat, frühstückt er* ....

3 Bevor ....

4 Nachdem ....

5 Bevor ....

6 Nachdem ....

A1
Grammatik
entdecken

3 Sabines neues Leben

a Was passt? Ordnen Sie zu.

1 Sabine hat bei ihren Eltern gewohnt,   bis ihr Sohn in den Kindergarten geht.

2 Sabine arbeitet nicht mehr,   seit sie einen Kinderwagen transportieren muss.

3 Sie will zu Hause bleiben,   bis sie geheiratet hat.

4 Sabine geht mit ihrem Sohn zum Babyschwimmen,   seit sie einen Sohn bekommen hat.

5 Sabine fährt ein größeres Auto,   seit er sechs Wochen alt ist.

b Lesen Sie die Sätze aus <u>a</u> noch einmal und ergänzen Sie die Tabelle.

Sabine hat bei ihren Eltern gewohnt,	bis	sie geheiratet	hat.

4   **Jetzt geht es mir gut! Schreiben Sie Sätze. Beginnen Sie mit *Seit*.**

a   Ich rauche nicht mehr. Ich bekomme viel besser Luft.

Seit ich nicht mehr rauche, bekomme ich viel besser Luft. ....

b   Ich bin geschieden. Ich streite mich nicht mehr mit meinem Mann.

....

c   Ich habe einen Computer. Ich muss meine Briefe nicht mehr mit der Hand schreiben.

....

d   Ich esse regelmäßig Obst. Ich bin nicht mehr so oft müde.

....

5   **Jetzt reicht es! Schreiben Sie Sätze mit *bis*.**

sich einen Ferrari kaufen können • 10 Kilometer in einer Stunde laufen können •
die *Geschichten aus Tausendundeiner Nacht* im Original lesen können • wenigstens einmal gewinnen •
die Mailbox abhören und endlich zurückrufen

a   Ich werde so lange trainieren, bis *ich 10 Kilometer in einer Stunde laufen kann*..........................

b   Ich werde so lange sparen, ...

c   Ich werde dich so oft anrufen, ...

d   Ich werde so lange Arabisch lernen, ...

e   Wir werden das Spiel so oft spielen, ...

6   **Es ist wirklich Zeit! Ergänzen Sie *bis* oder *seit*.**

Es ist wirklich Zeit, dass wir umziehen. *Seit*.......... wir geheiratet haben, wohnen wir jetzt hier. Wie ich dich kenne, werden wir auch nicht renovieren, ... (1) wir hier ausziehen. .... (2) du die fünf Hunde und sieben Katzen hast, kann man auch im Garten nicht mehr sitzen, auf allen Gartenstühlen sitzen Tiere. Und .... (3) unser Auto kaputt ist, steht es auch im Garten. Wie lange soll ich noch warten, ... (4) du endlich aufräumst? .... (5) ich dich kenne, ist unser Haus ein einziges Chaos. Ich hoffe, dass du wenigstens das Dach repariert hast, ... (6) der nächste Regen kommt. Hätte ich doch nur auf meine Mutter gehört!

7   **Was ist richtig? Kreuzen Sie an.**

		bis	seit	
a	Ich treffe meine alten Freunde nur selten,			ich das Praktikum in Berlin mache.
b	He, so geht das nicht. Auch Sie müssen warten,			Sie dran sind.
c	Zum Bahnhof? Sie gehen geradeaus,			es nicht mehr weitergeht, dann nach links. Dort ist der Bahnhof.
d	Den Supermarkt gibt es doch schon,			wir hier wohnen.
e	Meine Tochter sitzt jeden Abend vor dem Computer,			ihr die Augen zufallen.

A2

8   **Zeit, Zeit, Zeit ...**

a Unterstreichen Sie alle Konjunktionen, die etwas mit Zeit zu tun haben.
weil • bevor • während • als • wenn • nachdem • dass • damit • um zu • seitdem • falls • indem • da • bis

b Schreiben Sie zu jeder unterstrichenen Konjunktion aus a einen Beispielsatz über sich selbst.
Bevor ich nach Deutschland gekommen bin, habe ich geheiratet.

A3
CD3 14

9   **Ordnen Sie das Gespräch. Hören Sie dann und vergleichen Sie.**

☐ Ich weiß nicht. Ich glaube, beim Bäcker, ja, beim Bäcker habe ich einen
Fünfzig-Euro-Schein aus meiner Brieftasche genommen.

☐ Sind Sie sicher, dass es beim Bäcker war? Überlegen Sie noch einmal.

☐ Ja, ich bin mir sicher, danach war sie weg.

☐ Beruhigen Sie sich doch. Wann haben Sie die Brieftasche denn zum letzten Mal in der
Hand gehabt?

☒ Das darf doch nicht wahr sein! Wo ist denn … Wo habe ich denn …

☐ Was haben Sie denn? Was ist denn passiert?

☐ Meine Brieftasche ist weg. Wenn ich die nicht zurückbekomme, dann weiß ich nicht, was
ich tun soll.

☐ Dann gehen wir doch einfach zurück zum Bäcker. Bis wir da sind, müssen Sie Geduld haben.

☐ Ja, das wird wohl das Beste sein. Vielen Dank. Hoffentlich liegt sie noch da. Mein Gott,
ich darf gar nicht daran denken, das ganze Geld, die Kreditkarte …

A3 Phonetik **10**   **Wenn man aufgeregt ist, spricht man schnell.**

CD3 15

a Hören Sie und markieren Sie die Betonung ⟋.

Ich wohne da, seit ich in Deutschland bin!

Ich kann doch jetzt nicht umziehen!

Ich habe so eine Wut, seit ich diesen Brief gelesen habe.

Ich weiß nicht, was ich machen soll.

Ich kann schon gar nicht mehr schlafen!

Aber ich mag keine Vereine! Lieber zahle ich eine Mieterhöhung,
bevor ich in einen Verein gehe.

Mein Gott, wie lange soll ich denn noch hier warten?

b Sprechen Sie die Sätze so schnell wie möglich. (Vorgabe: 16 Sekunden)

A3 Phonetik **11**   **Wenn man jemanden beruhigen will, spricht man langsam.**

CD3 16

a Hören Sie und markieren Sie die Betonung ⟋ und die Pausen |.

Beruhigen Sie sich doch.

Das kann doch jedem|mal passieren.

Jetzt erzählen Sie erst mal, was passiert ist.

Sie müssen einfach etwas Geduld haben.

Wir werden schon eine Lösung finden.

b Sprechen Sie die Sätze langsam.
(Vorgabe: 20 Sekunden)

12   Rund um den Verein

a   Lesen Sie die Wörter laut. Wie heißen die Wörter richtig?

1   Mtgldschft   =   *Mitgliedschaft* ....
2   Mtrvrn   = ...
3   Jhrsbtrg   = ...
4   Btrtt   = ...

5   Brbtngsgbhr   = ...
6   Mtgld   = ...
7   Gbhrn   = ...

b   Hören Sie dann und vergleichen Sie.

13   Was passt nicht? Streichen Sie durch.

a   in einem Verein: sein – ~~gehen~~ – mitarbeiten
b   Mitglied: bekommen – werden – sein
c   den Jahresbeitrag: bezahlen – betragen – überweisen
d   als Mitglied: sein – aufgenommen werden – mitarbeiten
e   sich in einem Verein: anmelden – nützlich machen – Mitglied werden

14   Wie erreichen Sie Ihr Ziel?

a   Was passt? Ordnen Sie zu.

1   Deutsch lernen   die Straßenbahn nehmen
2   Arbeit finden   regelmäßig zum Deutschkurs gehen
3   mehr verdienen   keine Zigaretten mehr kaufen
4   bei Regen trocken   alle Freunde und Bekannten nach
    zur Schule kommen   offenen Stellen fragen
5   besser sehen können   meine Brille regelmäßig tragen
6   mit dem Rauchen aufhören   viele Nebenjobs haben

b   Schreiben Sie Sätze mit *indem*.

1   *Ich lerne Deutsch, indem ich regelmäßig zum Deutschkurs gehe.*
2   ...

15   *ohne dass – ohne ... zu*

a   Lesen Sie die Sätze und kreuzen Sie an.

Im Hauptsatz und Nebensatz ...	handelt dieselbe Person	handeln verschiedene Personen
1 Peter geht zur Schule, ohne dass er ein Pausenbrot mitnimmt.	x	
2 Elvira heiratet Bernd, ohne dass sie ihn liebt.		
3 Franz kauft ein Auto, ohne dass seine Frau davon weiß.		
4 Kann ich nicht mal allein ausgehen, ohne dass du gleich böse auf mich bist?		
5 Ich kann dir nicht helfen, ohne dass ich ganz genau weiß, worum es geht.		

b   In welchen Sätzen aus a können Sie auch *ohne ... zu* benutzen?
In den Sätzen ..*1*,..............................

c   Schreiben Sie die Sätze aus b mit *ohne ... zu*.

1 Peter geht zur Schule, ohne ein Pausenbrot mitzunehmen.
...

B2 · **16** · **Herr Müller beim Rechtsanwalt.**
Schreiben Sie Sätze mit *ohne dass* oder *ohne ... zu*.

1 Ich soll der Firma Texclean 34 Euro für die Reinigung von zehn Hemden bezahlen. Aber die Firma hat nie Hemden für mich gewaschen.

2 Ich möchte das regeln. Aber ich möchte die Reinigung der Hemden nicht bezahlen.

3 Sie haben einen Mahnbescheid von der Firma Texclean bekommen? Sie kennen diese Reinigung überhaupt nicht.

4 Sie haben den Mahnbescheid vom Gericht bekommen. Zuvor haben Sie keine Mahnungen von der Firma bekommen?

1 Ich soll der Firma Texclean 34 Euro für die Reinigung von zehn Hemden bezahlen, ohne ...

B2 · **17** · **So ist meine Familie! Korrigieren Sie die Sätze.**

a Ich verdiene Geld, indem ich an roten Ampeln den Motor ausmache.
b Meine Mutter spart Benzin, ohne dass sie sich besonders anstrengen muss.
c Unsere Katze fängt Mäuse, indem sie viel in der Welt herumreist.
d Meine Schwester lernt viele Sprachen, indem sie am Wochenende immer mit uns frühstückt.
e Mein Vater macht uns allen eine Freude, indem er stundenlang vor dem Loch der Mäuse sitzt.
f Mein kleiner Bruder geht oft allein zum Schwimmen, indem er täglich dreimal anruft.
g Meine Tante geht uns manchmal auf die Nerven, ohne dass meine Eltern das erlauben.

a Ich verdiene Geld, ohne dass ich mich besonders anstrengen muss.

B2 · **18** · **Was ist richtig? Kreuzen Sie an.**

a Sie können Mitglied in unserem Verein werden, ☒ indem ☐ ohne dass Sie einen Mitgliedsantrag ausfüllen.
b Der Fußballverein leiht dir keine Fußballschuhe und keinen Ball, ☐ indem ☐ ohne dass du Mitglied bist.
c Der Mieterverein hilft deiner Freundin, ☐ indem ☐ ohne dass sie Mitglied ist? Das glaube ich nicht.
d Ich spiele Volleyball in einer Mannschaft, ☐ indem ☐ ohne dass ich in einem Verein bin.
e Ich bin im Schachclub Mitglied geworden, ☐ indem ☐ ohne dass meine Freundin mich einfach angemeldet hat.
f Ich kann mich auch für die Natur engagieren, ☐ indem ☐ ohne dass ich Mitglied in einem Verein bin.

B2 · **19** · **Ergänzen Sie die Sätze.**

100 Euro sparen ● Mitglied werden ● uns gleich anrufen ●
einfach Ihre Kontoverbindung angeben ● am Wochenende tanzen

Tanzen am Wochenende – der Verein für alle, die fit bleiben wollen

Bleiben Sie fit, indem .... (a).
„Aber ich kann gar nicht tanzen!", sagen Sie. Natürlich haben wir auch einen Tanzlehrer.
Leider kann er Ihnen nicht helfen, ohne dass .... (b).
Ihren Mitgliedsbeitrag können Sie bezahlen, indem .... (c).
Indem Sie gleich für das ganze Jahr bezahlen, ... (d).
Na, wer kann da noch Nein sagen? Melden Sie sich an, indem .... (e).
Die Nummer 130 130 130 ist immer für Sie da.

20 Lerntagebuch: Ich trau' mich nicht … Das freie Sprechen

a Beantworten Sie die Fragen.

1 In welchen Situationen sprechen Sie gern und oft Deutsch?
- ○ Im Deutschkurs
- ○ Mit meinen Nachbarn
- ○ ....

2 In welchen Situationen sind Sie schon recht sicher, wenn Sie Deutsch sprechen?
- ○ Beim Einkaufen
- ○ Wenn ich Freunden von meinem Wochenende erzähle
- ○ ....

3 In welchen Situationen sind Sie eher unsicher, wenn Sie Deutsch sprechen?
- ○ Auf Ämtern und Behörden
- ○ Wenn ich mit einem Deutschen rede
- ○ ....

4 Was sind Ihre Hauptprobleme beim Sprechen?
- ○ Die Aussprache
- ○ Mir fehlen oft die richtigen Wörter.
- ○ ....

5 Was ist Ihr Ziel? Was möchten Sie auf Deutsch können?
....

b Sprechen Sie mit den anderen im Kurs, wie Sie das freie Sprechen üben können.

> Ich lerne Sätze, die ich oft brauche, auswendig.

> Ich lese zu Hause Texte, die mir gefallen, laut vor.

> Ich schreibe Situationen auf, in denen ich unsicher war. Dann frage ich jemanden, wie ich das sagen könnte.

> Manchmal spreche ich mit mir selbst, erzähle mir, was ich gerade tue oder zähle die Dinge auf, die ich gerade sehe.

Unsicher beim Sprechen? Angst vor Fehlern? Hören Sie doch einmal genau zu! Auch andere machen Fehler! Hauptsache, die anderen verstehen, was Sie meinen! Deshalb sagen Sie, was Sie sagen möchten. Auch in Ihrer Muttersprache haben Sie Situationen erlebt, in denen Menschen sich nicht verstehen. Was tun sie dann? Sie reden, reden, reden. Machen Sie es in der Fremdsprache genauso.

········▶ Portfolio

21 Und jetzt reden Sie! Überreden Sie Ihren Partner, Mitglied in einem der folgenden Vereine zu werden:

a Verein der Kaffeetrinker
b Verein für alle, die Volleyball spielen lernen wollen
c Anti-Jogging-Verein
d Verein der Gummibärchenliebhaber
e …

Schaffen Sie es, drei Minuten auf Ihre Partnerin / Ihren Partner einzureden?

C3 | **22** | **Schreiben Sie die Sätze neu. Verwenden Sie *außer*.**

> Was für eine blöde Geburtstagfeier!
> Ich hatte alle meine Freunde am Sonntag zum Brunch in ein Restaurant eingeladen. Aber es war gar nicht so schön, ...

a Alle Freunde sind gekommen, nur meine beste Freundin Britta nicht.

b Das Restaurant ist eigentlich immer geöffnet, nur nicht am Sonntag.

c Das andere Restaurant, das wir gefunden haben, hatte zwar geöffnet, aber es gab keine vegetarischen Gerichte. Also haben alle etwas gegessen, nur ich nicht!

d Das Essen hat keinem so richtig geschmeckt. Nur Dörte hat gleich zwei Portionen gegessen.

e Am Ende waren wir auch noch alle betrunken, nur Fredi nicht! Das fanden alle lustig, nur er nicht.

f Als ich bezahlen wollte, habe ich festgestellt, dass ich nicht genug Geld habe. Niemand wollte mir etwas leihen, nur mein Freund Fredi. Der hat mir 50 Euro gegeben.

g Also, zu meinem nächsten Geburtstag lade ich niemanden mehr ein, nur vielleicht meinen lieben Fredi und meine Eltern.

a Alle Freunde sind gekommen außer meiner besten Freundin Britta.

C3 Prüfung | **23** | **Über das Thema „Engagement" sprechen**

■ Sehen Sie die Fotos an. Entscheiden Sie sich für ein Foto und berichten Sie kurz:
   - Was sehen Sie auf dem Foto?
   - Was für eine Situation zeigt dieses Bild?

■ Sprechen Sie auch über das Engagement der Leute:
   Wie engagieren sie sich und wofür? Wie viel Zeit nehmen sie sich wohl für ihr Engagement? Usw.

■ Sprechen Sie über Ihre persönliche Situation:
   Wofür engagieren Sie sich oder würden Sie sich gern engagieren?
   Warum engagieren Sie sich (nicht)? Wie ist das in Ihrem Heimatland?

24   **Große Vorbilder aus Politik, Geschichte, Kultur …**

a   Ein großes Vorbild für viele Menschen ist Mutter Teresa. Lesen Sie die Kurzbiografie und ergänzen Sie dann den Steckbrief.

Mutter Teresa

Eigentlich heißt Mutter Teresa Agnes Gonxha Bojaxhio. Sie wurde am 26. August 1910 in Skopje geboren. „Gonxhë" ist ein albanisch-katholischer Vorname und bedeutet „Blütenknospe". Agnes Gonxha wuchs in einer reichen und streng katholischen Familie auf. Bereits als sie 12 Jahre alt war, stand es für sie fest, dass sie Nonne werden wollte. Mit 18 ging sie ins Kloster und wurde Nonne. Der Orden schickte sie zuerst nach Irland. Doch bereits zwei Monate später reiste sie nach Kalkutta, um dort 17 Jahre als Lehrerin und später als Direktorin an der St. Mary's School zu arbeiten. Seit 1946 kämpfte sie dafür, dass sie den Ärmsten der Armen in Kalkutta helfen durfte. Seit 1948 lebte Mutter Teresa in den Slums von Kalkutta. 1971 erhielt sie als erste den Friedenspreis des Papstes. Der Friedensnobelpreis wurde ihr 1979 verliehen. Mutter Teresa starb am 5. September 1997 in Kalkutta.

Mutter Teresa

1910	*geboren am 26. August in Skopje*
1922	*Entschluss*
1928	
1928 – 1946	… und später als …
seit 1946	
seit 1948	
1971	
1979	
5. September 1997	

Projekt

b   Schreiben Sie einen Steckbrief oder eine kurze Biografie über eine große Persönlichkeit Ihres Landes, die für viele Menschen ein Vorbild ist. Stellen Sie diese Person im Kurs vor.

Wenn Sie noch Informationen brauchen, schauen Sie doch mal ins Internet. Eine gute Adresse ist z. B. www.wikipedia.de.

Japan
Satō Eisaku

- Politiker
- hat 1974 als erster Asiate den Friedensnobelpreis bekommen

Mahatma Gandhi

geboren am 2. Oktober 1869 in Indien

Martin Luther King

Bei uns in Japan haben viele Jugendliche Baseballspieler oder Sumo-Ringer als Vorbild, weil viele Japaner sportbegeistert sind.
Aber ein ganz großes Vorbild ist für mich ein Politiker …

Wiederholung **25** **Eine Diskussion führen**

a Was passt? Tragen Sie die Wendungen in die Tabelle ein.

Ich bin mir nicht sicher, ... • Ich glaube, dass ... • Das denke ich auch. • Was meinen Sie dazu? •
Das kann schon sein, aber ... • Ja, ganz genau! • Meine Meinung ist ... • Ich finde/denke, dass ... •
Das finde ich überhaupt nicht. • Und du? Was denkst du darüber? • Aber da bin ich ganz anderer
Meinung. • Wie ist Ihre Meinung? • Ich bin derselben Meinung. • Ich weiß es nicht genau.

seine Meinung vertreten	unsicher sein	zustimmen	widersprechen	andere nach ihrer Meinung fragen
	Ich bin mir nicht sicher, ...			

b Kennen Sie noch weitere Wendungen? Tragen Sie sie in die Tabelle ein.

E2 **26** **Was passt? Ergänzen Sie das passende Verb in der richtigen Form.**

a Wenn du keine Meinung dazu .... (glauben / haben / mögen), dann sei doch einfach still.

b Ihr .... (sprechen / behaupten / sagen) endlos über das Thema. Merkt ihr nicht,
wie langweilig das ist?

c So ein Quatsch! Das .... (lügen / stimmen / glauben) du doch selbst nicht. Gib einfach
mal zu, dass es falsch war.

d Nein, keiner in der Firma sagt dem Chef, was er denkt. Alle .... (hoffen / glauben / denken)
nur an ihren Vorteil.

e Dir ist wirklich nicht zu helfen. Solange du dir die Wahrheit immer nur .... (schönreden /
glauben / schön machen), ändert sich nie etwas.

E3 **27** **Hilfe von Frau Edelgart**

a Lesen Sie den Brief.

Liebe Frau Edelgart,

seit Tagen habe ich nicht mehr geschlafen. Meine beste Freundin hat sich vor ca. drei Jahren bei mir
1000 Euro für ein Auto geliehen. Sie brauchte das Auto, um damit zu ihrer neuen Arbeit zu fahren.
Obwohl wir vereinbart hatten, dass sie mir monatlich 100 Euro zurückgibt, warte ich noch immer auf
das Geld. Weil ich sie wirklich gern mag, habe ich bis jetzt geschwiegen.
Aber nun wollte sie sich vorgestern wieder Geld von mir leihen. Diesmal braucht sie 500 Euro für
einen Laptop. Sie sagt, dass sie den unbedingt für ihren Job braucht. Ich weiß nicht, ob ich ihr das Geld
geben soll oder nicht. Schließlich ist sie meine Freundin und ich möchte sie nicht verlieren.

Ihre Jutta Müller-Polat

b Welches Problem hat Frau Müller-Polat? Ergänzen Sie.

Sie hat ihrer .... Freundin vor .... Jahren .... Die
Freundin hat mit dem Geld ...., damit sie zur Arbeit ....
Die Freundin sollte jeden Monat .... Aber Frau Müller-Polat hat
.... Jetzt möchte sich die Freundin .... für ....
.... leihen.

28 Rat von Frau Edelgart

a Welcher Satz passt zu welchem Brief? Kreuzen Sie an.

A

Liebe Frau Müller-Polat,

da haben sie wirklich ein großes Problem. Aber ist diese Frau wirklich Ihre Freundin, oder sucht sie ihren eigenen Vorteil? Heißt Freundschaft nicht, ehrlich und fair zu sein? Ich an Ihrer Stelle würde mit Ihrer Freundin offen sprechen. Erinnern Sie sie daran, dass sie ihr schon einmal Geld geliehen haben, das sie nicht zurückbekommen haben. Warten Sie ab, wie Ihre Freundin reagiert. Auf alle Fälle sollten sie zuerst Ihr Geld zurückverlangen, bevor sie ihr wieder etwas leihen.

B

Liebe Frau Müller-Polat,

eine schwierige Gewissensfrage, die Sie mir da stellen. Geldfragen sind immer eine große Belastung für Freundschaften. Aber Sie sollten auch die Probleme Ihrer Freundin sehen. Ich glaube schon, dass sie Ihnen das Geld zurückzahlen möchte. Aber manchmal ist das Leben sehr schwierig und wir können nicht so, wie wir gern wollen. Vielleicht ist Ihre Freundin wirklich in einer schwierigen Situation. Ich würde an Ihrer Stelle die Freundschaft an die erste Stelle setzen.

	Brief **A**	Brief **B**
1 Frau Müller-Polat soll mit ihrer Freundin über das Problem sprechen, statt ihr sofort das Geld zu geben.	☒	☐
2 Es könnte sein, dass Frau Müller-Polats Freundin in Schwierigkeiten ist. Darum sollte sie ihr helfen.	☐	☐
3 In einer Freundschaft ist Ehrlichkeit sehr wichtig.	☐	☐
4 Die Freundschaft ist wichtiger als das Geld.	☐	☐

b Was ist Ihre Meinung? Soll Frau Müller-Polat der Freundin das Geld geben oder nicht? Sammeln Sie Argumente für Ihre Meinung.

29 Brief an Frau Edelgart

a Wählen Sie ein Thema und schreiben Sie einen Brief.

1 Sohn der Nachbarin im Supermarkt beobachten – als Packung Kaugummi einstecken – nicht bezahlen – Junge versprechen – nie wieder tun – mit der Nachbarin reden?

2 Freundin – sehr dick – gern Miniröcke tragen – nicht gut aussehen – ihr sagen?

3 neue Arbeitskollegin – freundlich und hilfsbereit – riecht immer nach Schweiß – ihr sagen?

b Tauschen Sie die Briefe im Kurs aus und schreiben Sie eine Antwort.

Liebe / Lieber ...

das ist wirklich nicht einfach.
Ich finde, sie ...

Engagement

Einrichtung die, -en ....

Engagement das, -s ....

Helfer der, - ....

Tierheim das, -e ....

sich einsetzen für ....

(ein)springen,
  springt (ein),
  sprang (ein),
  ist (ein)gesprungen ....

sich engagieren für ....

protestieren ....

ehrenamtlich ....

Weitere wichtige Wörter

Auftritt der, -e ....

Babysitter der, - ....

Backofen der, ¨ ....

Fachleute die
  (Plural) ....

Folge die, -n ....

Gewinn der, -e ....

Gewissen das ....

Instrument das, -e ....

Parkhaus das, ¨er ....

Rand der, ¨er ....

Verfallsdatum das,
  -daten ....

(Miet)verhältnis
  das, -se ....

Widerspruch der:
  Widerspruch
  einlegen ....

Wirt der, -e /
  Wirtin die, -nen ....

Wohngeld das ....

aufheben,
  hebt auf,
  hob auf,
  hat aufgehoben ....

erhöhen ....

sich entschließen,
  entschließt sich,
  entschloss sich,
  hat sich
  entschlossen ....

(sich) rasieren ....

retten ....

schätzen ....

zwingen,
  zwingt, zwang,
  hat gezwungen
  gezwungen sein
  etw. zu tun ....

(un)gerecht ....

gratis ....

rechtlich ....

bis ....

indem ....

ohne dass ....

ohne ... zu ....

seit ....

seitdem ....

Welche Wörter möchten Sie noch lernen?

Wiederholung
Schritte plus 4
Lektion 9

1 **Ergänzen Sie.**

a klein   *kleiner* ....   *am kleinsten* ....

b jung   ....

c alt   ....

d gesund   ....

e gut   ....

f nett   ....

g gern   ....

h viel   ....

A2

2 **Europa der Superlative.**

a Ergänzen Sie in der richtigen Form.

A
Wer war bisher der ...*teuerste*... **(teuer)**
Fußballspieler aller Zeiten?
Der Portugiese Cristiano Ronaldo. Sein Wechsel
zu *Real Madrid* kostete den Verein 93,2 Millionen
Euro.

B
Wo liegt der .... **(tief)**
Straßentunnel?
Auf der ganzen Welt existiert kein ....
(tief) Tunnel als der sogenannte Hitra-Tunnel in
Norwegen. Er ist 5,6 km lang und führt bis in eine
Tiefe von 264 m unterhalb des Meeresspiegels.

C
Welche Band verdient heute noch mit
ihren Songs .... **(viel) Geld**
als jede andere Musikgruppe der Welt?
Trotz ihrer Auflösung im Jahr 1970 waren die
Beatles zur Jahrtausendwende weltweit immer
noch die .... (reich) Musiker.

D
Wo findet die weltweit .... **(groß)**
internationale Automobilausstellung statt?
Es gibt viele große Automobilausstellungen auf
der Welt, aber mit jährlich knapp einer Million
Besuchern und 50 Ausstellern aus aller Welt gibt
es wohl keine .... (groß) Automobilausstellung als die IAA in Frankfurt am Main.

E
Wo steht das .... **(kalt) Hotel**
der Welt?
In Schweden. 200 km nördlich des Polarkreises entsteht jedes Jahr aufs Neue in wochenlanger Arbeit
ein Hotel aus Schnee und Eis. Man sitzt und isst auf
Eisstühlen an Eistischen und schläft in Eisbetten.

F
Welche Schauspielerin stand noch im Alter
von 114 Jahren vor der Kamera?
Das war die Französin Jeanne-Louise Calmentin
in dem Film „Vincent und ich". Sie war somit die
.... (alt) Schauspielerin, die je
in einem Film mitgespielt hat.

Grammatik
entdecken

b Ergänzen Sie die Tabelle.

der	teur**e**	Spieler	der	*teurere*	Spieler	der	*teuerste*	Spieler
den	teur**en**	Spieler	den	....	Spieler	den	....	Spieler
ein	teur**er**	Spieler	ein	....	Spieler			
einen	teur**en**	Spieler	einen	....	Spieler			

A2

3 **Vergleiche. Ergänzen Sie in der richtigen Form.**

~~hoch~~ • viel • gut • schnell • wenig

a In Irland und Frankreich werden .... Kinder geboren als im Rest Europas.

b Es ist bewiesen, dass Japaner durch ihre Ernährungsweise ein *höheres* .... Lebensalter
erreichen als Menschen in der Europäischen Union.

c Angeblich gibt es in Süddeutschland immer .... Wetter als in Norddeutschland.

d Seit der Erfindung des Internets ist eine noch .... Kommunikation möglich, als das
vorher der Fall war.

e Schlechte Nachrichten für Gaststätten: Seit der Einführung des Rauchverbots gibt es deutlich
.... Gäste in Restaurants und Kneipen.

4 Wussten Sie schon, dass ...? Ergänzen Sie in der richtigen Form.

groß • lang • gut • hoch • viel

Wussten Sie schon, dass ...

a Nordrhein-Westfalen die _meisten_ Einwohner Deutschlands hat, nämlich 18 Millionen, und somit mehr Einwohner als die Schweiz und Österreich zusammen?

b das .... Drehrestaurant der Welt im Schweizer Wallis auf 3.500 Meter liegt?

c der Sandstrand an der Sylter Westküste mit fast 40 km der .... Strand an der deutschen Nordseeküste ist?

d der Bayerische Wald mit einer Größe von 240.000 km² der .... Nationalpark Deutschlands ist?

e der Deutsche Michael Schumacher mit sieben Weltmeistertiteln und den meisten Grand-Prix-Siegen als der .... Formel-1-Pilot aller Zeiten gilt?

5 Schlagzeilen. Ergänzen Sie in der richtigen Form.

a Die Post steht vor der _größten_ (groß) Investition in ihrer Geschichte.

b Oktoberfest. Wie Sie sich auf das .... (schön) Volksfest vorbereiten.

c Klinikärzte verlangen 30% .... (viel) Gehalt.

d Mode. Die .... (neu) Trends für Herbst und Winter sind da.

e Mitsubishi erwartet .... (hoch) Verkaufszahlen in Europa als bisher.

f Beunruhigend! Deutschland hat neben Spanien, Griechenland und Italien die .... (niedrig) Geburtenrate in Europa.

g Dieses Jahr auf der Internationalen Automobilausstellung: .... (groß) Autos mit .... (niedrig) Benzinverbrauch.

6 Meinungen zum Thema Ganztagsschule. Was ist richtig? Kreuzen Sie an.

Immer mehr Politiker fordern Ganztagsschulen. Was meinen Sie?

a Ganztagsschulen? Super. In Frankreich ist das doch auch ☒ das Normalste ☐ nichts Normaleres der Welt.

b Also, meiner Meinung nach gibt es ☐ die vernünftigste ☐ keine vernünftigere Überlegung als die, Ganztagsschulen einzuführen.

c Die ☐ bessere ☐ beste Idee seit Langem von unseren Politikern.

d Das finde ich gar nicht gut. Dann verbringen die Eltern ja noch ☐ weniger ☐ am wenigsten Zeit mit ihren Kindern.

7 Was ist oder war für Sie in Ihrem Leben besonders schön, schlimm oder interessant? Schreiben Sie Sätze. Folgende Wörter helfen Ihnen.

mit dem Rauchen aufhören • Reise • Hochzeit/Heiraten • Begegnung • arbeiten • am Wochenende ausschlafen • joggen/Sport machen • im Wald spazieren gehen • ...

schön • traurig • interessant • schlimm • glücklich • lang • groß • gut • langweilig • lustig • ...

Tag • Stunden • Erfolg • Zeit • Erlebnis • Entscheidung • Fehler • Hobby • Freund • ...

Es war mein größter Erfolg, mit dem Rauchen aufzuhören. Ich habe 15 Jahre geraucht.
Es gibt kein schöneres Hobby als ...

A3 **8** **Brauchen wir eine Altersgrenze beim Autofahren?**

Lesen Sie die Beiträge und ergänzen Sie.

Meiner Ansicht nach • ~~Meiner Meinung nach~~ • Davon halte ich nicht viel • Ich bin für •
Verglichen mit • Ich finde es besser so, wie es in … ist • In diesem Zusammenhang muss man •
Ganz meine Meinung • Ich bin auch gegen

MEINEFRAGE.net

| | HOME | INFO | KONTAKT |

Flottebiene

Beiträge: 54   Gestern habe ich mich beim Autofahren so aufgeregt. Auf einer Straße, wo man 60 fahren durfte, fuhr vor mir die ganze Zeit ein Auto mit ca. 40 km/h. Als ich endlich überholen konnte, sah ich, dass in dem Auto eine wirklich alte Frau am Steuer saß. Die war bestimmt über 80. Unglaublich! Das ist doch super gefährlich. _Meiner_ _Meinung_ _nach_ (1) sollte man spätestens mit 65 den Führerschein abgeben. Alte Menschen gehören nicht ans Steuer. Da passieren nur viel zu viele Unfälle. Sie sind eine Gefahr für alle anderen! Was sagt ihr dazu?

Samtam

13 Beiträge   **Hallo Flottebiene**

.... (2), denn viele Leute sind mit 65 noch total fit. Teilweise arbeiten sie noch oder sie brauchen ihr Auto, weil sie auf dem Land wohnen. .... Australien .... (3). Da müssen Leute ab 60 Jahren alle 5 Jahre die Prüfung wiederholen. Kostenlos natürlich. Wichtiger wäre es, dass ältere Leute selbst entscheiden, wann sie nicht mehr fahren können. Dann können sie meinetwegen auch bis 90 fahren.

Ronnycouper

120 Beiträge   **Hallo in die Runde,**

.... (4)! Ich sehe das genauso. Nur weil Menschen alt sind, müssen sie doch nicht den Führerschein abgeben. Das wäre ja schon Diskriminierung. Ältere Leute fahren vielleicht langsamer, aber dafür haben sie viel Erfahrung und Routine. .... (5) sich die Unfallstatistik einmal ansehen: .... (6) den jungen Fahrern verursachen die Alten weniger Unfälle.

weka55

1 Beitrag

.... (7) eine Altersobergrenze beim Führerschein. Die meisten tödlichen Unfälle gibt es doch bei den jungen Leuten zwischen 18 und 25 Jahren. .... (8) muss man bei dieser Altersgruppe besonders aufpassen. Bei denen spielen doch die Hormone verrückt. Wenn man mich fragt: .... (9) den Führerschein ab 21. Das klingt jetzt vielleicht sehr

---

Wiederholung
Schritte plus 3
Lektion 1

9 **Fast alles erledigt! Ergänzen Sie in der richtigen Form.**

| Wir müssen noch ... |  | Das ist alles schon erledigt! |

Getränke kalt stellen

Tische und Stühle putzen

Buffet aufbauen

Raum dekorieren

Nachbarn informieren

a Ich habe die Getränke schon *kalt gestellt* .

b Die Tische und Stühle haben Birte und ich schon ....

c Das Buffet haben Gerlinde und Eva schon ....

d Den Raum haben Sabine und ich gestern ....

e Ich habe die Nachbarn ....

10 **Letzte Vorbereitungen. Ergänzen Sie die Verben aus Übung 9.**

EINTRITT
VERBOTEN

a Tina, kannst du bitte kurz bevor die Gäste kommen, die

kalt gestellten Getränke aufs Buffet stellen?

b Birte und Tina, könnt ihr dann schon mal die ....

Tische und Stühle in der Turnhalle aufstellen?

c Macht doch mal ein Foto von dem .... Buffet. Das

sieht so toll aus.

d Passt bitte auf, dass noch keiner den .... Raum betritt.

e So, das war's dann. Ach, nur noch eins. Die von mir

.... Nachbarn waren sehr freundlich und sie

wünschen uns viel Spaß für unser Fest.

11 **Schwarzes Brett: Ergänzen Sie die Endungen.**

a Qualifiziert.......... Nachhilfelehrer bietet
Nachhilfeunterricht in Mathematik und Physik.
Alle Klassen. Preis: 15 € /45 Min.
Bei Interesse: 0163/7272135

b **Sommerfest am 22. Juli um 15 Uhr**
Bitte tragt euch in die Listen ein, wenn ihr zu
unserem Fest einen selbst gemacht.......... Kuchen,
Salat oder etwas anderes mitbringen könnt.
Danke.

c Wer möchte in unserem Studenten-Chor mitsingen?
Unser Chor „Vokal Total" braucht dringend neue Leute.
Interessiert.......... Studentinnen und Studenten können
immer mittwochs von 19-20:30 bei der Chorprobe
mitmachen.

d Verkaufe gebraucht.......... Herrenfahrrad.
Bei Interesse bitte E-Mail an
JS1202@yahoo.de.

e **Achtung Tierfreunde!**
Ich habe drei supersüße,
neugeboren.......... Kätzchen zu
verschenken. Wer ist tierlieb und
möchte eins haben? Ruft mich
an unter: 0151/655 322 61.

f Individuell gestaltet.......... Klavierstunden
von staatlich geprüft.......... Klavierlehrer
in freundlicher Atmosphäre.
Für Erwachsene und Kinder.
info@klavierspielen.de

B3

12 Basisdemokratie

a Wer sagt das? Lesen Sie die Texte in b und ordnen Sie zu.

Text

1 Nur durch unser persönliches Engagement konnten wir eine Katastrophe in unserem
Ort verhindern. ☐

2 Es ist wichtig, sich politisch zu engagieren, auch wenn man viel Zeit investieren muss. ☐

3 Man kann auch in der Schule politisch aktiv werden. ☐

b Ergänzen Sie in der richtigen Form.

Kurz vor den Bundestagswahlen sind wir auf die Straße gegangen und wollten mal von den Bürgern wissen, ob und wie sie sich eigentlich politisch engagieren. Erstaunlich war, dass sehr viele in der einen oder anderen Weise politisch aktiv sind. Drei Aussagen haben wir hier für Sie abgedruckt.

A Marianne S., 38 Jahre

Seit zwei Jahren bin ich im Kindergarten meiner Tochter als Elternbeirat tätig. Wir sind insgesamt acht ..engagierte.............. (engagiert) Mütter und Väter, die von den Eltern gewählt wurden. Ich finde es einfach wichtig, dass man politisch aktiv wird – auch im Kindergarten. Klar, so was kostet viel Zeit und Nerven. Aber die von uns bisher .... (planen) und .... (organisieren) Aktionen, wie z.B. der Besuch bei der Polizei und das Sommerfest haben viel Spaß gemacht.

B Sven K. 16 Jahre

Dieses Jahr bin ich mit zwei Mitschülern Schülersprecher geworden. Wir sind die von allen Klassensprechern .... (wählen) Verbindung zwischen Schülern, Lehrern und dem Elternbeirat. Das heißt, ich nehme aktiv an der Schulpolitik teil. Neben dem üblichen Weihnachtsbasar hat die SMV z.B. ein Streitschlichterprogramm eingeführt. Natürlich gibt es auch unsere immer gut .... (besuchen) Mittel- und Oberstufenpartys. Ich möchte übrigens eine Lesenacht organisieren. Die gab's bisher noch nicht.

C Klaus G., 61 Jahre

Ich habe mich im letzten Jahr zusammen mit anderen .... (betreffen) Mitbürgern sehr stark in einer Bürgerinitiative engagiert. In unserer Gemeinde sollte auf einer wunderschönen Wiese ein riesiger Sportplatz entstehen. Die Wiese ist aber Lebensraum für viele seltene Pflanzenarten; darum haben wir uns gegen den Bau gewehrt und tagelang unsere selbst .... (schreiben) Infoblätter in der Stadt verteilt. Und am Ende haben die Bürger tatsächlich mit 60% gegen den Bau gestimmt. Sie können sich nicht vorstellen, wie glücklich und stolz wir auf unsere .... (leisten) Arbeit waren.

B3

13 Schlagzeilen. Was ist richtig? Kreuzen Sie an.

a Unglaublich, aber wahr: ☐ Vermisst ☒ Vermisster ☐ Vermisste Hund nach drei Jahren wieder aufgetaucht.

b Große Aufregung im Berliner Zoo: Schwer ☐ verletzt ☐ verletzte ☐ verletzter Löwe von Ärzteteam gerettet.

c Toll: ☐ Neu eröffnetes ☐ Neu eröffnet ☐ Neu eröffnete Fußball-Stadion bricht alle Besucherrekorde.

d Polizeikontrolle: 12-jähriger Fahrer versucht, mit ☐ gestohlen ☐ gestohlenem ☐ gestohlenes Auto Polizeisperre zu durchbrechen.

14 **Schreiben Sie Schlagzeilen.**

verzweifeln ● verlieben ● betrinken ● suchen ● vermissen ● finden ● langweilen ● ...

Hausfrau ● Rentnerin ● Weihnachtsmann ● Postbote ● Polizist ● Kinder ● Ehemann ● Hund ● Katze ● Lehrer ● Ärztin ● Nachbar ● ...

Verzweifelter Postbote wirft 1000 Briefe weg.
Verliebte Rentnerin heiratet 100-Jährigen.

Projekt **15** **Zeitungslandschaft in Deutschland**

Beantworten Sie die Fragen und sammeln Sie Ihre Ergebnisse.
Machen Sie eine kleine Collage mit Ihren Lieblingszeitungen bzw. -zeitschriften.

a Welche deutschsprachigen Tages- und Wochenzeitungen kennen Sie?
Gehen Sie in eine Buchhandlung, einen Supermarkt oder eine Bücherei. Welche Zeitungen werden dort verkauft oder ausgeliehen?

b Wo steht was in Ihrer Zeitung? Suchen Sie eine deutsche Zeitung aus und ergänzen Sie die Tabelle.
Welche Rubriken hat die Zeitung? (Politik, Sport, Lokales, ...)
Wo finden Sie Weltnachrichten / regionale Nachrichten / das Kinoprogramm / ...?

Zeitungen/Zeitschriften aus Deutschland	Rubrik	Was steht da?
Bild, Süddeutsche Zeitung *Stern*	*Politik*	*Weltnachrichten*

c Welche Zeitung(en) lesen Sie am liebsten und warum?

Prüfung **16** **Hören Sie vier Gespräche. Zu jedem Gespräch gibt es zwei Aufgaben. Kreuzen Sie an.**
3 18–21

1 In der Schule ist heute Elternabend für die 10. Klasse. ☐ richtig ☐ falsch

Die Direktorin sagt,
  a die Eltern sollen helfen, für ihre Kinder die richtige Schule zu finden.
  b die Eltern sollen ihre Kinder unterstützen, egal, welche Schule die Kinder besuchen werden.
  c die Eltern sollen mit ihren Kindern möglichst viel üben.

2 Sie hören ein Gespräch in einer Schule. ☐ richtig ☐ falsch

Worum geht es?
  a Die Kinder brauchen gar nichts mitzunehmen.
  b Die Kinder sollen Kleidung, Schlaf- und Waschsachen mitnehmen.
  c Die Kinder sollen etwas zu essen und zu trinken mitnehmen.

3 Im Kindergarten ist heute Elternbeiratswahl. ☐ richtig ☐ falsch

Was soll man tun?
  a Man muss acht Namen auf den Wahlschein schreiben.
  b Man kann acht Namen aufschreiben, es können aber auch weniger sein.
  c Man kann nur eine Person wählen, weil man nur eine Stimme hat.

4 Frau Hauber und Herr Steininger sind Kollegen. ☐ richtig ☐ falsch

Was soll Herr Steininger machen?
  a Herr Steininger soll jeden Abend Steffens Hausaufgaben kontrollieren.
  b Herr Steininger soll mit Steffen immer um 15 Uhr die Hausaufgaben machen.
  c Herr Steininger soll Steffen belohnen, wenn er die Hausaufgaben gemacht hat.

Wiederholung
Schritte plus 5
Lektion 3

17   **Ergänzen Sie.**

Auf einer Stadtrundfahrt ...

a   *wird* .... den Touristen die Stadt *gezeigt* ....

b   .... viele Fragen ....

c   .... von historischen Ereignissen in der Stadt ....

d   .... Sehenswürdigkeiten ....

e   .... Fotos ....

f   .... Souvenirs ....

C2

18   **Was ist richtig? Kreuzen Sie an.**

a   Am 8. Mai 1945 wurde der Zweite Weltkrieg ☐ begonnen ☒ beendet.
b   1949 wurden zwei deutsche Staaten ☐ gegründet ☐ gewählt.
c   Berlin wurde im Zweiten Weltkrieg durch Bomben ☐ geteilt ☐ zerstört.
d   1961 wurde die Mauer ☐ zerstört ☐ erbaut.
e   Die Mauer wurde quer durch Berlin ☐ gebaut ☐ gestellt.
f   Deutschland wurde von den Alliierten in vier Besatzungszonen ☐ geschnitten ☐ aufgeteilt.
g   Am 9. November 1989 wurde von der Regierung der DDR die Mauer ☐ geschlossen ☐ geöffnet.
h   Am 3. Oktober 1990 wurde zum ersten Mal der Tag der deutschen Einheit ☐ gefeiert ☐ unterschrieben.

C2

19   **Zonenkinder**

a   Lesen Sie den Buchtitel und den Anfang eines Zeitungsartikels. Was ist richtig? Kreuzen Sie an.

Zonenkinder

Am 9. November 1989 fiel die Mauer, die Ost- und Westdeutschland getrennt hatte. Das sozialistische System war am Ende. Über Nacht änderten sich Kindheit, Alltag und die ganze Zukunft für viele Menschen in Ostdeutschland. Auch für die Schriftstellerin Jana Hensel, die in der DDR groß wurde. Jana Hensel war 13, als die Mauer fiel. Zwölf Jahre später schrieb sie ein Buch über die Zeit: „Zonenkinder". Darin beschreibt sie, wie sich damals ihr Leben veränderte.

ZONEN
Jana hensel
KINDER

„Zonenkinder" sind   ☐ Kinder, die zuerst in der DDR und nach der Wiedervereinigung im vereinten Deutschland aufgewachsen sind.

                  ☐ Kinder, die direkt an der Berliner Mauer aufgewachsen sind, also in der Zone um die Berliner Mauer herum.

b   Lesen Sie weiter und kreuzen Sie an: Richtig oder falsch?

„Für mich war dieses Buch einfach der Versuch, das ‚Ankommen im Westen' zu beschreiben. Der Wunsch, meine verlorene Kindheit festzuhalten. Etwas, was mir über Nacht weggenommen worden ist. Der 9.11., der Fall der Mauer, war nur ein Bruchstück von vielen. Für mich war es, als ob jeden Tag kleine Mauern fallen würden. Alles war auf einmal anders. In der Schule wurde jetzt der Kapitalismus von Lehrern erklärt, die vorher noch den Sozialismus über alles gelobt hatten. Die *Kaufhalle* hieß plötzlich *Supermarkt*, und von einem Tag auf den anderen standen Luxusprodukte aus dem Westen in den Regalen. Unsere Generation musste sich schon sehr anstrengen, den neuen Lebensstil zu imitieren, die Klamotten, die Gesten. Wir sind dann trotzdem als ‚Ossi' erkannt worden. Das war wirklich schrecklich für uns."

	richtig	falsch
1 Jana Hensel schreibt in ihrem Buch über ihre Kindheit.	☐	☐
2 Nach dem Fall der Mauer hat sich vieles geändert.	☐	☐
3 Jana war es egal, wenn die Leute gemerkt haben, dass sie aus der ehemaligen DDR stammt.	☐	☐

20 Bekannte deutsche Persönlichkeiten: Ergänzen Sie in der richtigen Form und ordnen Sie die Fotos den Texten zu.

Konrad Adenauer

Helmut Kohl

Angela Merkel

Willy Brandt

1 A Wer *ist* zum ersten Bundeskanzler der Bundesrepublik *gewählt worden* (wählen) und regierte diese 14 Jahre?

2 Welchem bedeutenden deutschen Politiker .... 1971 der Friedensnobelpreis .... (verleihen)?

3 Wer .... in Deutschland viermal zum Bundeskanzler .... (wählen) und wird heute auch der „Einheitskanzler" genannt?

4 Wer .... im Jahr 2005 zur ersten Bundeskanzlerin in der Geschichte Deutschlands .... (ernennen)?

21 Hätten Sie's gewusst?
Lesen Sie die Sätze und schreiben Sie jeweils zwei Fragen wie im Beispiel.

a *In welchem Land Europas ist das erste Rauchverbot* *eingeführt worden?* *In welchem Land wurde* ....

> Irland war das erste Land Europas, das das Rauchverbot eingeführt hat.

b *Von wem* ....

> Gustave Eiffel hat 1889 den Eiffelturm gebaut.

c *Wo* ....

> Den Film „7 Jahre in Tibet" mit Brad Pitt hat man in Österreich gedreht.

d *Wann* ....

> 1894 hat man die Tower Bridge für den Verkehr geöffnet.

22 Länderquiz
Bilden Sie Gruppen und schreiben Sie ein Quiz über Interessantes, Kurioses ... aus Ihrem Land / Ihren Ländern.

Welches Bauwerk ist ca. 6.500 km lang und wird somit das größte Bauwerk der Welt genannt?

D3

23 **Wenn ich entscheiden könnte ... Lesen Sie die Postkarten, die an Politiker geschrieben wurden. Über welche Themen schreiben die Leute? Ordnen Sie zu.**

a Ich wünsche mir von Ihnen, dass es keine Kriege gibt und dass keine Bomben explodieren. Bitte sorgen Sie dafür, dass die Menschen in den armen Ländern genug Geld haben.
Flavio, 5 Jahre, Berlin

b Können Sie nicht einen autofreien Sonntag im Jahr einführen und die Innenstädte frei halten von Autos? Kann man die Rechte von Radfahrern und Fußgängern nicht noch mehr stärken?
Karl-Heinz Beier, Lübeck

c Wir bitten Sie für unsere Kinder und Enkelkinder: Tun Sie etwas dafür, dass unsere Luft sauber bleibt und dass mehr Rücksicht auf die Natur genommen wird!
Anna Heinzeler, Berlin

d Ich erwarte von Ihnen, dass die Bildung wieder im Mittelpunkt der Politik steht. Bildung ist das Wichtigste, um im Leben Erfolg zu haben, und auch, um Deutschland voranzubringen. Ich bitte Sie: Tun Sie etwas dafür!
Jens Harter, Köln

e Bitte sorgen Sie dafür, dass alle Bürger nach Einkommenshöhe Steuern bezahlen. Außerdem fordere ich von Ihnen, dass die Rente der Bürger nicht angetastet wird. Wenn weiterhin Betriebe ins Ausland verlagert werden, dann kann es mit unserer Wirtschaft ja nur abwärtsgehen.
Rita Schöller, Vechta

f Warum schaffen Sie es nicht, dass jeder, der eine Ausbildung macht, auch einen Job bekommt??? Die Arbeitslosigkeit in unserem Land ist ein Skandal!
Markus Groll, Berlin

g Vielen Dank, dass Sie es vielen Ausländern ermöglichen, in Deutschland ein neues Leben zu beginnen. Manchmal würde ich mir aber noch mehr Toleranz und Akzeptanz von den Deutschen wünschen.
Aynur Derin, Berlin

		Text
1	Finanzen und Steuern	e
2	Arbeit und Arbeitslosigkeit	☐
3	Bildung	☐
4	Integration	☐
5	Frieden	☐
6	Umwelt	☐
7	Verkehr	☐

D3

24 **Post für unsere Politiker**

a Lesen Sie den Text und kreuzen Sie an: Richtig oder falsch?

Post für unsere Politiker

Endlich dürfen die Wähler und Wählerinnen einmal sagen, was ihnen unter den Nägeln brennt. Sie sitzen auf Hockern mitten in der Kölner Fußgängerzone und diktieren einer Frau im roten 50er-Jahre-Kostüm ihre politischen Ansichten. Die „Sekretärin" ist die 39-jährige Sheryl Oring. Mit einer schwarz glänzenden Schreibmaschine tippt sie die Wünsche und Beschwerden der Passanten auf Postkarten. Die gehen dann direkt an das Bundeskanzleramt. Eines der wichtigsten Themen ist die Arbeitslosigkeit. Frau Oring gibt keine Formulierungshilfe, auch wenn sich die Leute oft mühen, die richtigen Worte zu finden. „Es sind immer die Ideen der Menschen, nicht meine Gedanken." Bis Ende August tourt sie durch Deutschland. Bislang hat sie schon einige hundert Postkarten geschrieben.

		richtig	falsch
1	Frau Oring schreibt Postkarten, weil sie sich über die Politiker ärgert.	☐	☐
2	Die Leute auf der Straße sagen Frau Oring, was sie den Politikern schreiben soll.	☐	☐
3	Die Leute interessieren sich nur für das Thema Arbeitslosigkeit.	☐	☐
4	Beim Schreiben der Briefe hilft sie den Leuten nie, die richtigen Worte zu finden.	☐	☐
5	Frau Oring macht diese Briefaktion jedes Jahr im Herbst.	☐	☐

reibtraining

b Welche Fragen, Wünsche oder Forderungen würden Sie Frau Oring diktieren?
Schreiben Sie an einen Politiker Ihrer Wahl. Sie können diese Redemittel benutzen.

Wünsche	Forderungen	Fragen	Allgemeines
Ich wünsche mir, dass ...	Ich fordere von Ihnen, ...	Warum gibt es ...?	Wir sind sehr
Bitte sorgen Sie dafür,	Wenn Sie nicht ..., dann ...	Wir verstehen nicht,	enttäuscht von ...
dass ...	Ich erwarte von Ihnen,	warum ...	Vielen Dank,
Wir bitten Sie, ...	dass ...	Können Sie nicht ...?	dass Sie ...

Sehr geehrte/r Frau/Herr ...

3 22–26

25 **Hören Sie die Interviews und kreuzen Sie an: Richtig oder falsch?**

		richtig	falsch
a	Die Sprecherin wählt die Grünen, weil es ihrer Meinung nach keine andere Partei gibt, die sich so für den Frieden und die Ökologie einsetzt wie sie.	☐	☐
b	Die Sprecherin wird wahrscheinlich die SPD wählen, weil sie nicht dieselbe Partei wie ihr Vater wählen will.	☐	☐
c	Der Sprecher will dieses Jahr wählen, weiß aber noch nicht welche Partei.	☐	☐
d	Die Sprecherin wählt dieses Jahr die CDU und vielleicht das nächste Mal die SPD.	☐	☐
e	Der Sprecher wählt die FDP, weil seiner Meinung nach keine andere Partei in wirtschaftlichen Fragen ein so gutes Programm hat wie sie.	☐	☐

26 **Lerntagebuch: Hinhören und Hinsehen**

a Lesen Sie die Sätze und kreuzen Sie an.

LERNTAGEBUCH

Deutsch im Alltag	Ja	Nein
1 Ich lese Werbeplakate auf der Straße oder in der U-Bahn.	☐	☐
2 Ich lese die Infowände im Supermarkt.	☐	☐
3 Ich lese deutsche Zeitschriften, z.B. im Wartezimmer beim Arzt, aber auch im Internet.	☐	☐
4 Ich höre unauffällig zu, wenn sich Deutsche im Bus, Supermarkt oder Café unterhalten.	☐	☐
5 Ich stelle zu Hause einen deutschen Radiosender ein.	☐	☐
6 Ich sehe deutsches Fernsehen.	☐	☐
7 Ich höre deutsche Musik.	☐	☐
8 Ich lese Schlagzeilen in Zeitungen und Zeitschriften.	☐	☐
9 Im Internet benutze ich deutsche Suchmaschinen.	☐	☐

b Im Supermarkt, in der U-Bahn, in der Apotheke. Überall gibt es Möglichkeiten, „nebenbei"
die Deutschkenntnisse zu verbessern. Nutzen Sie die Chancen!

- ■ <u>Was</u> sagen die Leute und <u>wie</u> sagen sie es? Was fällt Ihnen auf?
- ■ Überlegen Sie sich: Was würden Sie in der gleichen Situation in Ihrer Sprache sagen?
- ■ Gibt es ähnliche Redewendungen oder sagen Sie in diesen Situationen etwas ganz
  anderes? Probieren Sie es aus: Wenn Sie eine interessante Redewendung lesen, dann
  schreiben Sie sie auf und übersetzen Sie sie in Ihre Sprache.

Auf Deutsch	In meiner Sprache
Wie geht es dir?	*How are you?*
Ist dir kalt?	*Hai freddo?*

········▶ Portfolio

Lernwortschatz

Politik und Gesellschaft

Abgeordnete der/die, -n	....
Aktion die, -en	....
Bevölkerung die	....
Bundeskanzler/-in der/die, -/-nen	....
Bundeskanzleramt das	....
(Bundes)Präsident/-in der/die, -en/-nen	....
Bürger der, -	....
Deutsche Bundestag der	....
Einbürgerung die, -en	....
Kandidat der, -en	....
Mehrheit die, -en	....
Minister der, -	....

(Mehrwert)Steuer die, -n	....
Partei die, -en	....
Politiker der, -	....
Regierung die, -en	....
Regierungschef der, -s	....
Staat der, -en	....
Staatsangehörigkeit die, -en	....
Staatsbürgerschaft die, -en	....
Streik der, -s	....
Volk das, ¨er	....
abstimmen	
regieren	....
politisch	....

Deutsche Geschichte

Bau der	....
Berliner Mauer die	....
Besatzungszone die, -n	....
Ereignis das, -se	....
Freiheit die, -en	....
Geschichte die	....
Grenze die, -n	....
Mauer die, -n	....
Nationalhymne die, -n	....

Sieger der, -	....
Siegermacht die, ¨e	....
Wiedervereinigung die	....
Zweite Weltkrieg der	....
fliehen, flieht, floh, ist geflohen	....
teilen	....

Weitere wichtige Wörter

Anfang der, ̈e ....

Entscheidung
  die, -en ....

Führung die, -en ....

Künstler der, - ....

Landwirtschaft die ....

mittlere Reife die ....

Schneiderei die, -en ....

Sozial-
  (Sozialpädagogik) ....

Stand der, ̈e ....

Tempo das ....

Umwelt die ....

Umweltschutz der ....

auffordern ....

produzieren ....

schaden ....

mittler- ....

Welche Wörter möchten Sie noch lernen?

....
....
....
....
....
....
....
....
....
....
....
....
....
....
....
....
....
....
....
....

A3

1   Die Schweiz und Österreich.

a Betrachten Sie die Karten und lesen Sie die Texte.

A

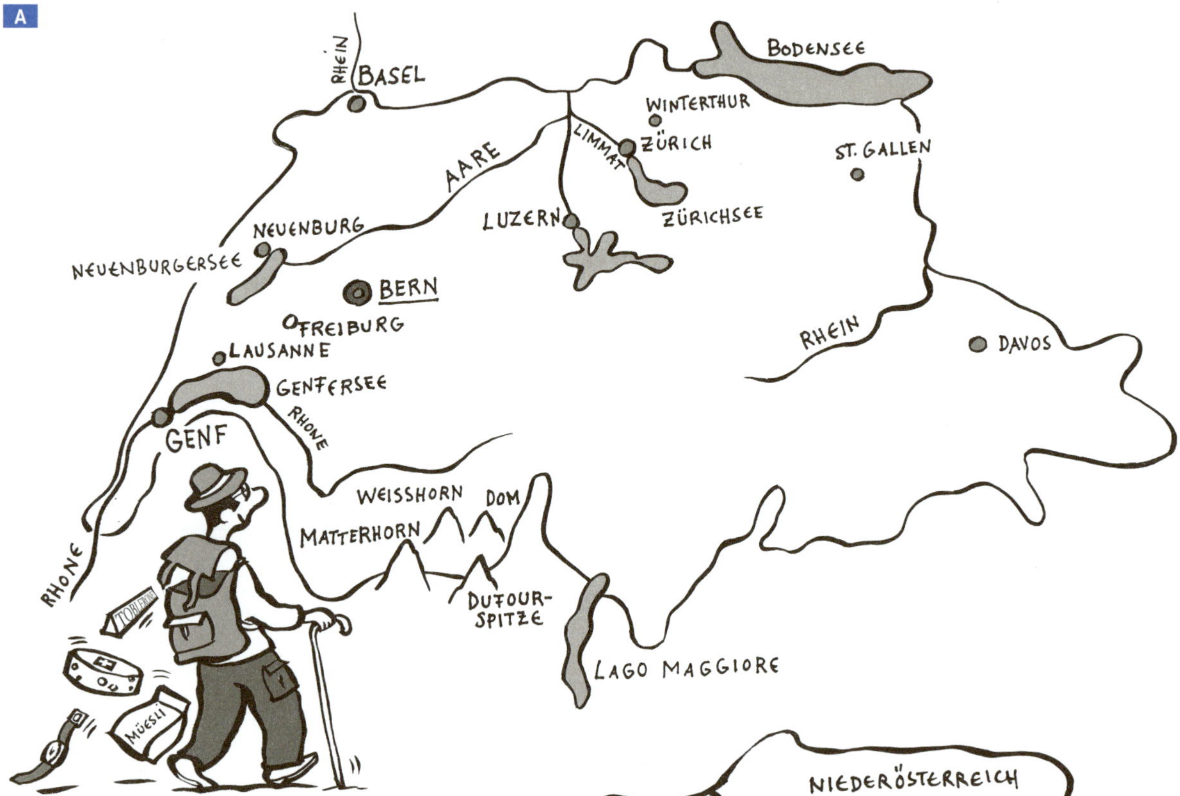

RHEIN BASEL
BODENSEE
WINTERTHUR
AARE ZÜRICH
LIMMAT ST. GALLEN
NEUENBURG LUZERN
NEUENBURGERSEE ZÜRICHSEE
BERN
O FREIBURG
LAUSANNE RHEIN
GENFERSEE DAVOS
RHONE
GENF
WEISSHORN DOM
MATTERHORN
RHONE DUFOUR-
SPITZE
LAGO MAGGIORE

B

NIEDERÖSTERREICH
DONAU
INN LINZ ST. PÖLTEN
OBER-
ÖSTERREICH
WIEN
SALZBURG WIEN
SALZACH NEUSIEDLER-
EISENSTADT SEE
SALZBURG
WOLFGANGSEE
INN BURGEN-
BREGENZ INNSBRUCK LAND
LECH GROßGLOCKNER MUR
VORARLBERG WEIßKUGEL TIROL STEIERMARK
WILDSPITZE MILLSTÄTTERSEE GRAZ
KÄRNTEN
KLAGENFURT
WÖRTHERSEE

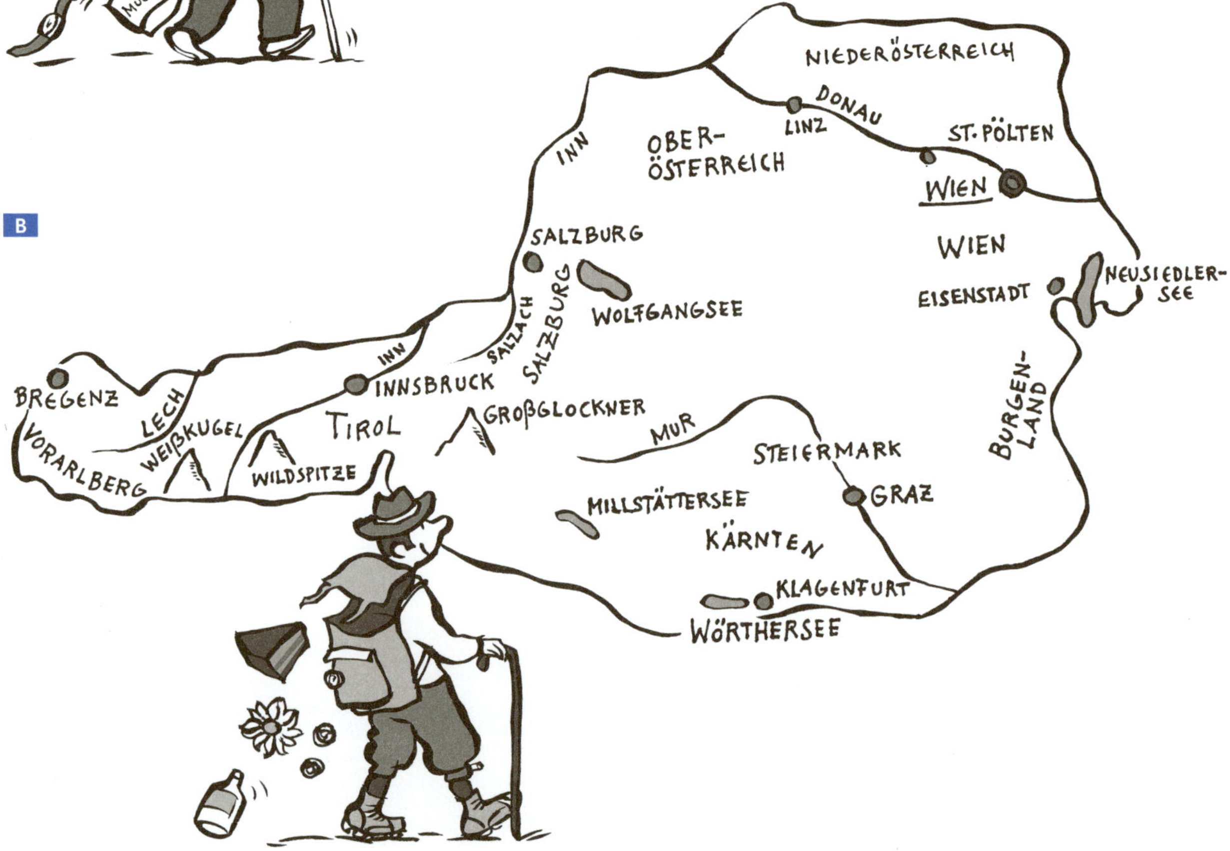

A

Die Schweiz (*CH = Confœderatio Helvetica*) ist ein kleines Land mit vielen Unterschieden. Seine Einwohnerzahl beträgt ca. 7 300 000. Im Westen grenzt es an Frankreich, im Norden an Deutschland, im Osten an Österreich und das Fürstentum Liechtenstein und im Süden an Italien. Trotz des hohen Anteils des Landes an Hochgebirge sind 43% Wiesen und Weiden. Die höchsten und bekanntesten Berge sind die Dufourspitze im Monte-Rosa-Massiv (4634 m) an der italienischen Grenze, der Dom (4545 m), das Weißhorn (4507 m) und das Matterhorn (4477 m). Politisch ist die Schweiz in 20 Vollkantone und 6 Halbkantone mit jeweils eigener Verfassung, Parlament und Regierung aufgeteilt. Die Schweiz hat natürlich auch eine Bundesregierung, aber keinen Regierungschef; alle Bundesräte (Minister) sind gleichberechtigt. Die Schweiz ist nicht Mitglied der Europäischen Union.

B

Die Republik Österreich (*A = Austria*) grenzt im Norden an Deutschland und Tschechien, die Slowakei und Ungarn im Osten, Slowenien und Italien im Süden und die Schweiz und Liechtenstein im Westen. Es hat ca. 8,2 Mio Einwohner und ist doppelt so groß wie die Schweiz (84 000 km²). Von der Gesamtfläche Österreichs entfällt nur etwa ein Viertel auf Tief- und Hügelländer. Nur 32 % liegen tiefer als 500 m. Die höchsten Berge sind der Großglockner (3797 m), die Wildspitze (3768 m) und die Weißkugel (3739 m). Österreich ist in 9 Bundesländer gegliedert. Die Regierung führt der Bundeskanzler. Das Land ist seit 1995 in der Europäischen Union.

b Ergänzen Sie die Informationen in den Steckbriefen.

	Schweiz	Österreich
Nachbarländer:	*Frankreich*	
Einwohnerzahl:		
Größe in km² (ca.):		
Autokennzeichen:		*A*
Hauptstadt:		
Einige Städte:		
Einige Berge:		
Einige Flüsse:		
Einige Seen:		
Politische Gliederung in:		
Staats- und Regierungschef:	*keinen*	
Mitglied der EU?		

A3

2 **Sprache(n) in der Schweiz**

a Welche Sprachen werden in der Schweiz gesprochen?
Lesen Sie den Text und kreuzen Sie an.

> *Esperanto, künstliche, leicht erlernbare Sprache, die statt des Englischen der internationalen Kommunikation dienen sollte.*

☐ Portugiesisch ☐ Italienisch ☐ Spanisch ☐ Französisch ☐ Deutsch ☐ Esperanto ☐ Rätoromanisch

Kein Schweizer isst Müsli

Die Schweiz ist zwar nicht das Land mit den meisten Sprachen, aber immerhin aus einer der spannendsten Kreuzungen Europas. Von jedem Nachbarland nahm sich die Schweiz ein Stück weg. (...) Die offiziellen Landessprachen sind Italienisch, Französisch und Deutsch und außerdem seit 1939 noch das Rätoromanische. Man spricht es in Teilen Graubündens, und es klingt wie eine Mischung aus Portugiesisch und Esperanto. (...) Italienisch und Französisch sind kein größeres Problem, wenn man diese Sprachen spricht. Anders das Deutsche! (...) Des Schweizers gesprochenes Deutsch ist nämlich Schweizerdeutsch, oder *Schwiizerdüütsch*. (...) So schwierig ist es aber nicht. Drei Tipps sollen den Zugang erleichtern:

● Das *K* hat sich oft zum *CH* (wie in Da*ch*) verwandelt: Das Wort *Küche* wird so zur *Chuchi*.
● Wo der Schweizer ein langes *u* spricht (*Muus, Huus*), steht im Deutschen meist ein *au* (*Maus, Haus*).
● Dafür sprechen die Schweizer allerdings dort, wo die Deutschen ein langes *u* sagen (*Tuch, Mut*), ein für die deutschen Zungen unmögliches *uä* (*Tuäch, Muät*).

Daraus erklärt sich ein in Deutschland weitverbreitetes Missverständnis: Wenn Sie in der Schweiz ein *Müsli* bestellen, grinsen Ihre Gastgeber in sich hinein, denn Sie scheinen eine kleine Maus verspeisen zu wollen (*Müsli* = Verkleinerung von *Muus*). Die in der Schweiz entwickelte Frucht-Joghurt-Getreidemischung ist hierzulande ein *Müesli*.
Würden Sie ein knappes halbes Jahr in der Schweiz leben, Sie könnten (fast) jedes Wort verstehen.

b Was ist das? Lesen Sie noch einmal und ergänzen Sie.

.... ist im Schweizerdeutschen eine kleine Maus (= Mäuschen).

.... ist im Schweizerdeutschen eine Mischung aus trockenen Früchten, Joghurt und Getreide.

A3

3 **Müsli oder Müesli?**

a „Übersetzen" Sie ins Deutsche.

1 Chuchi	*Küche*........
2 Muus	....
3 Huus	....
4 Tuäch	....

5 Muät	....
6 Müsli	....
7 Müesli	....

CD3 27 **b** Hören Sie und vergleichen Sie.

4 **Gut aufgepasst! In der Schweiz und in Österreich sagt man anders: Was möchten die Leute? Ordnen Sie zu.**

a Im Restaurant

Kartoffeln • Tomaten • Bohnen • (2x) Sahne • Aprikosen- • Quark- • Eis

A **1** Entschuldigen Sie bitte, wir hätten den Schweinsbraten
gern mit *Erdäpfeln*. Geht das?

die *Kartoffeln*...........................

2 Wir haben heute frische *Marillen*knödel als Nachspeise.

die ....

3 Ich hätte gern den grünen Salat mit *Paradeisern*, bitte.

die ....

4 Ich möchte statt des Spinats gern die *Fisolen*, bitte.

die ....

5 Und danach bitte einen *Topfen*strudel mit *Schlagobers*.

der ....
die ....

CH **6** Für mich bitte zum Dessert eine *Glace* mit *Rahm*.

das ....
die ....

b Wohnen

Kühlschrank • Sessel • Klingel • Briefträger • Hausmeister • Aufzug

A **1** Drück doch noch mal auf die *Glocke*? Die müssten doch
zu Hause sein.

die *Klingel*...........................

2 Haben wir noch Bier im *Eiskasten*? – Ich glaube nicht.

der ....

CH **3** Schaust du mal bitte nach, ob der *Pöstler* schon da war,
wenn du rausgehst? Ich warte auf einen wichtigen Brief.

der ....

4 Ich habe heute den *Abwart* noch gar nicht gesehen.
Normalerweise ist der doch recht früh unterwegs.

der ....

5 Komm, wir nehmen den *Lift*. Die wohnen ja im fünften Stock!

der ....

A **6** Das ist ja ein schöner *Fauteuil*! Und so bequem!

der ....

CH Woher habt ihr den denn?

c Unterwegs

Führerschein-Prüfung • Fahrrad • Haltestelle • Gehweg • Straßenbahn • Fahrkarte • Vorfahrt

CH **1** ● Und? Hast du die *Fahrprüfung* bestanden?

die ....

▲ Nein, ich habe jemandem den *Vortritt* genommen.

die ....

2 Komm, lass uns mit dem *Velo* fahren, *das Tram* ist immer
so voll.

das ....
die ....

3 Also, dass die ihre Autos immer auf dem *Trottoir* parkieren.

der ....

4 Zeigen Sie mir doch mal Ihr *Billett*, bitte!

die ....

A **5** An der nächsten *Station* müssen wir aussteigen.
Lass uns schon einmal aufstehen.

die ....

d Einkaufen

Rock • Kiosk • Hörnchen • Kaufhaus • Streichhölzer • Erdgeschoss

A **1** Entschuldigung, können Sie mir sagen, wo ich hier

CH *Zündhölzer* bekomme?

die ....

A **2** ● Entschuldigung, wo kann ich Zigaretten kaufen?
▲ In der *Trafik*.

der ....

3 Bringst du mir bitte ein *Kipferl* vom Bäcker mit?

das ....

CH **4** Komm, lass uns ins *Warenhaus* gehen. Da ist die Auswahl
größer.

das ....

5 Ich möchte mir gern einen neuen *Jupe* kaufen. Kommst du mit?

der ....

6 Hüte und Strümpfe finden Sie im *Parterre*.

das ....

Gesellschaft und Politik

Bundesland das, ¨er ....

Demokratie die, -n ....

Europa das ....

Europäische
  Union die ....

Reform die, -en ....

Tradition die, -en ....

Währung die, -en ....

Wohnsitz der, -e ....

Landschaft

Landschaft die, -en ....

Ernte die, -n ....

Sand der ....

Schatten der, - ....

fließen,
  fließt,
  floss,
  ist geflossen ....

Lebensmittel

Lebensmittel die
  (Pl.) ....

Apfelsine die, -n ....

Aprikose die, -n ....

Limonade die, -n ....

Pilz der, -e ....

Pflaume die, -n ....

Weitere wichtige Wörter

Geräusch das, -e ....

Geruch der, ¨e ....

Heimweh das ....

Humor der ....

Hut der, ¨e ....

Leder das
  (Lederhose die, -n) ....

Mühe die, -n ....

Umfrage die, -n ....

Weltmeisterschaft
  die, -en ....

Wettbewerb der, -e ....

Zusammenarbeit die ....

reden ....

spüren ....

zunehmen,
  nimmt zu,
  nahm zu,
  hat zugenommen ....

golden ....

heutig- ....

realistisch ....

ursprünglich ....

zukünftig ....

nebenbei ....

Welche Wörter möchten Sie noch lernen?

Wo steigen Sie ein? Was möchten Sie noch üben? Wählen Sie aus.

---

1   *Arrogant – die Arroganz.* **Ordnen Sie in Gruppen.**

arrogant•gemütlich•gesund•anstrengend•sympathisch•spannend•tolerant•
sportlich•langweilig•berühmt•selbstständig•beliebt•interessant•fantasievoll

-ung	- e	-anz	-ie	-keit	-heit
die	die	die Arroganz	die	die Gemütlichkeit	die

---

2   **Menschen sind ganz verschieden, z.B.** *humorvoll – humorlos.* **Sagen Sie es anders.**

Sie ist ein Mensch mit ...   Er ist ein Mensch mit ...

viel Fantasie   *fantasievoll*..........   wenig Fantasie   ....

viel Humor   ....   wenig Geduld   ....

wenig Gefühl   ....   und wenig Rücksicht   ....

aber viel Geduld   ....   aber viel Liebe   ....

und Toleranz   ....   und Respekt

Trotzdem lieben sie sich!

---

3   **Kleinanzeigen. Ergänzen Sie in der richtigen Form.**

a   Welcher stürmisch*e*...... Mann will mit mir gemeinsam......... Stunden verbringen?

b   Einsam........ Student sucht nett........ Abwechslung.

c   Gelangweilt........ Hausfrau sucht abwechslungsreich........ Nebenjob.

d   Modern........ Unternehmen sucht engagiert........ Mitarbeiter für unser Lager.

---

4   *Eine kleinere Wohnung!* **Ergänzen Sie in der richtigen Form.**

teuer•jung•lustig•~~klein~~•langweilig•gut•neu•viel•~~billig~~•langweilig

a   Weißt du schon, dass Carla umgezogen ist? Sie hat sich nach der Trennung von ihrem Mann
eine *kleinere*........ und *billigere*........ Wohnung gesucht.

b   Und hast du das gehört? Maria ist jetzt mit einem 20 Jahre .... Mann zusammen.
Unglaublich - oder? Und das in ihrem Alter!

c   Na ja, vielleicht besser als dieser Ralf. Der ist vielleicht langweilig. Mit dem kann man nur
die .... Gespräche führen. Ich kenne keinen .... Mann als ihn!

d   Und Ingrid hat sich schon wieder ein Designerkleid gekauft. Immer nur die .... Klamotten!
Dass sie so viel Geld hat!

e   Kennst du eigentlich Marlon? Mit dem kann man immer so wunderbar lachen. Ich finde
einfach, dass er der .... Typ in der Clique ist!

f   Und Jan hat mir erzählt, dass er jetzt einen viel .... Job hat als vorher und noch dazu
.... Geld verdient als in seiner letzten Stelle. Na ja, ob das wohl stimmt?

g   Und Katrin. Sie weiß immer den .... Tratsch! Unglaublich. Hat sie nichts Besseres
zu tun als nur über andere Leute zu reden?

5   **Ein *gelungener* Tag!? Ergänzen Sie in der richtigen Form.**

a   Gestern habe ich mich geärgert über ...

1   den verspätet*en* Bus.   **4**   ein falsch geparkt........ Auto.

2   meinen tropfend....... Wasserhahn.   **5**   eine nicht bezahlt....... Rechnung.

3   schreiend....... Kinder.   **6**   meinen verloren........ Geldbeutel.

b   Heute freue ich mich über ...

blühen • planen • singen • aufräumen • lachen • decken • erledigen • aufgehen

1   *lachende*.............. Kinder.   **5**   eine .... Wohnung.

2   die .... Sonne.   **6**   den .... Vogel an meinem Fenster.

3   die .... Blumen.   **7**   die .... Arbeit.

4   einen schön .... Tisch.   **8**   den schon lange .... Urlaub.

---

6   **Ergänzen Sie die Endungen, wo nötig.**

a   ● Guten Tag, hier Rotraud Krautloher.

    ▲ Wie bitte, d*en*.... Nachname*n*.... habe ich leider nicht verstanden.

b   ● Hast du schon unser........ neu.......... Kollege....... gesehen? Sieht der nicht unsympathisch aus?

    ▲ Na ja, jetzt lerne ihn doch erst mal kennen.

c   ● Und wie war's im Zoo?

    ▲ Wir haben Pinguine........ gesehen und die Affe.......... waren so lustig. Und am besten fand ich die kleine Giraffe....... .

d   ● Ich war gestern bei mein........ Nachbar........ Paul zum Essen eingeladen. Ist das nicht nett?

    ▲ Du Glückliche. Ich habe ständig Streit mit meinen Nachbar........ .

e   Meine Dame...... und Herr............. . Ich begrüße Sie herzlich zu unserem jährlichen Silvestertreffen. Und möchte wie immer Frau......... Dr. Peterson und Herr....... Weller als unsere Vorsitzenden ganz herzlich begrüßen.

f   Selbstverständlich versuchen wir immer, unseren Kunde....... so schnell wie möglich zu helfen.

g   ● Wie geht's denn deinem Bekannt......? Wie heißt er noch mal? Der, mit dem du letzte Woche im Kino warst?

    ▲ Du meinst Paul? Das ist ein guter Freund........ . Keine Ahnung. Ich habe seitdem nichts mehr von ihm gehört.

---

7   **Die Beschreibung unvergesslicher Momente. Ergänzen Sie.**

a   Die Geburt d*es*........ ersten Kind*es*........

b   Das Gefühl d........... ersten Kuss..............

c   Augenblicke ein.......... wunderschönen Urlaub.......

d   Die Hochzeit d........... eigenen Kind..................

e   Ein liebevolles Geschenk ein.......... Freund............

f   Der Tod ein............ geliebten Mensch............

8   *Eine Taube, die ... .* Was ist was? Ergänzen Sie.

bei dem • ~~wo~~ • die • in dem • an dem • in der • was

a	Mein Lieblingsplatz	ist der Platz, *wo* ich mich am liebsten aufhalte.
b	Eine Brieftaube	ist eine Taube, ... Briefe transportiert.
c	Eine Schatzkiste	ist eine Kiste, ... ein Schatz liegt.
d	Ein Liebesbrief	ist ein Brief, ... steht, wie sehr ich jemanden mag.
e	Ein Glückstag	ist ein Tag, ... mir alles gelingt.
f	Ein Glücksbringer	ist etwas, ... mir Glück bringt.
g	Ein Pechvogel	ist jemand, ... alles schiefgeht.

9   Der perfekte Arbeitsplatz, *an dem ...* ! Ergänzen Sie.

Ich wünsche mir ...

a   ... eine Stelle, *die* mir Spaß macht.

b   ... eine Arbeit, *in der* ich mich selten langweile.

c   ... einen Chef, ... ich mich nur manchmal ärgere.

d   ... einen Kollegen, ... ich abends auch weggehen kann.

e   ... Kollegen, ... immer hilfsbereit sind und .... ich auch mal lachen kann.

f   ... eine Kollegin, ... ich vertrauen kann.

g   ... ein Büro, ... gemütlich ist.

h   ... überall, ... ich hinsehe, viele Pflanzen.

i   ... eine Couch, ... ich manchmal schlafen kann.

j   ... einen Schreibtisch, ... immer aufgeräumt ist.

k   ... einen Computer, ... meine Fehler korrigiert.

l   ... eine Kantine, ... es leckeres Essen gibt.

m   Das ist alles, ... ich brauche!

n   Dann gibt es nichts, ... ich vermisse.

10   *Irgend...* Ergänzen Sie.

irgendetwas • irgendwelchen • ~~irgendjemand~~ • irgendwohin • irgendwann • Irgendwie

a   Du, Carla, *irgendjemand* hat für dich angerufen. Ich weiß nicht, wer es war. Er hat seinen Namen nicht gesagt.

b   ● Du, lass uns in Urlaub fahren!

   ▲ Gute Idee. Wohin?

   ● Egal, ... ! Hauptsache weg!

c   Also, ... stimmt nicht mit ihr. Sie ist heute so ruhig. Normalerweise redet sie die ganze Zeit.

d   ▲ Wo ist Paul?

   ● Ich weiß nicht. Er ist mit .... Freunden ins Kino gegangen.

e   Also, dann tschüss. Ich melde mich .... nächste Woche. Dann können wir etwas ausmachen.

f   Ich weiß nicht. .... gefällt mir der Pullover doch nicht. Ich überlege es mir noch mal.

11   Wie war *es* im Urlaub? Ergänzen Sie.

Es hat ... geregnet•war es ... schön•war es ... kalt•Es gab ... Streit•hat es ... gefallen•
klingelt es•habe es ... eilig•es gibt ... zu sehen•es ist ... einfach

a   Na ja, die meiste Zeit *war es* sehr *schön* .

b   Das Wetter war meistens gut. .... kaum .... Nur manchmal
.... ein bisschen ....

c   Du weißt ja, ... nicht immer .... mit Peter. .... auch
manchmal .... Na, wie das eben so ist. Aber dann war auch alles wieder in Ordnung.

d   Aber das Land ist toll. Die Leute sind nett und .... ja so viel ....

e   Also, im Großen und Ganzen .... mir gut ....

f   Du jetzt .... an der Tür. Also, ich mach dann Schluss.

g   Ich muss sowieso gleich los. Arzttermin. Ich .... total ....
Also, dann. Ich ruf dich heute Abend an. Tschüs.

---

12   *Das Wetter* oder *es*? Was ist richtig? Ergänzen Sie.

a   Gestern hat *es* geregnet. (das Wetter / es)

b   Aber heute scheint .... ! (die Sonne / es)

c   .... reicht mir! Ich gehe! (Du / Es)

d   .... reichen, damit kannst du genug Bonbons kaufen. (5 Euro / Es)

e   .... gibt mir jeden Morgen einen Kuss. (Fernando / Es)

f   .... geht ihm gut, er hat einen neuen Job. (Er / Es)

g   .... geht normalerweise zu Fuß zur Arbeit. (Er / Es)

---

13   Der verlorene Sohn. Was ist passiert? Erzählen Sie die Geschichte in der Vergangenheit.

Der Sohn (a) *spielte* (spielen) in der Wohnung Fußball. Dabei (b) .... er ein Fenster
.... (kaputt schießen). Der Vater (c) .... (rennen) hinter dem Sohn her, aber er
(d) .... (können) ihn nicht fangen. Dann (e) .... (warten) der Vater auf seinen
Sohn. Zuerst (f) .... (sein) er sehr wütend. Mit der Zeit (g) .... (werden) er
immer ängstlicher und (h) .... (bekommen) Angst, dass dem Sohn etwas passiert sein
könnte. Als der Vater vor seiner Haustür (i) .... (auf- und ablaufen), (j) ....
(fliegen) ein zweites Mal der Ball durch ein Fenster. Überglücklich (k) .... (schließen)
der Vater seinen Sohn in die Arme.

---

14   *Ich hatte es versprochen*! Antworten Sie.

a   ● Warum hast du gestern keinen Kuchen mehr gebacken? (es versprochen)
       ▲ Ich weiß, *ich hatte es versprochen* , aber ich musste so lange im Büro bleiben.

b   ● Und warum musstest du so lange im Büro bleiben? (mein Chef mich darum gebeten)
       ▲ Weil ....

c   ● Und warum hast du nicht danach den Kuchen gebacken? (die Zutaten nicht eingekauft)
       ▲ Weil ich ....

d   ● Und warum hast du nicht dann noch eingekauft? (die Geschäfte schon geschlossen)
       ▲ Weil ....

e   ● Und warum hast du nicht deine Nachbarn gefragt? (Nachbarn schon ins Bett gegangen)
       ▲ Weil ....

       Und warum hast du eigentlich keinen Kuchen gebacken?

15 **Ergänzen Sie _werden_ in der richtigen Form.**

a Ich verspreche euch hiermit, dass ich nie wieder lügen _werde_.

b Sobald sie können, ... sie uns besuchen.

c Du .... jetzt sofort dein Zimmer aufräumen, sonst kannst du was erleben!

d Machen Sie sich keine Sorgen. Ich bin überzeugt, dass wir eine Lösung finden ....

e Ich bin mir ganz sicher, dass es euch dort bestimmt gut gefallen ....

f Das war wirklich keine Absicht und .... bestimmt nicht mehr vorkommen.

16 **Unerfüllte Wünsche. Schreiben Sie.**

a Klaus hat so ein tolles Fahrrad. Ach, _hätte ich doch auch so ein Fahrrad_ .... !

b Linas Puppe hat super Kleider. Ach, wenn .... !

c Peter ist vier Wochen am Meer. Ach, wenn .... !

d Sven kann schon richtig gut schwimmen. Ach, ... !

e Morgen muss ich zu meiner Tante. Ach, wenn .... !

17 **Hinterher weiß man alles besser! _Hätte ich doch ..._ Schreiben Sie.**

a Sie kommen zu spät in die Arbeit. (früher aufstehen) _Wäre ich doch früher aufgestanden_ .... !

b Sie haben den Bus verpasst. (Auto nehmen) .... !

c Sie werden nass. (Regenschirm mitnehmen) .... !

d Sie haben Kopfschmerzen (früher ins Bett gehen) .... !

e Sie haben den Geburtstag ihres besten Freundes vergessen. (ihn in meinen Kalender schreiben)

.... !

18 **_Wenn du das machen würdest, dann könnten wir ..._ ! Schreiben Sie Sätze.**

nicht lernen müssen	du das schönste Leben auf Erden haben.
auf den Mond fliegen können	das Leben ziemlich langweilig sein
Clown sein	einen super Astronautenanzug kaufen
zaubern können	nicht mit anderen Menschen sprechen
noch nie im Ausland gewesen	jedem Zuschauer eine rote Rose schenken
keine anderen Sprachen gelernt	immer noch davon träumen

Wenn ich nicht lernen müsste, wäre das Leben ziemlich langweilig.

...

19 **_Wenn ich ... wäre._ Was denken die fünf Personen übereinander? Schreiben Sie.**

Ein Kind, eine Marktfrau, eine Hausfrau, ein Student und ein Geschäftsmann stehen an der Bushaltestelle und warten.

a _Kind:_ Marktfrau – nicht in die Schule gehen – den ganzen Tag im Freien sein

Ach, wäre ich doch eine Marktfrau! Wenn ich Marktfrau wäre, dann müsste ich nicht in die Schule gehen und könnte den ganzen Tag im Freien sein.

b _Marktfrau:_ Hausfrau – nicht bis spät arbeiten – mehr Zeit zu Hause bei den Kindern sein

....

....

c *Hausfrau:* Student – nicht immer putzen und kochen – viele nette Leute kennenlernen

....
....

d *Student:* Geschäftsmann – nicht in einer WG wohnen – viel Geld haben

....
....

e *Geschäftsmann:* Kind – nicht so viele Sorgen haben – jeden Tag in die Schule gehen

....
....

---

20   *Er tut so, als ob ..., aber in Wirklichkeit ...* **Schreiben Sie Sätze.**

			aber in Wirklichkeit ...
a	es scheint:	Drucker – drucken	nichts auf dem Papier stehen
b	es hört sich so an:	Staubsauger – saugen	alles noch dreckig sein
c	es sieht so aus:	Peter – sich gut eingelebt	seine Familie vermissen
d	der Lehrer hat geklungen:	er – ziemlich wütend sein	nur wenig Zeit haben
e	er tut so:	er – wichtigen Termin haben	Kaffee trinken gehen

a *Es scheint, als ob der Drucker drucken würde. Aber in Wirklichkeit steht nichts auf dem Papier.*.........
b ....
c ....
d ....
e ....

---

21   **Ein Tag im Leben des Werner P. Schreiben Sie Sätze mit** *untersuchen, röntgen,*
operieren, machen.

1 untersuchen● **2** röntgen● **3** operieren● **4** machen

a Werner hat sich sein Bein gebrochen. Was passiert mit ihm? Ergänzen Sie.

1 Zuerst *wird*........ er vom Arzt *untersucht*.... .

2 Dann .... er ....

3 Danach .... er ....

4 Zum Schluss .... ein Verband ....

b Was sagen die Ärzte am nächsten Tag? Ergänzen Sie.

1 Gestern *wurde*..... der Patient zuerst .... Diagnose: Beinbruch.

2 Dann .... der Knochen ....

3 Der Patient .... sofort ....

4 Zum Schluss .... ein Verband ....

c Was erzählt seine Frau? Ergänzen Sie.

1 Stell dir vor, Werner *hatte*...... gestern einen Unfall. Wir sind sofort zum Arzt. Dort ..*ist*.... er gleich
.... Und: Er hatte sich das Bein gebrochen. So ein Pech.

2 Dann .... der Knochen ....

3 Weil der Bruch so kompliziert war, ... er sofort ....

4 Dann .... ein Verband ....

22 *Das Bein muss geschont werden.* Wie geht es weiter? Schreiben Sie die Sätze anders.

<u>a</u> Werner muss das Bein noch schonen. Das Bein *muss noch geschont werden* .

<u>b</u> Er darf das Bein noch nicht bewegen. Das Bein ....

<u>c</u> Man kann den Gips in drei Wochen entfernen. Der Gips ....

<u>d</u> Danach muss Werner einen Spezialschuh tragen. Danach ....

23 *über / unter / auf ...* Was ist richtig? Markieren Sie.

<u>a</u> Ich ärgere mich oft (über) / an / für das schlechte Programm.

<u>b</u> Können wir uns nun endlich über / für / zu eine Sendung entscheiden?

<u>c</u> Ich interessiere mich am meisten für / an / auf Dokumentarfilme.

<u>d</u> Ich habe mich halb totgelacht von / über / bei diese Komödie.

<u>e</u> Wir freuen uns jeden Tag über / zu / auf unsere Lieblingssendung.

<u>f</u> Meine kleine Schwester ist ganz verliebt mit / in / für den Schauspieler aus der „Sendung mit der Maus".

<u>g</u> Erinnerst du dich noch an / für / auf die Serie mit Brad Pitt?

24 *Ich freue mich schon darauf!* Ergänzen Sie.

<u>a</u> Heute Abend schaue ich wieder meine Lieblingsserie. Ich freue mich schon *darauf* .

<u>b</u> Du, ich habe leider keine Zeit. Ich bin mit Paul zum Kino verabredet. Ich treffe mich .... um 20 Uhr.

<u>c</u> Der Krimi war so spannend. Ich konnte kaum schlafen. Und als ich endlich eingeschlafen war, habe ich die ganze Nacht .... geträumt.

<u>d</u> Die Kandidaten bei dem Quiz! Sie haben gar nichts gewusst. Ich musste so .... lachen.

<u>e</u> Ich kann den Film einfach nicht vergessen. Ich muss die ganze Zeit .... denken.

<u>f</u> Erinnerst du dich noch an den Sänger? Ich könnte mich heute noch .... aufregen, weil er so schlecht war.

25 *Es macht keinen Spaß!* Ergänzen Sie.

Es wäre mir am liebsten•Ich finde es total langweilig•Ich habe keine Lust•
Es ist schrecklich•Es macht mir keinen Spaß

1 *Ich habe keine Lust* ...., den ganzen Abend in der Küche zu stehen und Kuchen zu backen.

2 ...., Leute einzuladen. Da hat man nur viel Arbeit

3 ...., meine Ruhe zu haben. Aber ich muss arbeiten.

4 ...., schon wieder ins Kino zu gehen.

Können wir nicht mal ins Theater?

5 ...., so früh aufzustehen.

26   **Schon wieder Geburtstag ... wie schön! Ergänzen Sie in der richtigen Form.**

bekommen • schreiben • feiern • planen • zubereiten

1   Ich fange schon Monate vorher an, das Fest *zu planen* .

2   Ich finde es schön, hübsche Einladungskarten ....

3   Es macht mir Freude, das Geburtstagsessen ....

4   Am schönsten ist es, viele Geschenke ....

5   Ich habe jedenfalls vor, jedes Jahr meinen Geburtstag .... !

---

27   **Mit oder ohne *zu*? Ergänzen Sie.**

a   Erlaubst du uns, heute ins Kino *zu* .... gehen?

b   Musst du jeden Tag diese Schuhe an............ziehen? Sie sehen fürchterlich aus.

c   Wir haben schon angefangen, für die Prüfung .... lernen.

d   Gestern hat es endlich mal für ein paar Stunden aufgehört, in Strömen .... regnen.

e   Ich vergesse bestimmt nicht, dort an........rufen. Du brauchst mich nicht ständig daran .... erinnern.

f   Können wir später kurz .... telefonieren? Ich muss jetzt leider gleich los.

---

28   ***Nein, Sie brauchen nicht zu ... Die zu fleißige Praktikantin. Antworten Sie.***

a   ● Kann ich für Sie die Blumen gießen?

     ▲ Nein, danke. Sie *brauchen* .... die Blumen nicht *zu gießen* ....

b   ● Soll ich die Angebote kopieren?

     ▲ Nein, Sie .... keine Angebote ....

c   ● Kann ich für Sie die Post holen?

     ▲ Nein, Sie .... die Post nicht ....

d   ● Soll ich ans Telefon gehen?

     ▲ Nein, Sie .... nicht ans Telefon ....

e   ● Soll ich die Rechnungen bezahlen?

     ▲ Nein, Sie .... keine Rechnungen ....

---

29   **Was ist richtig? Kreuzen Sie an: *als* oder *wenn*?**

		als	wenn	
a	Ich habe viel mit Puppen gespielt,	☒	☐	ich noch ein Kind war.
b	Wir bringen euch etwas mit,	☐	☐	wir das nächste Mal nach Portugal fahren.
c	Sie haben dort immer gewohnt,	☐	☐	sie auf die Insel gefahren sind.
d	Für mich war es ziemlich überraschend,	☐	☐	ich das zum ersten Mal gesehen habe.
e	Wir haben immer tolle Feste gefeiert,	☐	☐	wir meinen Geburtstag gefeiert haben.
f	Ich habe gerade am Computer gesessen,	☐	☐	er zur Tür hereingelaufen kam.

30 Die Flugblatt Aktion. Ergänzen Sie _während_ oder _nachdem_.

a *Nachdem* .... wir uns auf einen Text geeinigt haben, kannst du die Flugblätter schreiben.

b Wir lassen die Flugblätter drucken, ... du sie geschrieben hast.

c .... du im Kopierladen bist, überlegen wir, wer sie wo verteilt.

d .... wir alle Flugblätter unter uns aufgeteilt haben, gehen wir los.

e Wir müssen versuchen, mit den Leuten ins Gespräch zu kommen, ... wir die Flugblätter verteilen.

31 Gewohnheiten. Was ist richtig? Markieren Sie.

a (Nachdem)/Als/Während er aufgestanden ist, macht er erst mal eine halbe Stunde Gymnastik.

b Bis/Seit/Bevor sie aus dem Haus geht, schaut sie nach, ob der Herd ausgeschaltet ist.

c Während/Bevor/Immer wenn sie nach Hause kommt, wäscht sie sich als Erstes die Hände.

d Als/Jedes Mal wenn/Nachdem seine Freundin mit dem Zug wegfährt, wartet er am Gleis, bis/bevor/nachdem der Zug abgefahren ist.

e Bis/Bevor/Seit ich sie kenne, arbeitet sie in der Firma und fährt jeden Morgen mit dem Bus.

f Nur einmal musste sie mit dem Auto fahren, während/als/seit die Fahrer der öffentlichen Verkehrsmittel gestreikt hatten.

32 Wasser im Motor. Schreiben Sie.

● Schatz, dein Porsche hat Wasser im Motor ...

▲ Ach ja? Wie ist das denn passiert?

● Heute wollte ich ja zu Anna fahren, aber dort, wo sie wohnt, gibt es keine Busse.

a *Daher musste ich* ....
(daher / ich / mit dem Auto fahren müssen)

b Mein Wagen ist aber kaputt, und ....
(deswegen / ich / mit deinem Auto fahren)

c In Annas Straße waren keine freien Parkplätze, ...
(deshalb / ich / an einem Hang parken müssen)

d Ich habe mich sehr gefreut, Anna wiederzusehen, ...
(weil / ich / sie / so lange nicht gesehen)

e .... (darum / ich / vergessen, die Handbremse zu ziehen)

f .... (da / ich / das Auto an einem Hang parken), ist der Wagen runtergerollt.

g Und jetzt hat dein Porsche Wasser im Motor, ...
(denn / unten am Hang ein großer See sein)

▲ Wie bitte? Das darf doch nicht wahr sein! Aber, mein Porsche ...

33 **Wo möchten Sie wohnen? Ergänzen Sie** *obwohl – trotzdem – deshalb – weil.*

a Ich möchte, dass unsere Kinder das Angebot in der Stadt nutzen können. *Deshalb*
wohnen wir im Zentrum.

b .... ich ein richtiger Stadtmensch bin, haben wir uns ein Häuschen
außerhalb gekauft. Das Angebot war einfach zu gut.

c Ich liebe es, am Abend noch eine Runde im Wald spazieren zu gehen. ....
wohne ich in der Stadt.

d Wir leben in einem kulturell vielfältigen Viertel, ... wir gern am Abend ins
Theater oder in eine nette Kneipe gehen.

e Unsere ganze Familie und unsere Freunde wohnen hier auf dem Land. ....
kann ich es mir nicht vorstellen, irgendwo anders zu wohnen.

34 **Engagement für eine bessere Welt. Was passt? Ordnen Sie zu.**

a Ich setze mich für
den Naturschutz ein,

1	indem	☑	a ich den Schutz der Natur sehr wichtig finde.
2	da	☐	b für meine Kinder eine bessere Welt zu erhalten.
3	um	☐	c ich regelmäßig Geld spende.

b Sie werden Mitglied
in einem Tierschutzverein,

1	denn	☐	a Sie möchten diese Arbeit unterstützen.
2	obwohl	☐	b Sie dieses Formular ausfüllen.
3	indem	☐	c Sie selber kein Haustier haben.

c Ich möchte in einen
Sportverein eintreten,

1	deshalb	☐	a etwas Sinnvolles zu tun.
2	um	☐	b habe ich im Vereinsbüro angerufen.
3	falls	☐	c es nicht zu teuer ist.

d Es ist wichtig, schon Kinder
für den Umweltschutz
zu begeistern

1	, indem	☐	a ihnen ein gutes Vorbild zu sein.
2	und	☐	b sie sich daran gewöhnen.
3	, damit	☐	c man z.B. Projekttage in den Schulen anbietet.

35 **Lernen lernen. Schreiben Sie Sätze mit** *um … zu* **oder** *damit.*

a Die Lehrerin hat viele Lerntipps gegeben. Ihr Kurs soll das Zertifikat bestehen.
Die Lehrerin hat viele Lerntipps gegeben, *damit ihr Kurs das Zertifikat besteht* .

b Carol schreibt zum Beispiel alle Wörter auf. Sie will sie sich so merken.
Carol schreibt zum Beispiel alle Wörter auf, *um sie sich so zu merken* .

c Philipp schreibt Briefe auf Deutsch. Er möchte sein Deutsch verbessern.
Philipp schreibt Briefe auf Deutsch, ...

d Alle Kursteilnehmer unterhalten sich nur auf Deutsch. Sie möchten ihre
Sprachkenntnisse erweitern.
Alle Kursteilnehmer unterhalten sich nur auf Deutsch, ...

e Carols Deutschlehrerin macht viele Übungen. Die Schüler sollen sich auf die Prüfung vorbereiten.
Carols Deutschlehrerin macht viele Übungen, ...

36 **Gemeinsam wohnen. Was passt wo? Ergänzen Sie** *um ... zu – statt ... zu – ohne ... zu.*

a Man kann nicht miteinander wohnen, *ohne*... Rücksicht *zu*... nehmen.

b Ab 22 Uhr sollte man in der Wohnung weiterfeiern, ... im Garten Lärm .... machen.

c Die Müllcontainer sind dafür da, ... den Müll da hinein und nicht auf die Treppe .... werfen.

d Man darf keine Haustiere halten, ... den Vermieter um Erlaubnis .... fragen.

e Bei Problemen sollten Sie sich zunächst bei Ihren Nachbarn direkt beschweren, ... dem Hausmeister alles .... erzählen.

f Man darf den Speicher benutzen, ... die Wäsche auf..........hängen.

37 **Ja gerne,** *falls* **... Schreiben Sie.**

a Sagst du Susanne schöne Grüße von mir? (überhaupt – sie – treffen)
Ja gern, ...*falls ich sie überhaupt treffe*.................... .

b Bringst du mir bitte Zucker mit? (einkaufen – heute – gehen – noch)
Ja gern, ...

c Kannst du mir am Sonntag beim Umzug helfen? (nicht arbeiten müssen)
Ja gern, ...

d Machst du ein Fest? (bestehen – die Prüfung – haben)
Ja gern, aber nur, ...

e Besuchst du uns? (anderen Pläne – keine – haben)
Ja gern, ...

38 **Schwierige Entscheidungen. Ergänzen Sie** *zwar ... aber – entweder ... oder – weder ... noch – sowohl ... als auch – je ... desto.*

a *Je*.......... länger ich darüber nachdenke, ... besser gefällt mir deine Idee!

b .... du gibst mir bald das Geld zurück .... ich leihe dir nie wieder etwas.

c Die Schuhe sind .... total schön und billig, ... ich kann mich nicht entscheiden, ob ich sie nehmen soll.

d Ich habe dieses Jahr so viel Geld ausgegeben. Ich kann .... in Urlaub fahren .... ein neues Auto kaufen.

e Die Wohnung ist .... riesengroß .... billig. Die nehmen wir!

39 **Kreuzen Sie an.**

	außerhalb	während	wegen	innerhalb	
a Sie müssen die Rechnung	☐	☐	☐	☒	eines Monats bezahlen.
b Die Straße wurde	☐	☐	☐	☐	eines Unfalls gesperrt.
c Sie können auch	☐	☐	☐	☐	der Sprechstunden einen Termin ausmachen.
d Es fand ein großes Fest	☐	☐	☐	☐	seines 60. Geburtstags statt.
e Sie schaute die ganze Zeit	☐	☐	☐	☐	des Gesprächs zur Tür.

40 *Wegen eines Problems?* Was passt? Ordnen Sie zu und schreiben Sie.

a Wegen / Problem (das)   würde ich mal bei der Gewerkschaft nachfragen.

b Wegen / Mieterhöhung (die)   wenden Sie sich am besten an den Mieterverein.

c Trotz / Garantie (die)   funktioniert das Faxgerät immer noch nicht.

d Wegen / Vertrag (der)   hat das Kaufhaus das Spielzeug nicht zurückgenommen.

e Trotz / Reparaturen   würde ich an deiner Stelle mal einen Arzt fragen.

Wegen des Problems würde ich an deiner Stelle mal einen Arzt fragen .

....

....

....

....

41 Eine verrückte Familie! *Außer* oder *nur*?
Schauen Sie die Tabelle an und ergänzen Sie dann die Sätze.

Sie/Er ...	Vater	Mutter	Sohn Julian	Tochter Sarah	Oma Marta	Opa Albert
ist ordentlich.	x	x	x		x	x
fährt gern Motorrad.						x
liebt Katzen.	x	x		x		x
isst gern Spiegeleier mit Marmelade.	x					
vergisst immer den Hausschlüssel.		x				

a *Außer der Tochter* .... sind alle ordentlich.

Alle sind ordentlich. *Nur die Tochter* .... ist unordentlich.

b *Außer* .... fährt niemand gern Motorrad.

Nur .... fährt gern Motorrad.

c .... und .... lieben alle Katzen.

Alle lieben Katzen. .... und .... nicht.

d .... isst niemand gern Spiegeleier mit Marmelade.

.... isst gern Spiegeleier mit Marmelade.

e .... vergisst niemand den Hausschlüssel.

.... vergisst immer den Hausschlüssel.

Eine Kündigung schreiben

1 Gründe für einen Jobwechsel

a Lesen Sie. Aus welchem Grund kündigen Leute ihre Arbeit? Was glauben Sie?
Machen Sie eine Rangliste von 1 (der häufigste Grund) bis 7 (der seltenste Grund).

☐ schlechtes Arbeitsklima
☐ zu viel Stress
☐ keine Aufstiegsmöglichkeiten
☐ berufliche Neuorientierung

☐ zu geringer Lohn
☐ Ortswechsel des Partners
☐ Schichtdienst

b Vergleichen Sie mit anderen Teilnehmern. Welche Ergebnisse haben sie?

Ich glaube, dass der häufigste Grund für einen Jobwechsel ...
Nein, bei mir steht ... an erster/zweiter/.../letzter Stelle
Ein häufiger Grund ist auch, dass ...
Platz 1 ist bei mir ...
Ich glaube, dass die meisten/wenigsten Leute kündigen, weil ...

> Ich glaube, dass die meisten Leute den Job kündigen, weil sie zu viel Stress haben.

> Das denke ich nicht. Bei mir steht an erster Stelle ... Platz 2 ist ...

c Lesen Sie nun die Statistik. Vergleichen Sie mit Ihren Vermutungen.

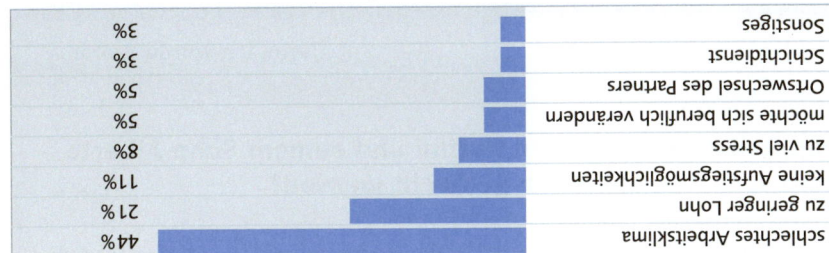

3%	Sonstiges
3%	Schichtdienst
5%	Ortswechsel des Partners
5%	möchte sich beruflich verändern
8%	zu viel Stress
11%	keine Aufstiegsmöglichkeiten
21%	zu geringer Lohn
44%	schlechtes Arbeitsklima

2 Irinas Kündigung. Hören Sie das Gespräch und korrigieren Sie.

3 28

a Irina will ~~schriftlich~~ *mündlich* kündigen, aber das geht leider nicht.
b Irina kann jederzeit mit dem Job aufhören.
c Der Chef akzeptiert eine E-Mail als Kündigung.
d Irina verliert ihren Resturlaub und bekommt kein Arbeitszeugnis.

3 Irina schreibt ihre Kündigung. Helfen Sie ihr.

Ich bitte Sie, mir möglichst bald, mein Arbeitszeugnis zukommen zu lassen. ● Kündigung des Arbeitsverhältnisses – Arbeitsvertrag vom 01.01.2005 ● mein Mann hat zum ... eine neue Arbeitsstelle in ... ● Die Arbeit in Ihrem Unternehmen hat mir immer viel Spaß gemacht und ich bedanke mich für die Zusammenarbeit. ● Ich kündige daher mein Arbeitsverhältnis mit Ihnen fristgerecht zum ... ● ...

I r i n a   B o c k e l | A m s e l w e g   1 | 2 7 7 2 6   W o r p s w e d e

LuxLicht & Co
z.Hd. Olaf Schulte
Hamburger Straße 7–11
27726 Worpswede

Worpswede, ...

....

Sehr geehrt........................... ,

....

....

Mit freundlichen Grüßen

Irina Bockel

············▶ PROJEKT

1 Ein neues Restaurant!

Familie Ruffini eröffnet am Samstagabend
ihr Restaurant *Aubergine*. Herr Ruffini hat schon alles geplant,
was bis dahin noch zu tun ist. Schauen Sie sich den Notizzettel
von Herrn Ruffini an. Finden Sie die Reihenfolge gut?
Welche Reihenfolge finden Sie sinnvoll? Diskutieren Sie.

Noch eine Woche!!!
Montag: *Salat und Gemüse im Großmarkt kaufen*
Dienstag: *Tischdekoration machen und auf Tische stellen*
  Tiramisu zubereiten
Mittwoch: *Bilder aufhängen → Montag*
Donnerstag: *Fleisch und Fisch im Großmarkt holen*
Freitag: *putzen (auch die Fenster!)*
  Einladungen verteilen
  Sekt in Kühlschrank stellen
Samstag: *Sekt eingießen*
  Wechselgeld holen

Ich würde doch nicht am
Montag schon das Gemüse
und den Salat einkaufen.

Nein, ich würde zuerst …

CD3 29

**2 Hören Sie das Gespräch zwischen Herrn Ruffini und seinem Sohn Alberto.
Was schlägt Alberto vor? Was soll wann gemacht werden?**

a Korrigieren Sie den Notizzettel aus Übung 1.
b Hören Sie noch einmal. Welche Sätze hören Sie? Kreuzen Sie an.

1 Den Salat schon am Montag zu kaufen, ist doch Quatsch! ☐
2 Können wir nicht am Montag zuerst die Bilder aufhängen und danach putzen? ☐
3 Wäre es nicht besser, wenn wir die Einladungen am Dienstag verteilen? ☐
4 Das ist mir heute zu viel. Können wir das morgen machen? ☐
5 Wie wäre es, am Donnerstag den Salat und das Gemüse vom Großmarkt mitzubringen? ☐
6 Nein, so geht das nicht. Das ist doch Unsinn. ☐
7 Vielleicht sollten wir auf dem Rückweg noch bei der Spar-doch-Bank
  vorbeifahren und das Wechselgeld holen. Das schaffen wir sicher noch. ☐
8 Ist es nicht besser, wenn wir den Sekt erst eingießen, wenn die Gäste kommen? ☐

3 Rollenspiel: Im Kiosk

A Sie besitzen einen Kiosk. Nächste Woche fahren Sie in Urlaub. Sie haben
Aufgaben zusammengestellt. Erklären Sie Ihrer Mitarbeiterin /
Ihrem Mitarbeiter, was sie/er in der nächsten Woche tun muss.

B Sie arbeiten im Kiosk und bekommen von Ihrer Chefin / Ihrem Chef
einige Aufgaben. Sie finden die Reihenfolge der Aufgaben nicht so
sinnvoll. Machen Sie Vorschläge, was Sie anders machen würden.

Montag	Dienstag	Mittwoch	Donnerstag	Freitag
morgens: Wechselgeld holen	*neue Süßigkeiten einräumen*	*Kühltruhe ausräumen und saubermachen*	*Regale putzen*	*Würstchen heiß machen*
Eis für Dienstag bestellen	*Eis schnell einräumen!!!*			*Senf und Brötchen kaufen*
				Würstchen in Brötchen legen

1 **Lesen Sie die Allgemeinen Geschäftsbedingungen (AGB) und ordnen Sie die Überschriften zu.**

Versandkosten • Rückgaberecht • Lieferung • Zahlungsmodus • Geltungsbereich • Vertragsabschluss

---

MERTL Versand GmbH – Allgemeine Geschäftsbedingungen (AGB)

1. ....: Unsere Allgemeinen Geschäftsbedingungen gelten für den Versand innerhalb der Bundesrepublik Deutschland.

2. ....: Wir können Ihre Bestellung in der Regel innerhalb von 7 Tagen versenden, vorausgesetzt, wir haben die Artikel vorrätig. Falls ein oder mehrere Artikel nicht lieferbar sein sollten, erhalten Sie eine Teillieferung. Die fehlenden Teile werden so schnell wie möglich kostenlos für Sie nachgeliefert.

3. ....: Die Kosten für den Versand betragen € 5,95 pro Lieferung. Dieser Betrag fällt auch dann nur einmal pro Bestellung an, wenn aus technischen Gründen in mehreren Sendungen geliefert wird.

4. ....: Der Kaufvertrag ist gültig, wenn MERTL die Bestellung bestätigt, spätestens aber mit Erhalt der Ware.

5. ....: Die Rechnung liegt stets bei. Überweisen Sie bitte den Betrag spätestens 14 Tage nach Erhalt der Ware.

6. ....: Bei MERTL können Sie gelieferte Ware ohne Angabe von Gründen innerhalb von 14 Tagen zurücksenden.

---

2 **Wo in den AGB finden Sie Antworten auf diese Fragen? Notieren Sie.**

a Was passiert, wenn die Firma den Artikel zurzeit nicht liefern kann? ....*2*......
b Wie viel Zeit hat der Kunde, das Geld für den Artikel zu bezahlen? ....
c Ab wann ist der Kaufvertrag gültig? ....
d Gelten diese Regelungen auch für Bestellungen aus dem Ausland? ....
e Was ist, wenn der Artikel nicht passt oder dem Kunden nicht gefällt? Muss er ihn dann trotzdem nehmen? ....
f Muss der Kunde das doppelte Porto bezahlen, wenn er zwei Pakete bekommt? ....

3 **Rollenspiel**

Frau Sasz möchte ein Damen-Fahrrad bei MERTL bestellen und hat ein paar Fragen.
Sie ruft den Kundenservice an. Spielen Sie das Telefonat.

A	B
Sie sind Frau Sasz und haben Fragen an den MERTL-Kundenservice.	Sie arbeiten beim MERTL-Kundenservice. Helfen Sie Frau Sasz.

 Frau Sasz

 MERTL-Kundenservice

Ich hätte gern gewusst, wie ...
Können Sie mir bitte noch sagen, ob ...?
Und wie ist es mit ...
Was passiert, wenn ...

Das ist ganz problemlos. ...
Aber natürlich. ...
Dann ...
In diesem Fall ist es so, dass ...

▶ PROJEKT

Frau Jordan bringt Thomas zur Schule. Sie möchte mit Thomas' Lehrerin, Frau Steinbach, sprechen. Im Schulhof trifft sie Frau Steinbach.

CD3 30

1 **Hören Sie das Gespräch und kreuzen Sie an.**

a Um welches Missverständnis geht es?
☐ Falscher Zeitpunkt   ☐ Falscher Treffpunkt   ☐ Falsche Person

b Wer hat hier etwas missverstanden?
☐ die Lehrerin   ☐ Thomas   ☐ die Mutter

c Was soll Frau Jordan ab jetzt vor Ausflügen beachten?
☐ andere Eltern fragen   ☐ im Hausaufgabenheft nachsehen   ☐ die Lehrerin anrufen

CD3 30

2 **Ach so ist das!**

a Warum sind beide Frauen anfangs etwas unfreundlich? Was ist passiert?
Hören Sie das Gespräch noch einmal und machen Sie Notizen.

....

....

b Erzählen Sie.

3 **Welche Sätze haben die gleiche Bedeutung? Ordnen Sie zu.**

a Ich glaube, das haben wir beide anders gemeint.

b Das habe ich nicht gewusst.

c Jetzt verstehe ich!

d Das hast du wohl falsch verstanden.

e Ich bin froh, dass wir die Sache jetzt geklärt haben.

Es ist schön, dass wir jetzt wissen, wie es wirklich war.

Ach so ist das!

Ich glaube, das war ein Missverständnis.

Das war mir nicht klar.

Ich glaube, du hast das missverstanden.

4 **Rollenspiel. Wählen Sie eine Situation. Schreiben oder spielen Sie ein Gespräch.**

Situation A: Im Supermarkt	Situation B: Vor dem Kino	Situation C: Beim Friseur

1 Infoveranstaltungen

Diego Araya war medizinischer Bademeister in Chile. Jetzt lebt er in Deutschland und interessiert sich für einen neuen Beruf. Deshalb besucht er eine Infoveranstaltung im Berufsinformationszentrum (BIZ).

a Zu welcher Infoveranstaltung geht er? Kreuzen Sie an.

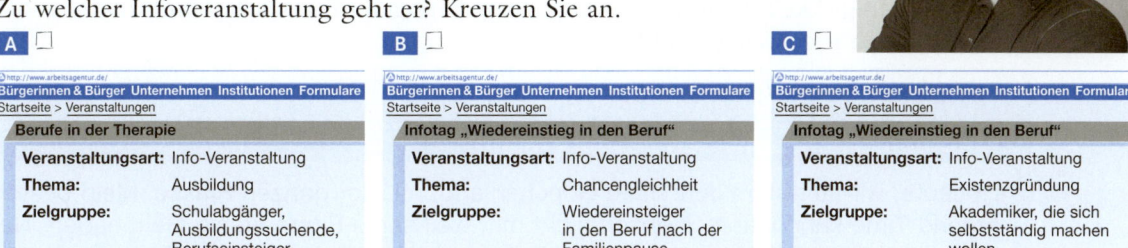

A ☐

| http://www.arbeitsagentur.de/ |
| Bürgerinnen & Bürger Unternehmen Institutionen Formulare |
| Startseite > Veranstaltungen |
| **Berufe in der Therapie** |

Veranstaltungsart:	Info-Veranstaltung
Thema:	Ausbildung
Zielgruppe:	Schulabgänger, Ausbildungssuchende, Berufseinsteiger

B ☐

| http://www.arbeitsagentur.de/ |
| Bürgerinnen & Bürger Unternehmen Institutionen Formulare |
| Startseite > Veranstaltungen |
| **Infotag „Wiedereinstieg in den Beruf"** |

Veranstaltungsart:	Info-Veranstaltung
Thema:	Chancengleichheit
Zielgruppe:	Wiedereinsteiger in den Beruf nach der Familienpause

C ☐

| http://www.arbeitsagentur.de/ |
| Bürgerinnen & Bürger Unternehmen Institutionen Formulare |
| Startseite > Veranstaltungen |
| **Infotag „Wiedereinstieg in den Beruf"** |

Veranstaltungsart:	Info-Veranstaltung
Thema:	Existenzgründung
Zielgruppe:	Akademiker, die sich selbstständig machen wollen

3 31

b Bei der Infoveranstaltung gibt es einen Vortrag über verschiedene Berufe. Hören Sie. Was ist ein Physiotherapeut? Was ist richtig? Kreuzen Sie an.

Physiotherapeuten …

☐ helfen nur Kindern und jugendlichen Patienten.   ☐ arbeiten normalerweise im Krankenhaus.
☐ helfen Menschen, die sich nicht mehr   ☐ werden an Universitäten ausgebildet.
   gut bewegen können.   ☐ brauchen eine Ausbildung, die 2 Jahre dauert.

2 Fragen über Fragen!

Diego möchte mehr Informationen zum Beruf „Physiotherapeut". Er spricht nach der Informationsveranstaltung mit Frau Kiesewetter, einer Beraterin der Arbeitsagentur. Er hat viele Fragen.

a Lesen Sie die Fragen. Welche Rubriken aus der Liste passen zu den Fragen? Ordnen Sie zu.

Berufsinformationen
Tätigkeit
  Aufgaben/Tätigkeiten
  Arbeitsumgebung
  Verdienst/Einkommen
  Spezialisierung
  Weiterbildung
Ausbildung
  Lernorte
  Ausbildungsinhalte
  Finanzielle Aspekte
  Ausbildungsdauer
  Zugangsvoraussetzungen
Fähigkeiten und Interessen

☐ Was macht ein Physiotherapeut? Wo liegen die Schwerpunkte der Tätigkeit? *Aufgaben/Tätigkeiten*
☐ Wie lange dauert die Ausbildung? ....
☐ Was lerne ich denn da? ....
☐ Kann ich mich auch spezialisieren? ....
☐ Ist die Ausbildung denn sehr teuer? ....
☐ Wie viel verdient man denn als Physiotherapeut? ....
☐ Welche Unterlagen brauche ich für die Bewerbung? ....
☐ Wo finde ich Ausbildungsadressen? ....

3 32

b Hören Sie jetzt das Gespräch. Welche Fragen hat Diego an Frau Kiesewetter? Kreuzen Sie in <u>a</u> an.

3 32

c Bilden Sie je eine Kleingruppe zu jeder Frage. Hören Sie dann noch einmal und notieren Sie die Antwort zu Ihrer Frage. Sammeln Sie im Kurs.

3 Rollenspiel: Infoveranstaltung im Kurs

A
Sie finden den Beruf von Ihrer Partnerin / Ihrem Partner interessant und möchten von ihr/ihm Informationen zur Ausbildung und Tätigkeit. Verwenden Sie Fragen aus <u>2a</u> zu ihrem/seinem Beruf.

B
Sie informieren Ihre Partnerin / Ihren Partner über Ihren Beruf.

········▶ PROJEKT

1 Überfliegen Sie die Texte aus einem Internetforum. Worum geht es?
Kreuzen Sie an: Richtig oder falsch?

richtig falsch

a Nicht alle Schüler haben genug Geld, um an Aktivitäten in der Schule mitzumachen. ☐ ☐

b Alle Schüler müssen an den Klassenfahrten teilnehmen. ☐ ☐

c Es gibt die Möglichkeit, beim Elternbeirat einen Antrag auf finanzielle Unterstützung ☐ ☐
zu stellen, wenn man wenig Geld hat.

FORUM → sprich-dich-aus.de

Klassenfahrt ohne meinen besten Freund?

Hi Leute, wir fahren im Juni nach Griechenland, mit der ganzen Klasse. Mein bester
Freund Timo kann wahrscheinlich nicht mit, weil seine Eltern wenig Geld haben. Na toll.
Dann sitzt Timo 2 Wochen in der Parallelklasse. Was kann ich tun? Wie kann ich ihm
helfen? Es wäre echt übel, wenn er nicht mitkommt. Wer kennt sich aus?
Verzweifelte Grüße
Jan_94

AW: Klassenfahrt ohne meinen besten Freund?

Hallo Jan, nur keine Panik. Die Eltern von Deinem Freund können sich an den Lehrer
wenden oder direkt an den Elternbeirat, also an die Vertretung der Eltern in der Schule.
In den meisten Fällen haben die eine Kasse und man kann Zuschüsse bekommen.
Meistens gibt es da noch ein Formular, das müssen die Eltern von Deinem Freund dann
ausfüllen. Darin müssen sie angeben, warum sie das Geld beantragen und wie hoch ihr
Einkommen ist usw. Am besten, Du rufst mal beim Elternbeirat oder im Sekretariat in
Deiner Schule an. Die können Dir sicher weiterhelfen. Und! Ich bin mir ganz sicher: Du
wirst mit Deinem Freund nach Griechenland fahren. Viel Glück! Felix_K

---

2 Lesen Sie die Sätze und hören Sie dann das Gespräch. Einige Sätze sind falsch.
Welche? Korrigieren Sie.

a Die Eltern können sich auch bei finanziellen Problemen an den Elternbeirat wenden. .... ✔ ....

b Der Elternbeirat kann ~~keine Schüler~~ finanziell unterstützen. *einige Schüler*

c Die Eltern können mündlich einen Antrag stellen. ....

d Man kann einen Zuschuss zu einer Klassenfahrt beantragen. ....

e Man kann den Antrag ohne weitere Nachweise abgeben. ....

f Der Antrag muss per Post an das Sekretariat der Schule oder an den Elternbeirat
direkt geschickt werden. ....

g Alles wird streng vertraulich behandelt, d.h. die Informationen bekommen nur
die Leute, die etwas mit der Sache zu tun haben. ....

h Die Genehmigung des Antrags dauert nur ein paar Tage. ....

i Wenn der Zuschuss genehmigt wird, bekommt der Schüler das Geld. ....

3 Was müssen Timo und seine Eltern tun? Jan erklärt es ihnen.
Schreiben Sie Jans Mail an Timo.

Hi Timo!
Juhu, Du kannst mit auf die Klassenfahrt. Alles kein Problem.
Ich hab' beim Elternbeirat angerufen. Da kann man einen Zuschuss
bekommen, d.h Deine Eltern müssen ...

→ PROJEKT

1 **Lesen Sie den Text. Gibt es in Ihrer Sprache ähnliche Sprichwörter? Wie heißen sie? Sammeln Sie.**

Lebenslang lernen

Es gibt alte deutsche Sprichwörter, die immer noch sehr vernünftig klingen: „Man lernt nie aus", zum Beispiel, oder: „Aus Fehlern wird man klug", oder: „Übung macht den Meister". Andere sind heute nicht mehr ganz so aktuell: „Was Hänschen nicht lernt, lernt Hans nimmermehr", zum Beispiel. So ein Satz passt nicht mehr in unsere Zeit, denn wir müssen ja unser ganzes Leben lang lernen.

2 **Das Deutschlern-Puzzle**

Sehen Sie das Deutschlern-Puzzle an. Welche Tipps finden Sie gut? Welche gefallen Ihnen nicht? Welche haben Ihnen selbst schon geholfen? Suchen Sie mit Ihrer Partnerin / Ihrem Partner weitere Ideen und ergänzen Sie das Puzzle. Sammeln Sie danach im Plenum.

Meine schwedische Freundin und ich schreiben uns jeden Tag eine SMS auf Deutsch. Das ist lustig und macht Spaß.

Ich habe einen deutschen Comic im Bad liegen. Und ich freue mich immer darauf, wenn ich bade.

| .... | Deutschsprachige Radiosendungen hören. | Deutschsprachige Seiten im Internet besuchen. | Spielfilme in der deutschsprachigen Version ansehen. |

| Ein deutschsprachiges Lied in die Muttersprache übersetzen und umgekehrt. | Für das Hobby deutschsprachige Partner suchen. | .... | Eine deutsche Zeitung ins Bad legen und jeden Tag ein paar Minuten darin lesen. |

| Was man gerade macht, laut auf Deutsch beschreiben („Ich sitze am See und esse ein Eis"). | .... | Einen guten Witz aus der Heimat ins Deutsche übersetzen und dann erzählen. | .... |

| .... | Jeden Tag einem Freund eine nette SMS auf Deutsch schreiben. | .... | Das Tagebuch auf Deutsch schreiben. |

3 **Lesen Sie die Tipps nun noch einmal. Wählen Sie Ihren Lieblingstipp und stellen Sie ihn im Plenum vor. Erzählen Sie, warum Sie ihn gewählt haben.**

Ich schau mir oft Filme auf Deutsch mit Untertiteln in meiner Sprache an. Zuerst fand ich es komisch. Aber dann habe ich gemerkt, wie gut ich damit Deutsch lerne. Das ist mein Lieblingstipp.

Neulich habe ich meinen Lieblingswitz ins Deutsche übersetzt. Meine deutschen Freunde fanden ihn toll und haben sehr gelacht. Ich bin richtig stolz, dass ich schon so gut Deutsch kann.

Wortliste

Die alphabetische Wortliste
enthält die Wörter dieses
Buches mit Angabe der
Seiten, auf denen sie zuerst
vorkommen. Wörter, die für
den „Deutsch Test für
Zuwanderer" (DTZ) nicht
verlangt werden, sind kursiv
gedruckt. Bei allen Wörtern
sind die Wortakzente
gekennzeichnet. Ein Punkt
(ạ) heißt kurzer Vokal, ein
Unterstrich (o) langer
Vokal. Steht der Artikel in
Klammer, gebraucht man
die Nomen meistens ohne
Artikel. Nomen mit der
Angabe „nur Singular" verwendet man nicht oder nur
selten im Plural. Nomen
mit der Angabe „nur
Plural" verwendet man
nicht oder nur selten im
Singular. Trennbare Verben
sind durch einen Punkt
nach der Vorsilbe gekenn-
zeichnet (ab·drucken).

A = Austria (= (das) Öster-
    reich) AB 155
ab·drucken AB 146
der/die Abgeordnete, -n
    68
ab·lenken (sich) 14
ab·rufen AB 98
ab·rutschen 36
ab·sagen AB 125
ab·schalten AB 100,
    AB 101
ab·schicken 21
ab·schneiden 56
ab·spielen 31
ab·spülen AB 119
ab·stimmen 66
ab·trocknen 21, AB 98
der Abwart, -s (schweiz.)
    AB 157
abwärts·gehen AB 150
ab·waschen 21
die Abwechslung, -en
    AB 160
der Affe, -n AB 161
ähnlich 29, 75
die Akzeptanz (nur Singu-
    lar) AB 150
der Alarm, -e 24

der Alevit, -en 69
der Alleskönner, - AB 115
die Allgemeinen Geschäftsbe-
    dingungen (AGBs) (nur
    Plural) F 175
der/die Alliierte, -n
    AB 148
als ob 25
altbekannt 11
der Alternativvorschlag, -̈e
    F 174
amerikanisch 64
(das) Anatolien 69
anatolisch 69
die Änderungsschneiderei,
    -en 68
anfangs 14
angeblich AB 104,
    AB 142
angeregt 42
angeschnallt 41
die Anmeldebestätigung,
    -en AB 122
an·merken 32, 35
an·nehmen 11, 15, 44
die Anredeform, -en 11
an·schaffen 24
der Anschlusszug, -̈e
    AB 112
an·schmeißen 24
die Ansicht, -en AB 123,
    AB 150
anspruchslos AB 91
anspruchsvoll AB 91
anstellen (sich) 30
anstrengen (sich) AB 134
an·tasten AB 150
der Anteil, -e AB 155
der Antrag, -̈e: einen An-
    trag stellen F 178
die Aprikose, -n AB 157
der Araber, - 44, AB 125
das Arbeitsklima (nur Sin-
    gular) F 173
das Arbeitsleben (nur Sin-
    gular) 11
die Arbeitsumgebung, -en
    F 177
das Arbeitsverhältnis, -se
    F 173
der Arbeitsweg, -e 11
das Arbeitszeugnis, -se
    F 173
der Architekt, -en AB 104
argentinisch 70
ärgerlich 32, AB 96,
    AB 113

das Argument, -e 43, 44,
    56
das Aroma, Aromen 75,
    AB 115
das Ärzteteam, -s
    AB 146
die Ärztin, -nen
    AB 147
der Aspekt, -e 13
die Astrologie (nur
    Singular) 16
die Aubergine, -n 75
auf·gehen AB 105
die Aufnahmegebühr, -en
    53
das Aufnahmegerät, -e 31
aufregen (sich) 23, 25
auf·sprechen AB 101
die Aufstiegsmöglichkeit,
    -en F 173
auf·tauchen AB 146
auf·teilen AB 148
der Auftritt, -e 56
der Aufziehschlüssel, - 29
das Auge: ein Auge
    zu·drücken 41, 47
der Ausbau, -ten 63
die Ausbildungschance, -n
    62
die Ausbildungsdauer (nur
    Singular) F 177
der Ausbildungsinhalt, -e
    F 177
der/die Ausbildungs-
    suchende, -n F 177
aus·drucken 24, AB 98
ausdrücklich 69
aus·fahren 21
aus·fallen AB 113
ausführlich 14
aus·füllen 53, AB 134
ausgefallen AB 115
ausgerechnet 30, 48
aus·halten 14, 24
aus·knipsen 36
aus·lassen 36
aus·räumen F 174
aus·rechnen 21
aus·schreiben 32
außer 54, 57
das Äußere 43
aus·stehen 13
der Aussteller, - AB 142
aus·sterben 74
autofrei AB 150
das Autokennzeichen, -
    AB 155

automatisch 31, 42,
    AB 101
die Automobilausstellung,
    -en AB 142, AB 143
die Autonomie, ien 73
die Autopapiere (nur
    Plural) AB 120
das Autotelefon, -e
    AB 122
der Babyschrei, -e AB 104
der Babysitter, - (engl.)
    54
der Babywunsch (nur
    Singular) AB 104
der Backofen, -̈ 55
das Bad, -̈er: ein Bad neh-
    men 14
der Bademeister, - F 177
das Badezimmer, - 36
die Ballerina, Ballerinen
    AB 110
die Bankdirektorin, -nen
    AB 90
der Baseballspieler, -
    AB 137
die Basis, Basen 43
die Basisdemokratie, -n
    AB 146
basteln 61, 64
der Bau, -ten 11, 64,
    AB 146
die Baugrube, -n 37
das Bauwerk, -e AB 149
bedauern 33
bedecken 36
die Bedeutung, -en 48,
    66
die Bedienungsanleitung,
    -en 22, 27
der/die Bedürftige, -n 54
beeinflussen 61
beenden 50, 59, 65
befürworten 67
begehren AB 108
begeistern sich 54
die Begeisterung (nur Sin-
    gular) 44
begreifen 69
der Behälter, - AB 115
behandeln 42
behindert 39
der Beitrag, -̈e 23,
    AB 104, AB 144
bei·treten 53
der Beitritt, -e 53
die Beitrittserklärung, -en
    53

Unregelmäßige Verben

aufheben, er/sie hebt auf, hob auf, hat aufgehoben

bereit halten, er/sie hält bereit, hielt bereit, hat bereitgehalten

beschließen, er/sie beschließt, beschloss, hat beschlossen

erschrecken, er/sie erschrickt, erschrak, ist erschrocken

fließen, er/sie fließt, floss, ist geflossen

geschehen, es geschieht, geschah, ist geschehen

herausfinden, er/sie findet heraus, fand heraus, hat herausgefunden

(he)runterladen, er/sie lädt runter, lud runter, hat runtergeladen

lügen, er/sie lügt, log, hat gelogen

schreien, er/sie schreit, schrie, hat geschrien

sich befinden, er/sie befindet sich, befand sich, hat sich befunden

sich entschließen, er/sie entschließt sich, entschloss sich, hat sich entschlossen

verschwinden, er/sie verschwindet, verschwand, ist verschwunden

vorkommen, es kommt vor, kam vor, ist vorgekommen

vorschlagen, er/sie schlägt vor, schlug vor, hat vorgeschlagen

wachsen, er/sie wächst, wuchs, ist gewachsen

widersprechen, er/sie widerspricht, widersprach, hat widersprochen

zunehmen, er/sie nimmt zu, nahm zu, hat zugenommen

zurückgeben, er/sie gibt zurück, gab zurück, hat zurückgegeben

Quellenverzeichnis

Cover: Alexander Keller, München
U2: Karte © Digital Wisdom
Seite 10: B-C: Thomas Spiessl, München
Seite 13: © PantherMedia/Robert Kneschke
Seite 14: Mann: Thomas Spiessl, München; Herz © Thinkstock/AbleStock.com
Seite 16/17: Karina © fotolia/Benicce; Marc © iStockphoto/pink_cotton_candy; Marie-Luise © fotolia/Dan Race; Hintergrund © iStockphoto/Manfred Konrad
Seite 22: unten © Jupiter Images/Westend 61
Seite 26/27: Florian Bachmeier, Schliersee
Seite 30: Übung A1: A © Fotosearch.de; C: Florian Bachmeier, Schliersee; Übung A2: A, C, D © Hueber Verlag; B © Thinkstock/iStockphoto
Seite 31: Übung B1: A,D © Märklin; B © irisblende.de; Übung B2: A © Thinkstock/iStock/philinnz4; B © The Play Coalition; C unten © www.media7trade.de
Seite 34: A © Beiersdorf AG; B © akg-images; C © Panther Media/Ramakers; D © PantherMedia/ Tesch
Seite 36/37: Text entnommen aus: Das Beste aus meinem Leben, SZ Magazin No. 14/2003, © Axel Hacke; Porträt © imago/Andre Poling
Seite 40: A oben © Polizei München; B oben © ullstein/Vision Photo; C-E oben: Thomas Spiessl, München; A unten © Polizei München; B unten © imago/Sven Simon; C unten © Hueber Verlag; D © people pix bildagentur
Seite 43: oben von links © MEV/Meir Martin; © iStockphoto/francisblack; unten von links © iStockphoto/bobbidog; © PantherMedia/Yuri Arcurs
Seite 44: Text aus „Gesammelte Olivenkerne. Aus dem Tagebuch der Fremde" von Rafik Schami mit Zeichnungen von Root Leeb © 1997 Carl Hanser Verlag, München; Cover © dtv
Seite 46: von oben © fotolia/Claudia Paulussen; © fotolia/Alterfalter; © iStockphoto/rgbspace; © colourbox.com; © iStockphoto/absolut_100
Seite 48/49: Florian Bachmeier, Schliersee
Seite 53: Text mit freundlicher Genehmigung vom Mieterverein Hamburg
Seite 54: Foto © dpa Picture-Alliance; Logo mit freundlicher Genehmigung der Freiwilligenagentur Tatendrang – www.tatendrang.de; Text nach „Der Aufstieg des Guten" von Jens Schröder aus Geo Magazin 12/05
Seite 55: Cartoon © Thees Carstens, Witten
Seite 56: Text © „Schönreden" aus SZ Magazin 21/2005
Seite 62: unten von links © iStockphoto/Yuri Arcurs; © iStockphoto/Maica; © iStockphoto/Yuri Arcurs
Seite 63: A und Text 3 © www.fluglaerm-eppstein.de; B und Text 1 © www.bildarchiv-hamburg.de; C © imago/Citypress
Seite 64: A © Thinkstock/Hemera; B © iStockphoto/querbeet; C und G © dpa Picture-Alliance/akg-images; D © akg-images/ddrbildarchiv.de; E © Getty Images/Kevin Russ; F © Thinkstock/Photos.com; H © Ralf Meyer-Ohlenhof
Seite 65: oben von links © dpa Picture-Alliance; © Volkswagen AG; © ullstein/Archiv Gerstenberg
Seite 66: Text D2/b aus: „Der Dativ ist dem Genitiv sein Tod" von Bastian Sick © by Verlag Kiepenheuer & Witsch Köln (mit freundlicher Genehmigung des Autors durfte der Text im Kursbuch gekürzt und geändert abgedruckt werden. Hier der Originalauszug: „Farben schaffen Klarheit. Sie sind Erkennungszeichen, Signal und Synonym. Die Kommunisten haben den Anfang gemacht, sie wählten die Farbe Rot, weil sie so schön kämpferisch und leidenschaftlich wirkt, die Konservativen wurden schwarz, weil dies die Farbe der Kirche war, die Ökos tarnten sich mit dem Grün des Waldes, und wer von den Liberalen spricht, hat meistens die Farbe Gelb im Kopf. Diese ist schön grell und knallig, historisch betrachtet aber nicht eben positiv besetzt: Gelb galt lange Zeit als „Schandfarbe" und wurde Juden, Dirnen und Ketzern aufgezwungen. Vielleicht haben die Liberalen das Gelb aber auch von den Kirgisen, denn bei denen ist es die Farbe der Trauer und der Gedankenversunkenheit. Und traurig war in den letzten Jahren schließlich so manches Wahlergebnis der Liberalen, was genügend Grund zu Grübeleien gab. Doch außerhalb Deutschlands sind Liberale oft alles andere als gelb – nämlich blau. So zum Beispiel in den Niederlanden und in Belgien. Darum trägt die FDP zusätzlich zur Farbe Gelb auch noch Blau, gewissermaßen als Untertitel, damit sie im Ausland verstanden wird.")
Seite 68: © dpa Picture-Alliance/Markus C. Hurek
Seite 70: A unten © www.cartomedia-karlsruhe.de; B © MEV/Durz Hubert; C © MEV/Krieger Tim; D © MEV/digiphot
Seite 72: 1 © iStockphoto/Daniel Laflor; 2 © iStockphoto/Songbird839; 3 © fotolia/Simon Ebel; 4 © PantherMedia/Yuri Arcurs; 5 © fotolia/photofey; 6 © iStockphoto/YazolinoGirl; Karte und Illustrationen © Ralf Meyer-Ohlenhof
Seite 73: 1 © PantherMedia/Andres Rodriguez; 2 © iStockphoto/asiseeit; 3 © irisblende.de; 4 © colourbox.com; 5 © iStockphoto/Cameron Pashak
Seite 74: 1 © Mauritius/Sims; 2 und 4 © dpa Picture-Alliance; 3 © dpa Picture-Alliance/HB Verlag; unten © dpa Picture-Alliance
Seite 75: Öger © dpa Picture-Alliance; Berben © iStock/EdStock; Text „Was ist Heimat" aus Welt am Sonntag, 11. März 2001
Seite 76: Venedig © MEV/Durz Hubert; Paris © MEV/Günther Oskar; Text © Monika Dondojewska, Workshop „EU-Land Polen", Österreich Institut Kraków 2004